U0575988

# 储粮生态系统多场耦合传递
# 过程数值模拟

王远成　杨开敏　宋永兴　刘济洲　著

科学出版社

北京

# 内 容 简 介

储粮生态系统多场耦合传递过程数值模拟是研究储粮生态系统热湿传递、虫霉演替规律及储粮状态调控的新方法。本书阐述了储粮生态系统中物理与生物因子耦合机理和仓储粮堆热湿传递的数值模拟方法，介绍了储粮通风工艺的数值仿真优化结果。本书共 9 章。第 1～4 章介绍了储粮生态系统的粮食储藏原理、多场耦合传递机理及数学模型、数值模拟原理和方法。第 5 章和第 6 章阐述了局地气候条件下仓储粮堆内部空气自然对流、热湿耦合传递以及虫霉发展规律的数值模拟方法和研究成果。第 7～9 章论述了机械通风时仓储粮堆内部温度、水分变化规律及通风工艺的数值优化结果。

本书既可作为高等院校学生和教师的教学与科研参考用书，也可作为粮食储藏工程技术人员的指导用书。

图书在版编目(CIP)数据

储粮生态系统多场耦合传递过程数值模拟 / 王远成等著. —北京：科学出版社，2021.12

ISBN 978-7-03-070514-3

Ⅰ. ①储… Ⅱ. ①王… Ⅲ. ①粮食储备-管理-数值模拟-研究 Ⅳ. ①F306

中国版本图书馆 CIP 数据核字(2021)第 226146 号

责任编辑：刘翠娜　赵晓廷 / 责任校对：王萌萌
责任印制：师艳茹 / 封面设计：蓝正设计

科 学 出 版 社 出版
北京东黄城根北街 16 号
邮政编码：100717
http://www.sciencep.com

北京九天鸿程印刷有限责任公司 印刷
科学出版社发行　各地新华书店经销

\*

2021 年 12 月第 一 版　开本：787×1092　1/16
2021 年 12 月第一次印刷　印张：16 1/4
字数：380 000

定价：258.00 元
(如有印装质量问题，我社负责调换)

# 前言

粮食储藏系统是由粮堆、空气、维护结构以及调控设备组成的封闭或半封闭的生态子系统。其中，粮堆是由粮食颗粒堆积而成的吸湿性多孔介质。粮堆是高能量生命体，储藏期间会有自身呼吸、发芽、后熟等现象，造成粮食陈化、劣变，并易受虫霉侵害。所以，粮食储藏系统又称为储粮生态系统。

储粮生态系统的影响因子，包括物理(温度、湿度和水分)、化学(氧气和二氧化碳气体)和生物(害虫和霉菌)等多种因子，而且这些因子相互耦合。粮食储藏过程中，由于受到外部大气环境的影响，粮堆中各种物理场和生物场状态是非稳定的，控制不当就可能引起发热、霉变甚至储粮的变质。因此，储粮生态系统内存在着物理场和生物场的耦合关系。

研究储粮生态系统流动和传热传质的方法有实验室研究方法、现场观测方法和数值模拟方法。实验室研究方法属于小尺度研究方法，在时间和空间上都与实际有差距。现场观测方法需要投入较大的人力物力，成本较高，而且观测结果不具有可重复性。采用多物理场耦合的数值模拟方法研究储粮生态系统，恰好克服了前面两种方法的弱点。数值模拟方法可以形象地再现流动、传热传质及虫霉演替过程的情景，具有成本低、适用范围广、结果形象逼真的特点，是国内外近些年发展起来的一种研究流动、传热传质以及生物演替规律等复杂系统问题的新方法。

本书主要包括三部分内容：第一部分(第1~4章)简要介绍粮食储藏原理及储粮的物理性质，重点阐述储粮生态系统多场耦合传递机理及数学模型、数值模拟原理和方法。第二部分(第5章和第6章)主要介绍局地气候条件下仓储粮堆内部空气自然对流、热湿迁移以及虫霉发展规律的数值模拟方法和研究成果。第三部分(第7~9章)论述机械通风时仓储粮堆内部温度、水分变化规律及通风工艺的数值优化结果。

本书作者长期从事储粮生态系统热湿传递机理及其数值模拟研究工作，在储粮生态系统热湿传递规律以及储粮生态系统调控的数值模拟和实验研究方面进行了不懈的探索。本书第一作者先后主持储粮生态系统领域相关的山东省自然科学基金项目和国家自然科学基金项目，参与完成了科技部国家粮食公益专项和国家重点研发计划资助项目子课题的研究任务。本书是王远成教授研究团队及其历届研究生多年来研究成果的总结，研究团队成员及历届研究生对本书的成稿和出版做出了重要贡献，在此一并表示感谢。

本书的研究工作得到了山东省自然科学基金和国家自然科学基金(ZR2011EEM011、51276102)的资助。本书的出版获得了国家重点研发计划(2016YFD0400100、

2016YFD0401002)的资助,在此一并致谢。

本书可以作为从事储粮生态系统及其数值仿真研究的学者和学生的参考书,作者希望读者可以从本书中获得一些有益的启示。限于作者的学识和水平,本书难免有不足之处,恳请读者批评指正。

作　者

2021 年 6 月于济南

# 目录

# 第 1 章
# 粮食储藏原理简介

## 1.1　粮食储藏系统及特征

粮食储藏系统是由粮堆、空气、维护结构以及调控设备所组成的封闭或半封闭的生态子系统。所以，粮食储藏系统又称为储粮生态系统。其中，粮堆是高能量生命体，储藏期间会有自身呼吸、发芽、后熟等现象，造成粮食陈化、劣变，并易受虫霉侵害，储存保质保鲜难度大。粮仓围护结构的半封闭性，又决定了大气环境因素对粮堆的影响特性和程度，也形成了相对独立的粮堆生态场。

我国储粮生态系统的特征是高能量、大体积、不稳定。一方面，从粮仓内部来说，粮堆中的生物(粮粒和虫霉)与非生物(温度、湿度和气体浓度)因子共同影响粮堆生态系统的稳定性，这是影响储粮安全的内部因素。另一方面，大气环境因素通过粮仓围护结构对粮堆内部温度和湿度产生影响，从而影响储粮的安全，这是影响储粮安全的外部因素。因此，粮食储藏系统不仅受到外界因素的影响，还受到内在因素的影响，粮堆内部的稳定状态和非稳定状态逐步交替[1]。

我国粮食储备具有仓容大、粮堆高、储期长三个特征。要保证储粮安全，必须解决四个基本问题，即保持储粮品质、防治储粮害虫、控制储粮微生物和降低粮食损耗。同时，要实现绿色、节能、环保储粮。

## 1.2　粮食储藏过程和设施

### 1.2.1　粮食储藏过程

粮食储藏过程如图 1.1 所示。粮食入仓后，大部分时间是密闭存储的，属于非人工干预阶段。由于仓外大气环境的周期改变，粮堆通过粮仓的维护结构与外界进行热量传递，导致粮堆内部温度升高以及水分迁移，进而可能引起害虫生长和暴发，以及霉菌的滋生和演替，使得储粮处于不安全状态。因此，粮食储藏过程中，仓内的温度、湿度和粮食水分是动态变化的，而且伴随着粮食的自呼吸和虫霉的演替。

为了保证粮食的安全，首先抑制储粮中的生物活性，一方面有助于保持储粮处于休眠状态，减缓储粮的陈化；另一方面将细菌和昆虫的生长水平降到最低，避免

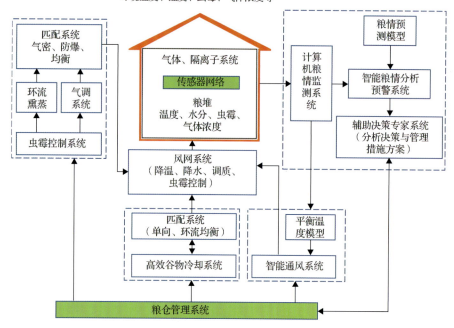

图 1.1　粮食储藏系统及调控过程

储粮中虫霉的滋生。要抑制储粮中生物活性的水平，一是保持储粮的低温环境，二是保证储粮水分处于安全水平。低温低水分可以降低粮粒、细菌和昆虫等生物体的活动。因此，在低水分和低温度条件下，粮食可以长期储存。

储粮的自发热如果控制不好，将导致粮堆处于较高的温度和水分水平，从而引起更高水平的生物活性，然后又进一步增强储粮的生物活性。因此，如果不对水分和温度进行控制，储粮就会加剧自呼吸作用，产生自热，导致储粮质量迅速恶化。

当超过安全温度和水分时，需要对储粮进行调控，此阶段为人工干预阶段。储粮调控的手段和方法有自然通风、谷冷通风、气调熏蒸和环流均温等[2]。

### 1.2.2　粮食储藏设施

粮食储藏设施主要包括粮仓维护结构、出入仓设备和储粮调控设备。粮仓根据结构形式分为房式仓(包括高大平房仓)和浅圆仓(包括立筒仓)，如图 1.2 和图 1.3 所示。储粮调控设备主要有干燥设备、通风设备、气调熏蒸设备等。

房式仓结构包括地坪、墙壁、仓顶屋面、门窗和通风口。房式仓的跨度一般为 20m，长度一般为 60m，装粮高度为 5～8m。房式仓有较大的仓容，沿着长度方向中间有隔墙，将整个粮仓分成几个廒间。房式仓的隔热性和密闭性相对于浅圆仓稍差一些，而且粮食出入仓比较麻烦，需要配套粮食进出仓的输送设备。

图 1.2 房式仓示意图 图 1.3 浅圆仓示意图

浅圆仓(立筒仓)结构包括地坪、墙壁、仓顶屋面、门窗、通风地槽和通风口。浅圆仓具有占地面积小、储量大的优点。浅圆仓的直径一般大于 20m，装粮高度小于直径的 1.5 倍。装粮高度大于内部直径的 1.5 倍时，浅圆仓就称为立筒仓。浅圆仓的隔热性和密闭性优于房式仓，而且浅圆仓附带有进出仓的机械输送设备以及粮食的清理设备，机械化程度高，因此粮食出入仓比较方便。但是，由于浅圆仓粮堆高度较高、通风阻力大、能耗较高，而且通风后温度和水分梯度大，粮堆温度和水分分层现象严重，其管理难度大于房式仓。

通风设施是储粮通风工艺中的关键设备，储粮通风工艺技术是借助通风系统强制地把粮堆外部具有一定温度和湿度的空气送入粮堆内部，使粮堆内的湿热空气与粮堆外部的空气进行热质交换，从而改变储粮的温度和水分，以保障粮食的安全储存。

根据通风目的可以把储粮通风分为控制温度通风、控制水分通风、调质通风、熏蒸杀虫通风、气调和排毒排异味通风；根据储粮通风工艺中气流流向的不同，又可以把储粮通风分为竖向通风、横向通风、膜下通风和环流通风等通风模式。竖向通风中，又分为上行式通风和下行式通风。

储粮通风系统通常由以下几部分组成：粮堆内部风道(水平风道或垂直风道)、粮堆外部风道、通风机(轴流风机或离心风机)、进出风口以及通风窗(可调节开启度的窗户)，有时还有覆盖粮堆顶层的薄膜等，如图 1.4 所示。

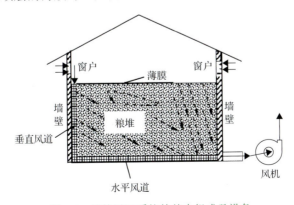

图 1.4 储粮通风系统的基本组成及设备

# 1.3 粮食储藏原理及安全温度和水分

粮食收获以后，大部分甚至全部要储存起来。粮食储存方式有很多，包括：散存、袋装；临时储藏和长期储藏；低温和准低温储藏。储藏的主要目的是防止粮食质量的劣变。而防止储粮劣变的主要手段是通过控制储粮温度、水分，以及防止微生物、昆虫和啮齿动物的侵害。

粮食储藏期间的管理目标是将粮食的代谢活动降低到足够低的水平，使粮食质量足够稳定。其最终目的是防止储粮陈化和变质，保证其食用品质，抑制虫霉的发展，防止虫霉大面积暴发，即保质保量保鲜。目前主要有两种方法：①将储粮的水分含量降低到安全水平并保持低温；②改变粮食储藏系统的环境条件，调节储粮内部的气体浓度。

图 1.5～图 1.8 是粮食发热、发芽以及害虫生长的温度和水分范围，图 1.9 是粮食安全储藏的温度和水分条件[3]。水分高的粮食未经冷却就储存起来，会自然发热。图 1.5 显示了防止这种发热所必需的粮食水分和温度范围。这种称为"潮湿"粮食的自发热，往往是由粮食的呼吸作用引起的，与昆虫和其他害虫引起的发热不同。自发热的粮食处于劣变的危险状态，粮堆中的高温区域会形成自然对流，从而导致水分的重新分布，发热会导致储粮的霉变，并引起发热点继续扩散。霉菌本身耐受高温，这种与湿度有关的霉菌滋生会产生毒素，食用含有毒素的粮食会对人体产生危害，而且霉菌中的孢子可能会引起人体过敏和呼吸道疾病。图 1.6 给出了导致粮粒发芽的温度和水分范围。由图 1.7 可知，如果粮食保持在 15℃ 以下，可以防止害虫的侵害。从图 1.7 还可以看出，害虫对粮食温度的反应完全不受水分含量的影响。防止螨虫发展所需的温度和水分范围如图 1.8 所示，控制这种害虫需要较低的温度。当图 1.5～图 1.8 合并时，得到图 1.9，图中阴影部分即储粮处于危险状态，其中，纵坐标为温度，横坐标为水分，它是安全储粮的温度和水分范围，在这个范围内粮食免受所有风险的影响。

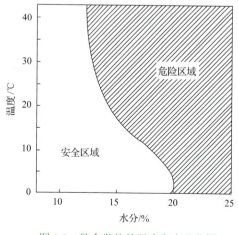

图 1.5 粮食发热的温度和水分范围

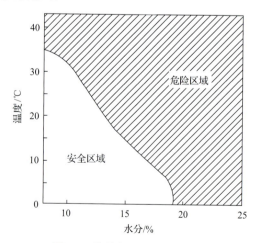

图 1.6 粮粒发芽的温度和水分范围

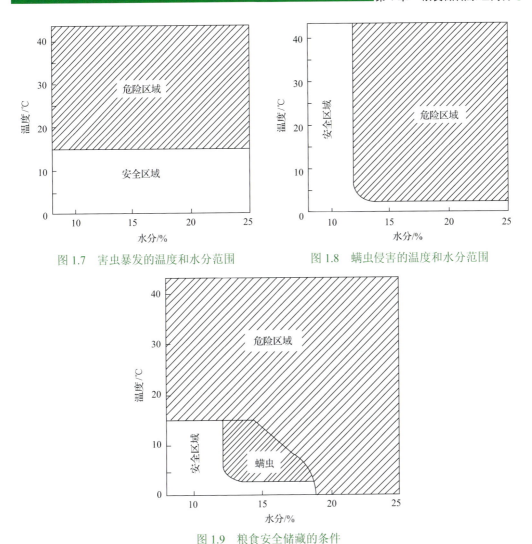

图 1.7　害虫暴发的温度和水分范围　　　　图 1.8　螨虫侵害的温度和水分范围

图 1.9　粮食安全储藏的条件

由于粮堆与仓外大气环境通过粮仓维护结构不断产生相互作用，导致粮仓内外不断进行热量和水分的交换，粮堆温度和水分随着时间与空间而变化。在较温暖的地区，水分含量应该"低"，以便安全储存，而在较冷的地区，水分含量可以适当提高。

## 1.4　影响粮食安全储藏的因素

储粮劣变是物理(温度、湿度和水分)、化学(氧气和二氧化碳气体)和生物(害虫和霉菌)因子相互作用的结果，如图 1.10 所示。在储粮生态系统中，最重要的生物体就是粮食本身。储粮的非生物环境因子又称为物理因子，如温度、湿度、水分和二氧化碳及氧气。储粮生态系统中的生物因子包括真菌和细菌等微生物、昆虫和螨虫等节肢动物。储粮的劣变在开始时比较缓慢，也不那么剧烈，但是如果不控制而任其在粮食中肆意生长，则可能导致储粮完全损坏[3]。

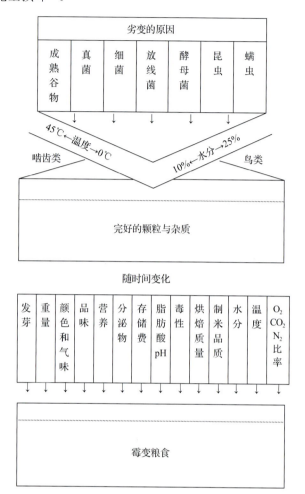

图 1.10　影响储粮安全的物理、化学和生物因子及其耦合关系

在粮食储藏过程中，粮仓内部的温度和湿度是储粮中害虫、霉菌等生物因子生存和发展的重要条件，也是粮食发热、霉变的主要影响因素。粮食收获后，一般要被干燥至12%～13%的水分，在这样的水分范围内储存粮食是安全的。然而，由于气温的季节性变化，粮堆内部发生热量传递和水分迁移，引起粮堆中局部温度和水分的升高，导致霉菌和害虫的生长，使得储藏中的粮食变得不安全。粮食在散装储存时，粮堆是由粮粒随机堆积而形成的静态深层颗粒床，而且粮堆中的粮粒又具有吸湿特性和呼吸作用。因此，粮仓内部粮堆中热湿迁移过程、粮堆的温度和水分变化主要是由粮仓外部的大气环境（外部因素）和粮仓内部储粮的生物特性（内部因素）共同决定的，如图 1.11 所示[4-6]。

### 1.4.1　外部因素的影响

一方面，由于仓外气温的季节性和日变化，粮堆不断地通过粮仓的围护结构与外界环境产生热量交换，使得粮堆的温度发生动态变化；另一方面，由于仓外气温的季节性

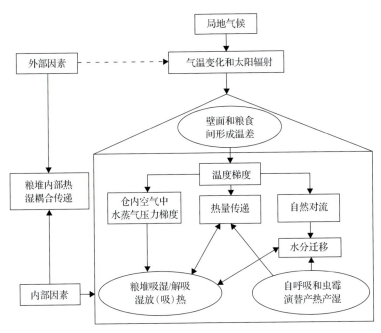

图 1.11　仓储粮堆中热湿传递的成因及其影响因素

或日变化以及粮堆的热惰性，粮堆内部容易产生温度梯度。例如，夏季收获的粮食被干燥后储存在温度较高的粮仓内，随着冬季的到来，靠近粮仓外壁的温度随着气温的下降而快速下降，但由于粮粒的低导热性，粮堆中心的温度变化相对较慢，这样就会在粮堆中形成温度梯度。在温度梯度的作用下，粮堆内部形成一个与温度梯度方向相同的水蒸气压力梯度，导致水蒸气在粮堆内部扩散，并通过粮堆的吸湿/解吸湿作用，引起粮堆内部的水分迁移。同时，由于温度梯度而产生的粮堆内部空气的密度差，形成自然对流运动，也会促进粮堆内部的水分迁移。因此，仓储粮堆内部水分的迁移过程主要是由粮粒之间空气中水蒸气的扩散和自然对流输运而形成的。在粮堆内部热湿传递过程中，存在着明显的热湿效应，即由温度梯度而引起的水分迁移，这种现象也称为索瑞特效应(Soret effect)。

### 1.4.2　内部因素的影响

粮食是具有吸附特性和呼吸作用的生物有机体。粮粒对水汽的吸附/解吸的性能称为吸湿/解吸湿特性，粮粒的吸湿/解吸湿特征在仓储粮食的水分迁移过程中扮演着重要作用。粮堆的吸湿特性主要表现在粮粒与粮粒周围空气中水汽的交换。一定温度下，粮粒吸附水分，首先是水分在粮粒表面形成蒸气吸附层，当水汽压大于粮粒内的水汽压时，在压差的作用下，水汽就会不断地进入粮粒内，通过毛细管扩散到内部，即发生吸湿作用并放出热量；当粮粒周围空气中的水汽分压低于粮粒内部的水汽分压时，粮粒中的水汽分子就向粮粒外扩散，即粮食中的水分发生解吸湿作用并吸收热量。粮粒不断地与周围空气进行湿交换，经过一定的时间达到平衡。此时粮粒内部水分与周围空气中的水蒸气含量趋于平衡，这种水分也称为平衡水分(equilibrium moisture content，EMC)，如

图 1.12 所示。因此，在粮堆内部热湿传递过程中，还存在着湿热效应，即由于湿度梯度(水蒸气压力梯度)引起的附加热量通量，这种现象称为杜弗尔效应(Dufour effect)。显然，湿热效应会影响到粮堆的热力学行为。

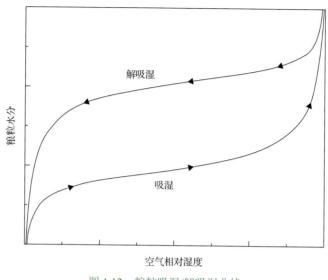

图 1.12　粮粒吸湿/解吸湿曲线

除了具有吸湿/解吸湿特性外，在储藏过程中，粮堆还具有自呼吸作用，粮粒是有机体，其本身不断进行呼吸作用，并释放出热量和水分。同时，害虫和霉菌的滋生也可以呼吸放热并释放水分，从而影响粮堆内部温度和水分的分布，呼吸作用产生的热量很容易在粮堆中积聚，造成粮堆局部温度的升高，不及时处理就会造成粮堆发热，引起粮堆中微生物的大量生长而导致霉变。

储藏中的粮食即使其初始水分处在安全水分和均匀一致的情况下，由于仓外气温的季节性和日变化，在粮堆中形成温度梯度，引起粮粒之间空气中水蒸气的扩散和自然对流输运，并通过粮堆的吸湿/解吸湿作用，引起粮堆内部的水分迁移，导致粮堆内部水分的再分配，使得粮堆局部平衡水分超过安全水分，在极端情况下，湿空气遇到冷壁面，可能冷却至露点温度以下，而形成水汽的凝结，大大增加了该区域的平衡相对湿度，使得粮食变质的危险性增加。

综上所述，粮食在储藏过程中，由于大气温度变化、粮堆的吸湿/解吸湿以及呼吸作用，引起粮堆内部热湿迁移，并导致粮堆内部温度和水分发生变化。粮堆内部的热湿迁移过程中存在着热湿耦合效应，而且粮堆内部温度场、湿度场和自然对流流场三场相互耦合，这种耦合又是非线性的，具有非昂萨格(Onsager)效应。因此，粮堆内部的热湿传递是一个非常复杂的过程，它与局地气候条件、粮食品种、粮堆热物性、粮仓的结构和大小以及粮食生物特性和虫霉演替等多种因素有关，而且涉及吸附理论、相变换热理论、粮食自呼吸理论和虫霉演替以及多孔介质内部的热质传递理论，人们至今尚未完全掌握粮食储藏过程中粮堆内部的热湿耦合传递规律[4-6]。

# 参 考 文 献

[1] 路茜玉. 粮油储藏学[M]. 北京: 中国财政经济出版社, 1989.

[2] 吴子丹, 曹阳. 绿色生态低碳储粮新技术[M]. 北京: 中国科学技术出版社, 2011.

[3] Bala B K. Drying and Storage of Cereal Grains[M]. 2nd ed. Pondicherry: John Wiley & Sons, 2017.

[4] 王远成, 吴子丹, 李福君, 等. 储粮生态系统数学模型和数值模拟研究进展[J]. 中国粮油学报, 2016, 31(10): 157-162.

[5] 王远成, 白忠权, 张中涛, 等. 仓储粮堆内热湿耦合传递的数值模拟研究[J]. 中国粮油学报, 2015, 30(11): 97-102.

[6] 王远成, 亓伟, 张中涛. 圆筒仓内自然对流对粮堆热湿传递的影响研究[J]. 水动力学研究与进展, 2014, 29(4): 487-496.

# 第 2 章
# 储粮生态系统多场耦合传递过程及控制方程

粮食在储藏过程中是以粮堆形式存在并受到各种因素的影响和作用。这些影响因子包括生物因子和非生物因子。储粮生态系统的影响因素众多，包括物理(温度、湿度和水分，简称温湿水)、化学(氧气和二氧化碳浓度)和生物(害虫和霉菌)等多种因素，而且这些因子相互耦合、相互影响。

粮食储藏过程中，由于受到外部大气环境的影响，粮堆中各种物理和生物场状态是非稳定的，控制不当就可能引起粮堆发热、霉变甚至导致储粮的变质。因此，储粮生态系统存在着物理场、生物场等多场耦合关系。

## 2.1 储粮生态系统中热湿传递过程

储粮生态系统是由围护结构、粮堆和上部空气组成的。粮食收获后，一般要被干燥到12%～13%的水分，并被散装储存到粮仓中，在这样的水分范围内储存粮食是安全的。然而，由于气温的季节性变化，粮堆通过粮仓维护结构不断与粮仓外大气进行热量交换，从而使得粮堆内部发生热量传递，同时，粮堆中的粮粒又具有吸湿特性和呼吸作用，引起粮堆中水分迁移和再分配，导致粮堆中局部温度和水分的升高。局部温度和水分的升高又促进了害虫和霉菌的生长，从而使得储藏中的粮食变得不安全，如图 2.1 实线部分所示。

粮堆的温度和水分超过安全温度和水分，就需要采用机械通风的方式来降低粮堆的温度和水分，以保证粮食的安全储存。即借助机械通风系统，强制地把粮仓外部温度和湿度较低的空气送入粮堆内部，使粮堆内部的湿热空气与引入粮堆的冷空气进行热湿交换，从而改变粮堆内部的温度和湿度，降低粮食中的温度和水分，抑制虫霉繁育和生长，减缓储粮品质的变化速度，从而达到安全储藏的目的，如图 2.1 虚线部分所示。

因此，储粮生态系统粮堆中热湿迁移过程以及粮堆的温度和水分变化主要是由粮仓外部的大气环境(外部因素)和粮仓内部粮粒的生物特性(内部因素)共同决定的。而且，储粮生态系统中热质传递过程具有多尺度多场耦合的特征。

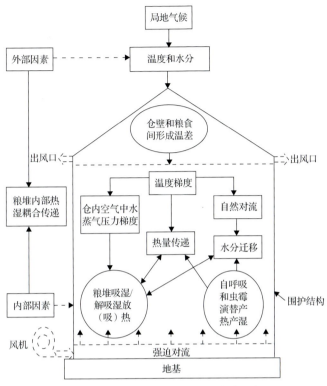

图 2.1　储粮生态系统多场耦合关系示意图

# 2.2　储粮生态系统多尺度多场耦合特征

粮堆是由粮食颗粒（粮粒）堆积而成的吸湿性多孔介质，粮堆内部热质传递涉及粮粒尺度和粮堆尺度、粮粒内部结合水和粮堆内部孔隙中湿空气，是一个多尺度多相的热质传递过程。

## 2.2.1　粮粒尺度的热量传递和水分迁移

粮粒中水分的迁移分为两个过程：首先是粮粒内部的水分扩散，然后是粮粒表面与周围空气中水蒸气之间的对流传质。通常情况下，粮粒具有复杂的组成结构，并且具有不规则形状，因此，粮粒内部的热量传递和水分迁移是各向异性的，其内部的水分扩散符合菲克扩散定律。同时，粮粒表面的对流传质遵从对流传质动力学模型，如图 2.2 所示。

## 2.2.2　粮堆尺度的热湿传递过程

当粮食入库并密闭储存时，由于仓外气温的季节性和日变化，粮堆不断地通过粮仓的围护结构与外界环境产生热量交换，粮堆内部容易产生温度梯度，并引起粮粒缝隙间湿空气的自然对流运动，即微气流的运动。同时，通过吸湿/解吸湿作用，粮粒与周围空气进行水汽交换，从而引起粮堆水分的迁移，如图 2.3 所示。

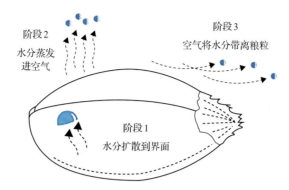

图 2.2　粮粒内部水分迁移及与周围空气热湿交换

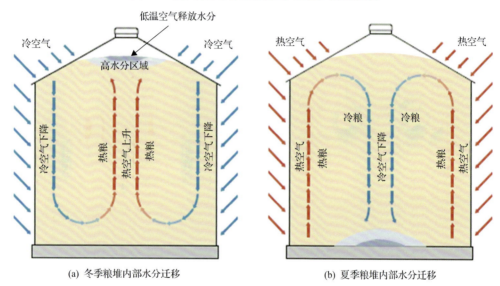

(a) 冬季粮堆内部水分迁移　　　　　　　(b) 夏季粮堆内部水分迁移

图 2.3　粮食自然密闭储存时粮堆内部热质传递过程

　　为了消除粮堆中的温度和水分梯度，需要对粮堆进行通风。当对粮堆进行降温降水通风时，将粮仓外部的冷空气送入粮堆内部，使粮堆内部的湿热空气与引入粮堆的冷空气进行热湿交换，并通过吸湿/解吸湿作用，改变粮堆的水分，使得粮堆的温度和水分降低，如图 2.4 所示。

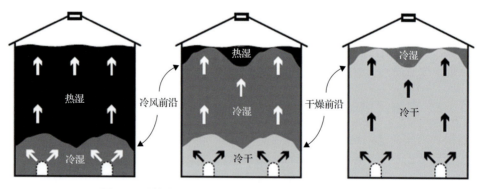

图 2.4　储粮降温降水通风过程中粮堆内部热质传递过程

可以看出，无论是在粮食密闭储存的情况下，还是在对粮堆进行通风的情况下，粮堆内部均存在着热湿传递过程，这个过程又属于粮堆尺度的多孔介质内部对流传热传质过程。

### 2.2.3 粮堆内部多场耦合特征

储粮生态系统的各种物理和生物现象都不是单独存在的，各种物理和生物因素及其参量之间相互耦合、相互影响。

1) 粮粒水分与周围空气温湿度的耦合

粮粒自身具有吸湿/解吸湿特征，粮堆的吸湿/解吸湿特征主要表现在粮粒与粮粒周围空气中水汽的交换，如图 2.5 所示。一定温度下，粮粒吸附水分，首先是水分在粮粒表面形成蒸汽吸附层，当水汽压大于粮粒内的水汽压时，在压差的作用下，水汽就会不断地进入粮粒内，通过毛细管扩散到内部，并在粮粒内部形成结合水或游离水，即发生吸湿作用并放出热量；当粮粒周围空气中的水汽分压低于粮粒内部的水汽分压时，粮粒中的结合水或游离水在粮粒表面蒸发水蒸气并扩散到周围空气中，即粮食中的水分发生解吸湿作用并吸收热量。

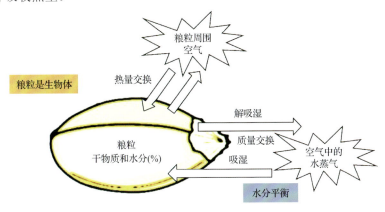

图 2.5 粮粒与周围空气热湿交换过程

在相同的空气湿度下，随着空气温度升高，粮粒与周围空气之间的水汽交换减弱，导致粮粒水分的降低。在相同的空气温度下，随着空气湿度升高，粮粒与周围空气之间的水汽交换加强，导致粮粒水分升高。因此，可以看出粮堆内部热质传递是相互耦合的，即粮粒水分与周围空气温湿度相互耦合。如图 2.6 所示，粮粒在不同温湿度的空气环境下，经过一定时间后粮粒内部水分的变化规律。从图中可以看出，粮粒通过吸湿/解吸湿作用，而达到平衡状态时的水分(即平衡水分)是周围空气的温湿度相关的，粮粒的水分与周围空气温湿度是耦合的。

2) 粮堆内部气流流动与热湿传递的耦合

在粮食密闭储存期间，由于仓外气温的季节性或日变化以及粮堆的热惯性，粮堆内部容易产生温度梯度。温度梯度又会引起粮堆内部空气的密度差，形成粮堆内部的自然对流运动，从而促进粮堆内部的热量传递和水分迁移。如图 2.7 中①部分(实线部分)所示，此时，粮堆内部空气的自然对流运动与热湿传递是耦合的。

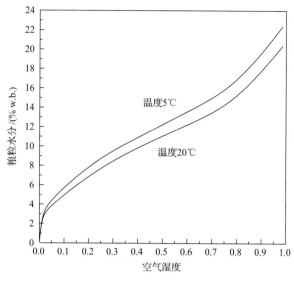

图 2.6　粮粒吸附等温曲线

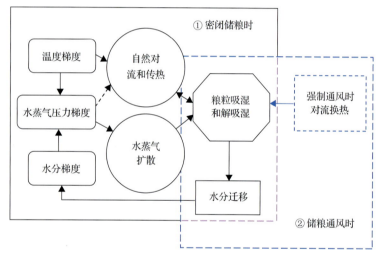

图 2.7　粮堆中多场耦合特征

当粮堆内部的温度和水分超过安全温度与水分时，为了确保粮食安全储藏，抑制虫害和微生物的发展，需要对粮堆进行通风，使得粮堆内部粮粒与通风气流进行热湿交换，降低粮堆内部的温度和水分。显然，此时粮堆内部空气的强制对流运动与热湿传递是耦合的，如图 2.7 中②部分(虚线部分)所示。

3) 粮堆内部物理场与生物场的耦合关系

粮粒是一种生物体，与其他生物一样需要进行"呼吸"。它们吸收氧气，与碳水化合物结合，进行呼吸反应，生成二氧化碳、水和热。这种呼吸过程又称为粮粒的自呼吸作用，并伴随着热量的生成和水分的产生(产热产湿)。粮堆中呼吸作用的产热又称为自发热。

粮堆中的呼吸作用，不仅包括粮粒的自呼吸，还包括害虫和霉菌的呼吸活动。在较低的温度和湿度下，无论是粮粒的自呼吸，还是害虫和霉菌的呼吸作用都非常微弱。粮食储藏过程中，粮粒和害虫以及霉菌等与其他生物体一样，会涉及由生物体中存在的酶引发的一系列复杂的化学反应。

通常，粮堆的自呼吸涉及碳水化合物的分解，通常以糖的形式，即粮粒本身或害虫消耗碳水化合物的形式而进行氧化分解，其分解过程可以表示为

$$C_6H_{12}O_6 \quad + \quad 6O_2 \quad \longrightarrow \quad 6CO_2 \quad + \quad 6H_2O \quad + \quad 677kcal$$
（碳水化合物）　（氧气）　　　　　（二氧化碳）　　（水分）　　（热量）

粮堆中的害虫和霉菌，也需要氧气进行呼吸，并且会在低氧条件下停止发育甚至死亡，一些真菌只需要少量的氧气用于它们的生长。无氧呼吸是某些微生物的特征，当粮粒水分较高时，无氧呼吸仅在高湿度水平的密闭储存中发生。无氧呼吸反应可以表示为

$$C_6H_{12}O_6 \quad \longrightarrow \quad 2C_2H_5OH \quad + \quad 2CO_2 \quad + \quad 22kcal$$
（己糖）　　　　　　（乙醇）　　　　（二氧化碳）　　（热量）

因此，粮粒的自呼吸作用和虫霉的呼吸作用都会产生热量和水分，从而影响粮堆内部的热湿传递，导致粮堆温度和水分的升高，进一步加剧虫霉的发展，并引起储粮的霉变。

综上所述，粮食在储藏过程中，由大气温度变化、粮粒的吸湿/解吸湿以及粮粒与虫霉的呼吸作用，引起粮堆内部热湿迁移，并导致粮堆内部温度和水分发生变化。在储粮生态系统中，粮粒内部热量传递和水分扩散与粮堆内部的热湿传递过程存在着耦合效应，而且粮粒内部水分场、粮堆内部温度场和湿度场以及粮堆内部空气流场（自然和强迫对流流场）四场相互耦合，这种耦合又是非线性的，具有非 Onsager 效应。

图 2.8 为储粮生态系统多尺度多场耦合特征关系图。显然，储粮生态系统的空气流动和热质传递过程是一个极其复杂的过程，不仅具有多尺度多场耦合特征，而且与局地气候条件、粮食品种、粮堆热物性、粮仓的结构和大小以及粮食生物特性和虫霉演替等多种因素有关。同时，储粮生态系统中热质传递过程涉及吸附理论、相变换热理论、生物呼吸理论以及多孔介质内部的流动与传热传质理论，人们至今尚未完全掌握其规律。因此，探索储粮生态系统中热质传递机理，研究储粮生态系统中粮堆内部温度和水分控制技术，具有重要的学术和应用价值。

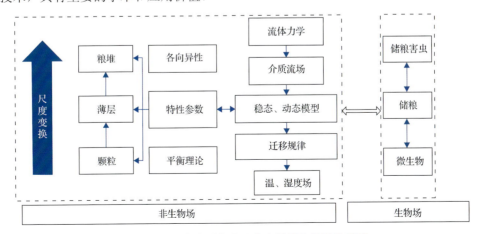

图 2.8　储粮生态系统多尺度多场耦合特征关系图

## 2.3　储粮生态系统多场协同模型

　　基于储粮生态系统多尺度多场耦合特征，根据相关理论和实验结果，可以建立反映储粮生态系统各个物理量之间相互耦合关系的控制方程和经验模型。储粮生态系统的基本控制方程通常包括质量守恒方程、动量守恒方程、能量守恒方程，以及描述相关物理和生物现象的本构方程。图 2.9 为储粮生态系统建模流程图。

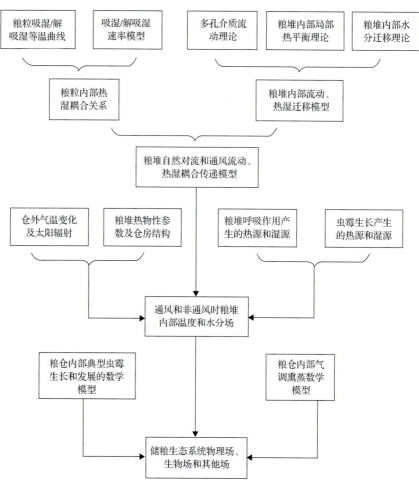

图 2.9　储粮生态系统建模流程图

## 2.4　储粮生态系统多场耦合传递过程的控制方程

　　储粮生态系统热湿传递及虫霉演替过程的控制方程是由质量守恒方程、能量守恒方程、动量守恒方程、傅里叶定律、菲克第二定律、牛顿内摩擦定律和虫霉演替经验公式等组成的。其中，前三个方程为问题控制方程，也称为普适方程；后四个方程为问题本构方程，本构方程根据具体研究问题的不同而不同。

储粮生态系统空气流动、热湿传递及虫霉演替过程的控制方程也称为数学模型。储粮生态系统模型是由多个子模型组成，主要包括：①非通风条件下(非人工干预条件下)仓储粮堆内部自然对流和热湿耦合传递模型。该模型针对特定地点的局地天气条件下(空气干球温度、相对湿度、风速、雨雪和太阳辐射等)及粮堆内部粮粒和虫霉呼吸影响下的密闭粮仓内部温度和水分变化规律、结露以及通风时机的选择等问题进行预测分析，并确定边界条件(粮仓外围护结构)的影响。②通风条件下(人工干预条件下)仓储粮堆内部空气流动和传热传质模型。该模型主要预测和分析通风时粮堆内部流动阻力和通风系统的功耗、粮堆温度和水分与通风量、入口空气的温度和相对湿度以及它们之间的关系。③通风时粮堆内部各向异性的流动阻力模型。④基于温度和水分的虫霉种群数量模型。⑤气调和熏蒸模型等。

需要说明的是，储粮通风与粮食烘干时传热传质机理是不同的，如图 2.10 所示。相对而言，通风过程中粮堆内部的热湿传递比粮食烘干时热湿传递过程复杂得多。

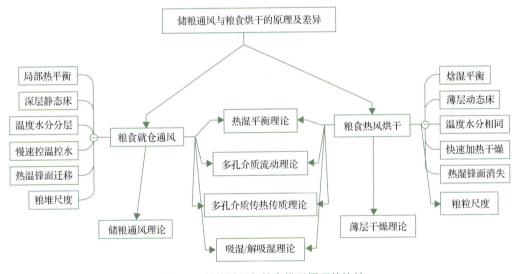

图 2.10　储粮通风与粮食烘干原理的比较

### 2.4.1　非通风情况下仓储粮堆内部自然对流和热湿传递模型

在非通风情况下，由于仓外气温的季节性变化和昼夜性变化，粮堆内部容易产生温度梯度。在温度梯度的作用下，粮堆内部产生热流流动，同时，由于温度梯度而导致的粮堆内部空气的密度差，引起粮堆空气的自然对流运动，使得粮堆内部的水分发生迁移和再分配。

因此，粮食在自然储藏条件下(在非通风情况下，即非人工干预条件下)，其内部空气的自然对流和热湿传递方程主要基于多孔介质内部质量、动量和能量守恒关系而得到。其中，被大家普遍接受的是 Khankari 等[1]建立的控制方程，该控制方程的特点就是借助吸湿/解吸湿等温曲线(即平衡水分方程)建立了描述粮堆内部水分迁移的方程。

动量方程：

$$\rho_a \frac{\partial u_j}{\partial t} = -\frac{\varepsilon \mu u_i}{K} + \frac{\partial p}{\partial x_i} + \delta_{ij} \rho_a g \beta (T - T_0) \tag{2.1}$$

能量方程：

$$(\rho_b c_b)\frac{\partial T}{\partial t} + (\rho_a c_a) u_j \frac{\partial T}{\partial x_j} = \frac{\partial}{\partial x_j}\left(k_b \frac{\partial T}{\partial x_j}\right) + \rho_b h_{fg} \frac{\partial W_d}{\partial t} + \rho_b q_h Y_{H_2O} \tag{2.2}$$

水分迁移方程：

$$\rho_b \frac{\partial W_d}{\partial t} + u_j \left(\frac{\sigma}{R_v T}\right)\frac{\partial W_d}{\partial x_j} = \frac{\partial}{\partial x_j}\left(D_M \frac{\partial W_d}{\partial x_j}\right) + \frac{\partial}{\partial x_j}\left(D_T \frac{\partial T}{\partial x_j}\right) - u_j \left(\frac{\omega}{R_v T}\right)\frac{\partial T}{\partial x_j} + \rho_b q_w Y_{CO_2} \tag{2.3}$$

式(2.1)~式(2.3)中，$K$ 为渗透率；$p$ 为压力；$u_j$ 为张量形式的达西速度(表观速度)；$x_i$、$x_j$ 为坐标；$\delta_{ij}$ 为狄利克雷函数；$\mu$ 为空气动力黏度；$T$ 为粮堆热力学温度；$T_0$ 为参考温度；$\beta$ 为空气的体积膨胀系数，$\beta = -\dfrac{1}{\rho_{\text{ref}}}\left(\dfrac{\partial p}{\partial T}\right)_p$；$\rho_a$ 和 $\rho_b$ 分别为空气密度和粮堆容重；$c_a$ 和 $c_b$ 分别为空气比热容和粮堆比热容；$W_d$ 为粮堆干基水分；$h_{fg}$ 为粮粒吸湿或解吸湿热；$Y_{H_2O}$ 为粮堆呼吸 24h 释放的水分；$Y_{CO_2}$ 为粮堆呼吸 24h 的 $CO_2$ 释放率；$q_h$ 为呼吸过程放热量；$q_w$ 为呼吸过程产生的水分量；基于温度梯度的水蒸气扩散系数 $D_T = D_{\text{eff}}\omega$，$\omega$ 为一定水分含量下温度改变引起的分压变化量；基于水分梯度的水蒸气扩散系数 $D_M = D_{\text{eff}}\sigma$，$\sigma$ 为一定温度下水分含量改变引起的分压变化量，水蒸气在粮堆中的有效扩散系数 $D_{\text{eff}} = \dfrac{D_v \varepsilon}{\tau R_v}$，$\tau$ 表示迁曲度，$\varepsilon$ 表示孔隙率，水蒸气扩散系数 $D_v = \dfrac{9.1 \times 10^{-9} \cdot T^{2.5}}{T + 245.18}$。

式(2.1)描述的是在浮升力驱动下粮堆内部自然对流流动及其阻力张量形式的达西(Darcy)扩展方程，其中式(2.1)右边第三项为由温度梯度而引起的浮升力。式(2.2)左边第一项代表粮堆热量随时间的变化率，第二项代表由于自然对流作用而发生的热量传递；右边第一项是由传导作用而引起的热量扩散(傅里叶热传导)，第二项表示粮堆吸湿或解吸湿的热量，第三项表示粮堆内部由于粮粒呼吸以及虫霉的生物活动而产生的热量。式(2.3)左边第一项代表粮堆水分随时间的变化率，第二项代表由于自然对流作用而发生的水分迁移；右边第一项是由于水分梯度而引起的水分扩散，第二项和第三项是由温度梯度而引起的水分扩散和对流迁移(即热的湿效应)，第四项表示粮堆内部由于粮粒呼吸以及虫霉的生物活动而产生的水分。

假设粮粒间空气和粮粒表面的蒸气分压 $p_s$ 处于局部平衡状态[2]：

$$\frac{\partial p_s}{\partial x_j} = \left(\frac{\partial p_s}{\partial W_d}\bigg|_T \frac{\partial W_d}{\partial x_j}\right) + \left(\frac{\partial p_s}{\partial T}\bigg|_{W_d} \frac{\partial T}{\partial x_j}\right) \tag{2.4}$$

则

$$\sigma = \frac{\partial p_s}{\partial W_d}\bigg|_T , \qquad \omega = \frac{\partial p_s}{\partial T}\bigg|_{W_d} \tag{2.5}$$

$\sigma$ 和 $\omega$ 可以使用各种粮粒的平衡相对湿度关系(ERH)式确定。选用 Henderson 平衡水分关系式[2]:

$$\frac{p_s}{p_{sb}} = 1 - e^{\left[-A(T+C)(100M_d)^N\right]} \tag{2.6}$$

式中，$A$、$C$ 和 $N$ 是各种作物的特定参数；$M_d$ 是粮粒干基的水分；$T$ 是温度；$p_{sb}$ 是饱和蒸气压。

### 2.4.2 通风过程中粮堆流动和传热传质模型

通风条件下，粮堆内部的流动和热湿传递方程大多采用 Thorpe[3]建立的控制方程。该控制方程假设粮堆是连续、均匀分布、各向同性的多孔介质，而且粮堆内部满足局部热平衡原理。同时，考虑粮粒的吸湿和解吸湿特性，并通过吸湿/解吸湿速率方程使得粮堆内部热湿传递相互耦合。由于通风时间相对较短，粮粒和虫霉呼吸作用所产生的热量与水分可以忽略不计。粮堆内部流动及热湿耦合传递的控制方程如下[4,5]。

动量方程：

$$\frac{\partial u}{\partial t} + (u \cdot \nabla)u = -\frac{\nabla p}{\rho_a} + \nabla \cdot \left(\frac{\mu}{\rho_a}\nabla u\right) - \frac{150\mu(1-\varepsilon)^2}{\varepsilon^3 d_p^2}u - \frac{1.75\rho_a(1-\varepsilon)}{\varepsilon^3 d_p}|u|u \tag{2.7}$$

能量方程：

$$\rho_b c_b \frac{\partial T}{\partial t} + c_a \nabla \cdot (\rho_a u T) = k_{\text{eff}} \nabla^2 T + h_{fg}(1-\varepsilon)\rho_b \frac{\partial W_w}{\partial t} \tag{2.8}$$

水分平衡方程：

$$\frac{\partial(\varepsilon\rho_a w)}{\partial t} + \nabla \cdot (\rho_a w u) = \nabla \cdot (\rho_a D_{\text{eff}}\nabla w) - (1-\varepsilon)\rho_b \frac{\partial W_w}{\partial t} \tag{2.9}$$

吸湿/解吸湿速率方程：

$$\frac{\partial W_w}{\partial t} = k(W_w - W_e) \tag{2.10}$$

式(2.7)～式(2.10)中，$\varepsilon$ 为孔隙率；$\rho_a$ 为空气密度；$\rho_b$ 为粮堆的容重；$d_p$ 为粮粒颗粒的等效直径；$u$ 为粮堆内部空气的表观速度或达西速度；$p$ 为压力；$t$ 为时间；$\nabla$ 为微分算子；$c_a$、$c_b$ 分别为空气和粮堆的比热容；$T$ 为粮堆热力学温度；$W_w$ 为粮堆湿基水分；$k_{\text{eff}}$ 为粮堆的有效导热系数；$\mu$ 为空气的动力黏度；$h_{fg}$ 为粮粒吸湿或解吸湿热；$w$ 为粮粒间空气中的绝对含湿量；$D_{eff}$ 为湿空气在粮堆中的有效扩散系数；$k$ 为吸湿/解吸湿经验常数；$W_e$ 为平衡水分。

$$k = 2000 \exp(-5094/T) \tag{2.11}$$

$$W_e = -\frac{1}{18.077} \ln\left(-\frac{T - 160.8}{921.69} \ln \mathrm{RH}\right) \tag{2.12}$$

式中，RH 为相对湿度。

式(2.7)描述的是通风时粮堆内部强迫对流流动及其阻力矢量形式的动量方程，其中式(2.7)右边第三项为黏性阻力，第四项为惯性阻力，而这两项是基于 Ergun 方程得到的。式(2.8)左边第一项代表通风时粮堆热量随时间的变化率，第二项代表由于强迫对流作用而发生的热量迁移；右边第一项表示由热传导而引起的热量扩散，第二项表示粮堆的吸湿或解吸湿热量，俗称水分蒸发消耗的热量。式(2.9)是根据整个粮堆内部粮粒间水蒸气绝对含湿量与粮粒中水分含量满足质量守恒定律而得到的，左边第一项代表粮粒间水蒸气随时间的变化率，第二项代表由于强迫对流作用而发生的粮粒间水蒸气的迁移；右边第一项是由于粮粒间水蒸气的扩散引起的水分变化率，第二项是粮堆中水分时间变化率。式(2.10)为仿照牛顿冷却公式形式的吸湿/解吸湿速率方程，俗称干燥速率方程。

值得注意的是，通过式(2.8)的数量级分析发现，其右边第二项不能忽略，即粮粒的吸湿/解吸湿热量不能忽略。这是由于在通风过程中，粮堆水分会因粮粒的解吸湿而降低，而解吸湿过程中势必消耗粮堆的热力学能量(即蒸发潜热)，从而加速粮堆温度的降低。因此，在计算粮堆内部热量传递过程时，必须要考虑吸湿或解吸湿热量，否则会产生较大的误差，甚至产生谬误。

### 2.4.3 通风时粮堆内部流动和各向异性阻力模型

由于粮堆堆积过程中的自溜分级以及深层粮堆重力作用，粮堆内部的孔隙率分布不均匀，因此，粮堆内部流动阻力为各向异性，即水平方向的阻力与垂直方向的阻力各不相同。许多研究人员如 Jayas 等[6]采用数值模拟方法调查了通风过程中粮堆内的气流分布和各向异性阻力。流动和各向异性阻力模型为[6]

$$\frac{\partial}{\partial_x}\left(k_{xx}\frac{\partial p}{\partial x}\right) + \frac{\partial}{\partial_y}\left(k_{yy}\frac{\partial p}{\partial y}\right) = 0 \tag{2.13}$$

$$k_{xx} = A_x\left[\left(\frac{\partial p}{\partial x}\right)^2 + \left(\frac{\partial p}{\partial y}\right)^2\right]^{\frac{B-1}{2}} \tag{2.14}$$

$$k_{yy} = A_y\left[\left(\frac{\partial p}{\partial x}\right)^2 + \left(\frac{\partial p}{\partial y}\right)^2\right]^{\frac{B-1}{2}} \tag{2.15}$$

$$B = (B_x + B_y) / 2 \tag{2.16}$$

式中，$p$ 为压力；$x$、$y$ 为水平方向和垂直方向的坐标值；$A_x$、$B_x$、$A_y$、$B_y$ 和 $B$ 为由实验数据回归得到的常数。Sinicio 等[7]使用了有限元方法求解式(2.13)，并使用实验室测试数据验证了模型的准确性。

Hood 等[8]通过研究发现，当粮粒入粮仓时，在重力场的作用下，由于自然堆积时的自身稳定性，对于大多数粮种，粮粒长轴往往接近水平方向。因此，粮堆水平方向孔隙的迂曲率小于垂直方向，水平方向流动阻力通常低于垂直方向上的阻力。对于粮堆，在水平方向和垂直方向的压力梯度(每米粮堆的阻力)可以表示如下：

$$\frac{\partial p}{\partial x} = -R_x u - S_x |u| u \tag{2.17}$$

$$\frac{\partial p}{\partial y} = -R_y v - S_y |u| v \tag{2.18}$$

式中，$u$ 为粮堆内部空气的表观速度或达西速度矢量；$u$ 和 $v$ 分别为 $u$ 在 $x$、$y$ 方向上的分速度值；$R_x$、$R_y$、$S_x$ 和 $S_y$ 为由实验确定的经验常数。

### 2.4.4 虫霉发展和分布的预测模型

基于粮堆的温度和水分，适用于多种储粮害虫发育和生长的模型已经被初步开发用于害虫种群数量的预测和模拟。因此，将粮堆温度、水分分布与害虫种群数量模型相结合，可以预测粮堆内部害虫种群的数量。根据害虫种群分布和干物质损耗可以指导杀虫措施，例如，如果害虫都集中在粮堆的上部，则只需进行表面杀虫处理，而不是对整个粮仓进行一个完整的熏蒸。目前，害虫种群数量模型主要分为两类：静态解析模型和动态微分模型，前者忽略了害虫的爬行移动行为，后者在模型中增加了害虫爬行移动的影响因子，充分考虑了害虫的爬行移动行为。然而，由于缺乏相关实验数据及大量实验样本的支撑，无论静态解析模型还是动态微分模型都还不成熟，目前还处于理论探索阶段，与实际应用还有一定距离。

#### 1. 静态解析模型

Thorpe 根据 Desmarchelier[9]的研究结果，分析了储粮害虫种群数量与粮粒水分含量和温度的关系，建立了储粮害虫的增长率与粮粒间的空气湿球温度呈线性比例关系式，并给出了害虫种群数量模型。害虫种群数量模型如下[10]：

$$n^* = n_0 \exp(r_s t) \tag{2.19}$$

$$r_s = c_1 (T_w - c_2) \tag{2.20}$$

$$(T - T_w) + w(2502 + 1.809T - 4.186T_w) - (2502 - 2.377T_w)w^* = 0 \tag{2.21}$$

式 (2.19) 中，$n_0$ 为初始时刻害虫种群数量；$r_s$ 为害虫种群的内禀增长率；$t$ 为时间；$n^*$ 为 $t$ 时刻害虫种群数量。式 (2.20) 中，$c_1$ 和 $c_2$ 为不同虫群特定的常数；$T_w$ 为粮堆中空气的湿球温度。式 (2.21) 中，$w$ 为粮堆中空气的绝对含湿量；$w^*$ 为相应湿球温度下的饱和绝对湿度；$T$ 为粮堆中空气的温度。通过式 (2.20) 和式 (2.21) 可以看出，害虫虫群数量与粮堆内部的温湿度是密切相关的。

Driscolla 等[11]基于四种害虫种群(谷蠹、米象、锯谷盗和赤拟谷盗)生长率的数据，建立了一个新的害虫种群内禀增长率经验公式，为

$$r_s = (k_a + k_b \cdot r + k_c \cdot r^2) \exp(k_1 \cdot T) + \ln[k_2 \cdot (T_m - T)] \tag{2.22}$$

式中，$k_a$、$k_b$ 和 $k_c$ 为虫群增长率系数；$k_1$ 和 $k_2$ 为经验常数；$T_m$ 为害虫由生长转为死亡的极限温度；$T$ 为粮堆中空气的温度。该模型与干燥和就仓通风模拟程序相结合，可以预测在干燥和就仓通风时粮仓内部害虫种群数量的变化规律。在热带气候条件下该模型预测的害虫种群数量与实验数据吻合良好，但在低温和低湿度时误差稍大一些。

上述模型存在以下不足：①模型假设害虫不进行爬行移动，而在实际粮堆内部，害虫可能会转移到更有利的生存环境中；②通风对害虫移动的影响被忽略；③忽略了不同品系害虫的行为差异。造成上述缺陷的原因是缺乏相关的生物数据，这也是储粮害虫学家值得研究的一个领域。

### 2. 动态微分模型

Jian 等[12]在实验的基础上建立了害虫种群数量分布的偏微分形式的扩散输运方程，确定了输运方程的相关系数，并通过测定有无温度梯度的小麦储藏箱内锈赤扁谷盗种群分布数据，验证了所建立的模型。Jian 等的研究表明，实验小麦储藏箱内锈赤扁谷盗种群分布与利用有限差分和解析分析方法预测的结果没有显著差异，该扩散输运方程可以用来模拟储粮中锈赤扁谷盗的分布。动态微分模型如下[12]：

$$\frac{\partial n^*}{\partial t} = D_x \frac{\partial^2 n^*}{\partial x^2} + D_y \frac{\partial^2 n^*}{\partial y^2} + D_z \frac{\partial^2 n^*}{\partial z^2} - n_x \frac{\partial n^*}{\partial x} - n_y \frac{\partial n^*}{\partial y} - n_z \frac{\partial n^*}{\partial z} + \alpha \tag{2.23}$$

式中，$D_x$、$D_y$ 和 $D_z$ 分别为 $x$、$y$、$z$ 方向害虫的扩散系数；$n_x$、$n_y$ 和 $n_z$ 分别为 $x$、$y$、$z$ 方向害虫的移动速度；$\alpha$ 为害虫繁殖和死亡的数量变化量；$x$、$y$、$z$ 为空间坐标；$t$ 为时间；$n^*$ 为害虫种群数量。

### 2.4.5　霉菌生长发展的预测模型

储粮最初生长的危害真菌主要是局限曲霉和灰绿曲霉[13,14]。真菌的活性依赖于很多因素，其中许多涉及粮食的储藏条件，如温度、水分和气体浓度等。不同类型储粮中的主要有害霉菌并非完全相同，而且储藏于不同环境下的同一种储粮中的主要有害霉菌不同。因此，任何描述霉菌活动模型的建立都是艰难的。由于储粮真菌生长影响因素的复杂性，加之缺乏相关实验数据及大量样本的支撑，如霉菌生长速率的评估和充分的、适

宜的、可重复的数据收集等，目前针对曲霉和青霉生长的影响因素(生物和非生物因素)进行模拟研究的文章还比较少，这也是今后储粮生态系统研究任务之一。

鉴于国内外普遍以真菌孢子数衡量储粮中霉菌危害程度，因此基于国内外的研究结果，可以推导出真菌(孢子数)模型如下：

$$\text{FNC} = \exp\left(0.068t_d + 0.013T + 72.92\frac{W_w}{100} - 1\right) \tag{2.24}$$

式中，FNC 为真菌孢子数(fungi spore number)(个/g)；$t_d$ 为时间(天)；$T$ 为温度(℃)；$W_w$ 为粮堆湿基水分。

### 2.4.6　稻谷黄变模型

稻谷黄变主要受粮堆温度和湿度(水分)的影响，因此，基于国内外的实验数据，可以得到稻谷黄变模型如下[15]：

$$\frac{db}{dt} = k_h \tag{2.25}$$

$$k_h = \exp\left(71.87 - 25.32\text{RH} - \frac{25919.3}{T + 273.15} + \frac{10712.78\text{RH}}{T + 273.15}\right) \tag{2.26}$$

$$W = 85.1 - 3.36b \tag{2.27}$$

式中，$T$ 为温度(℃)；RH 为相对湿度；$W$ 为稻谷白度。

### 2.4.7　气调和熏蒸模型

气调储粮模型是描述气体在粮堆内部扩散输运过程的控制方程，通过求解气调储粮的控制方程，可以预测气调和熏蒸(氮气或二氧化碳或磷化氢气体等)过程中各种气体的浓度分布规律，并用于指导气调和熏蒸工艺的设计与优化。常见的气调模型属于组分输运的对流扩散方程[16-18]：

$$\frac{\partial C}{\partial t} + u_j\frac{\partial C}{\partial x_j} = \frac{\partial}{\partial x_j}\left(D_{\text{eff}}\frac{\partial C}{\partial x_j}\right) + S \tag{2.28}$$

式中，$C$ 为某种气体组分的浓度；$t$ 为时间；$u_j$ 为张量形式的达西速度(表观速度)；$x_j$ 为坐标；$D_{\text{eff}}$ 为粮堆内部气体组分的有效扩散系数，Shunmugam 等[19]通过实验发现，小麦中 $CO_2$ 的扩散系数为 $5.9\times10^{-6}$~$7.6\times10^{-6}$，大麦中 $CO_2$ 的扩散系数为 $5.1\times10^{-6}$~$68.4\times10^{-6}$，油菜籽中 $CO_2$ 的扩散系数为 $3.7\times10^{-6}$~$65.3\times10^{-6}$；Singh 等[20]通过研究发现，玉米中磷化氢气体的扩散系数为 $0.5\times10^{-5}$。其中，式(2.28)左边第一项代表某种气体组分浓度随时间的变化率，第二项代表由于对流运动而产生的某种气体组分迁移；右边第一项为某种气体的分子扩散项，第二项为粮粒对某种气体组分的吸附和虫霉活动产生的气体源项。

# 参 考 文 献

[1] Khankari K K, Patankar S V, Morey R V. A mathematical model for natural convection moisture migration in stored grain[J]. Transactions of the ASAE, 1995, 38(6): 1777-1787.

[2] Wang Y C, Yang K M, Zhang Z T, et al. Natural convection heat and moisture transfer with thermal radiation in a cavity partially filled with hygroscopic porous medium[J]. Drying Technology, 2016, 34(3): 275-286.

[3] Thorpe G R. The application of computational fluid dynamics codes to simulate heat and moisture transfer in stored grains[J]. Journal of Stored Products Research, 2008, 44(1): 21-31.

[4] 王远成, 吴子丹, 李福君, 等. 储粮生态系统的数学模型和数值模拟研究进展[J]. 中国粮油学报, 2016, 31(10): 157-162.

[5] Wang Y C, Duan H F, Zhang H, et al. Modeling on heat and mass transfer in stored wheat during forced cooling ventilation[J]. Journal of Thermal Science, 2010, 19(2): 167-172.

[6] Jayas D S, Sokhansanj S, Moysey E B, et al. Predicting airflow pressure patterns in canola(rapeseed)bins[J]. Canadian Agricultural Engineering, 1990, 32: 249-254.

[7] Sinicio R, Jayas D S, Muir W E, et al. Finite element prediction of non-uniform airflow in fixed beds of wheat[J]. Postharvest Biology and Technology, 1992, 2(1): 51-59.

[8] Hood T J A, Thorpe G R. The effects of the anisotropic resistance to airflow on the design of aeration systems for bulk stored grains[J]. Australia Agricultural Engineering, 1992, 21(1-2): 18-23.

[9] Desmarchelier J M. The relationship between wet-bulb temperature and the intrinsic rate of increase of eight species of stored-product Coleoptera[J]. Journal of Stored Products Research, 1988, 24(2): 107-113.

[10] Thorpe G R. Modelling ecosystems in ventilated conical bottomed farm grain silos[J]. Ecological Modelling, 1997, 94(2-3): 255-286.

[11] Driscoll R, Longstaff B C, Beckett S. Prediction of insect populations in grain storage[J]. Journal of Stored Products Research, 2000, 36(2): 131-151.

[12] Jian F J, Jayas D S, White N D G, et al. Two dimensional diffusion of Cryptolestes ferrugineus(Stephens)(Coleoptera: Laemophloeidae)populations in stored wheat under constant environmental conditions[J]. Journal of Stored Products Research, 2007, 43(4): 342-348.

[13] 陈畅, 丁伟, 唐芳, 等. 小麦储藏水分、温度和真菌生长危害进程预测[J]. 中国粮油学报, 2012, 27(5): 5-9, 26.

[14] 岳晓禹, 张恒业, 辛婷, 等. 储粮预测微生物模型的研究进展[J]. 中国粮油学报, 2012, 27(5): 118-123.

[15] Prachayawarakorn S, Choteboon C, Soponronnarit S. Simultaneous momentum, heat and mass transfer with color change during paddy storage in silo[J]. Drying Technology, 2005, 23(1-2): 205-223.

[16] Wang Y C, Li F J, Cao Y, et al. Numerical modeling of the horizontal flow and concentration distribution of nitrogen within a stored-paddy bulk in a large warehouse[C]. Proceedings of the 12th International Working Conference on Stored Product Protection(IWCSPP), Berlin, 2018.

[17] 王远成, Thorpe G R, 赵会义, 等. 储粮熏蒸过程中磷化氢浓度的分布模型及验证研究[J]. 中国粮油学报, 2015, 30(7): 81-84.

[18] Alagusundaram K, Jayas D S, Muir N W E, et al. Convective-diffusive transport of carbon dioxide through stored-grain bulks[J]. Transaction of ASAE, 1996, 39(4): 1505-1510.

[19] Shunmugam G, Jayas D S, White N D G, et al. Diffusion of carbon dioxide through grain bulks[J]. Journal of Stored Products Research, 2005, 41(2): 131-144.

[20] Singh A K, Thorpe G R. A solution procedure for three-dimensional free convective flow in peaked bulks of grain[J]. Journal of Stored Products Research, 1993, 29(3): 221-235.

# 第3章

# 储粮生态系统数值模拟研究进展及其原理

## 3.1 储粮生态系统研究方法

研究储粮生态系统流动和热湿传递过程的方法有实验室研究方法、现场观测方法和数值模拟方法，如图 3.1 所示。实验室研究方法所得到的结果无疑是可靠的，但是实验室研究方法属于小尺度研究方法，在时间和空间上都与实际有差距。当检测仪器精度足够高时，合理的现场观测方法得到的结果是真实的，但实验室研究方法需要投入较大的人力物力，成本较高，而且实验结果不具有可重复性。现场观测方法往往用于"真实体系的示范验证"研究。粮堆内部的热湿耦合传递问题，往往是非线性情况，很难得到解析结果。基于计算流体动力学(computational fluid dynamics，CFD)的数值模拟方法恰好克服了前面两种方法的弱点，它具有成本低、适用范围广、结果形象逼真的特点。数值模拟方法又称为"计算机模拟工程仿真"技术，是国外近年发展起来的一种研究流动、传热传质等现象的新方法，它可以形象地再现流动、热湿传递过程的情景，因而正逐渐被人们所认识和接受，计算流体动力学技术为解决这类问题提供了一个良好的数值分析和优化设计的工具[1]。

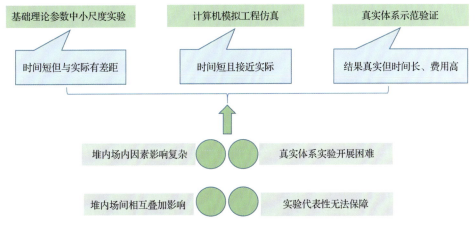

图 3.1　储粮生态系统研究方法及其变迁

储粮生态系统包括物理、化学和生物的多种变量，并且这些变量之间是相互影响的，这些相互影响的变量是影响粮食的陈化和变质的关键因素。粮食储藏过程中涉及粮堆的温度、湿度、水分、空气的温湿度、空气流动及化学和生物场的参量变化以及各参量之间的相互耦合，多物理场(粮堆温湿度和水分)耦合的数值模拟技术不仅可以模拟温度、湿度、水分和空气流动等不同物理场的变化规律及相互作用，还可以解释说明期间的生物因子演替现象，如粮仓微环境对储粮发芽、农药或杀虫剂的衰变率和残留以及害虫生长率等方面的影响。因此，多物理场耦合数值模拟技术将对粮食储藏的技术研究和管理产生深远影响，也是研究储粮生态系统的新途径。

20世纪90年代以前，由于计算机资源的缺乏，多物理场的模拟仅仅停留在理论阶段，有限元建模也局限于对单个物理场的模拟，最常见的也就是对力学、传热、流体以及电磁场的模拟。随着计算机技术的迅速发展，在工程领域中，有限元分析(finite element analysis，FEA)越来越多地用于工程的仿真模拟，从而解决实际工程问题。近年来，越来越多的研究已经证明这种采用求解描述自然现象和物理过程的偏微分方程(partial differential equation，PDE)的方法可以解释许多物理现象和过程，对于储粮状态系统，这些偏微分方程可以用来描述流动、传热、传质和生物学等。

由于储粮生态系统存在生物和非生物因子及其相互耦合关系，储粮生态系统是复杂的，其内部变化机理涉及多物理场和生物场及其应用的学科，属于跨多学科交叉问题。储粮技术要求粮食必须储存于免受害虫和霉菌侵害的环境下，而且保证其食用品质不发生改变或者变化较小。然而，在粮食储藏过程中，其物理和化学环境，如粮食的水分和温度、粮粒间气体以及农药或熏蒸剂的浓度是储粮管理和技术人员关注的重点。如果要控制和调节储粮的生态系统环境，保证储粮的安全，显然需要对吸湿性多孔介质(粮堆)物理学、流体力学、生物学、生物化学以及化学动力学有深刻的理解。粮食储藏技术涉及工程、热物理、化学、生物化学等领域，如图3.2所示。因此，基于多物理场数值模拟方法研究储粮生态系统，将对粮食储藏技术产生深远的影响。多物理场耦合数值模拟技术也必将成为储粮生态系统研究的新途径[2]。

基于以上分析，不难看出，储粮生态系统的管理和调控，不仅是技术问题，更是科学问题。

首先，粮堆中的热量、质量和动量传递规律等，这些规律在储藏实验室是不可能获得的。其次，实验室得到的结果很难放大到实际情况中。然而，数值模拟技术则克服了这些困难，它集成了物理学科的多个分支，如计算流体动力学、多孔介质传热传质学和生物学。此外，多物理场数值模拟还可以分析多个同时出现的物理和生物现象的相互作用关系。因此，储粮生态系统的研究，一是要开展基础理论研究；二是要进行共性技术研发；三是要推进集成应用示范，三者相互关联、相互依存、缺一不可。

## 3.2 储粮生态系统数值模拟研究进展

CFD技术在粮食储藏中应用的历史并不长，国外从20世纪80年代开始应用CFD技术对粮食储藏过程中流动、热湿传递等现象进行数值模拟研究，国内则是近几年才开始应用CFD技术对粮食储藏通风过程进行数值模拟分析[2]。

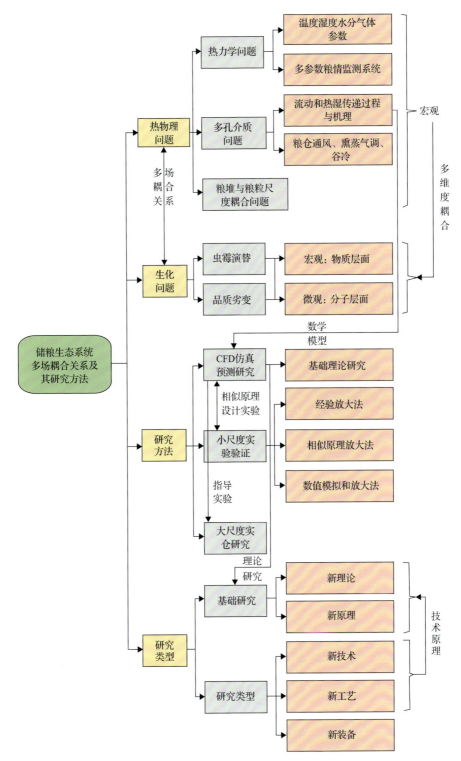

图 3.2　储粮生态系统多场耦合关系及其研究方法

数值模拟方法是国外近年发展起来的一种研究流动、传热传质等现象的新方法，它可以形象地再现流动、热湿传递过程的情景，也为分析和预测粮食储藏的通风过程、储粮生态系统中各种参量的变化规律提供了一个良好的分析和优化工具。基于CFD的模拟结果不仅可以提供粮食储藏中空气流动、热湿传递过程中各种热力学参数与流体流动的详细信息，还可以为优化储粮通风系统及工艺、探究储粮生态系统的发生发展规律提供新的途径。随着计算机性能的不断提高和CFD通用软件的推广与普及，CFD技术将为更多的仓储技术人员所掌握，并在粮食储藏工程得到更广泛的应用。

### 3.2.1 储粮通风过程中流场、温度和水分场数值模拟

Metzger等[3]于1983年提出了针对小麦储藏通风的一个模型，并使用CFD方法模拟了强迫对流换热和水分在垂直方向的传递及分布。Chang等[4,5]于1993年和1994年提出了一个基于热质平衡理论的数学模型，并采用CFD方法预测了小麦储藏通风过程中温度和水分含量的变化规律，该数值研究基于有限差分方法。Smith[6]于1996年采用有限元方法对就仓干燥通风时底部具有水平通风道的浅圆仓内部的速度和压力场进行了模拟分析。Sun等[7,8]于1997年提出了一个针对粮堆冷却的数学模型，并应用该模型模拟了冬季英国东南部的圆筒仓内粮堆冷却过程中温度、水分的变化规律。基于热量和质量守恒定律，2001年Jia等[9]模拟了就仓通风过程中粮仓内储藏小麦的温度变化，但是没有模拟小麦水分的变化。Iguaz等[10]于2004年提出了一个针对周期通风的储藏稻谷模型，并采用CFD方法预测了仓内稻谷温度的变化。Garg等[11]于2006年使用CFD软件(FLUENT 6.3)模拟分析了大型圆筒仓中粮粒非均匀分布时通风过程中粮仓内部流场的分布规律。Lopes等[12]于2006年基于CFD方法编制了一个软件程序(AERO)，模拟了基于环境参量的圆筒仓粮食通风过程中温度的变化规律，而且粮食发热因素也被考虑进去。Lukasse等[13]于2007年建立了农产品就仓通风时仓内微气候动力学模型，并对土豆储存过程中的温度和水分进行了预测分析。Lukaszuk等[14]于2009年采用数值模拟方法研究了几种粮粒在不同堆积方式情况下的通风阻力。张忠杰等[15]于2010年采用CFD方法模拟了准静态仓储粮堆的温度场。

Wang等[16,17]于2010年基于CFD技术对就仓降温冷却和干燥通风时粮堆内部的温度和水分的变化过程进行了数值模拟研究并与实验结果进行了比较。研究包括：①根据局部热质平衡原理和吸湿/解吸湿理论，建立了深层粮堆内部热湿耦合传递的数学模型；②采用CFD技术对大型房式仓内粮堆的温度和水分随通风气流温度和湿度改变而变化的规律进行了数值模拟研究；③基于CFD方法，数值模拟且分析了由于粮食入仓时粮粒自溜分级而形成的各向异性粮堆内部的流动和传热规律。

### 3.2.2 非通风时储粮内部自然对流及温度梯度引起的水分迁移

Abe等[18]基于CFD理论的数值模拟方法分析了粮仓内粮堆温度和水分在储藏过程中变化的规律，研究中未考虑仓内自然对流的作用及影响。Prakash等[19,20]于1999年对仓储中的吸湿性多孔介质(粮堆)内部由自然对流作用引起的热量传递和水分迁移进行了模拟研究，发现吸湿性多孔介质内部水分由于外界(仓外)大气温度变化而局部升高的现象。

Jia 等[21,22]于 2000 年采用数值模拟方法分别研究了由粮堆内部发热而引起粮堆温度变化规律以及粮堆温度随仓外气候周期变化而变化的规律。Iguaz 等[23]于 2004 年采用 CFD 方法数值模拟分析了仓储粮温和水分随外界气温变化而变化的规律。Ali 等[24]于 2004 年使用二维柱坐标的质扩散方程，并借助 CFD 方法模拟了木质圆筒仓内玉米的水分随仓外大气温湿度变化而变化的规律，由于忽略了温度梯度对水分扩散的影响，模拟结果低估了仓内玉米的水分。Alabadan[25]、Ruska 等[26]分别采用二维柱坐标的导热微分方程模拟了圆筒仓内粮堆温度随仓外气温变化而变化的规律，模拟中忽略了粮粒表面水蒸气的蒸发阻力和吸湿/解吸湿的相变潜热的影响。

### 3.2.3　气调、杀虫剂、害虫分布数值模拟

Thorpe 等[27,28]分别于 1982 年和 1997 年对粮食熏蒸过程中杀虫剂的残留浓度以及通风过程中粮堆内部的害虫、发芽率进行了模拟研究，并且与实测结果进行了比较，发现数值模拟结果与实验结果基本相符。Driscoll 等[29]于 2000 年采用数值模拟方法预测了粮堆内部害虫发展规律以及发芽率的变化情况。Mani 等[30]于 2001 年基于 CFD 方法模拟了仓储粮堆中由于害虫诱导发热的温度场。Smith 等[31]于 2001 年对 $CO_2$ 气调储粮时粮堆内部的 $CO_2$ 的浓度分布进行了模拟研究，揭示了 $CO_2$ 气调储粮时粮仓内部 $CO_2$ 的迁移规律。Xanthopoulos 等[32]于 2003 年基于 CFD 方法对通风储粮时粮堆内部的温度、水分、发芽率和呼吸强度进行了系统的数值分析。

## 3.3　基于计算流体动力学的储粮生态系统数值模拟原理

### 3.3.1　计算流体动力学概述

CFD 是通过计算机数值计算和图像显示，对包含流体流动、热量和质量传递等相关物理现象所做的分析、计算和优化的数值模拟工具。

CFD 的基本思想可以归结为：把原来在时间域及空间域上连续的物理量的场，如速度场、温度场和压力场等，用一系列有限个离散点上的变量值的集合来代替，通过一定的原则和方式建立起关于这些离散点上场变量之间关系的代数方程组，然后求解代数方程组获得场变量的近似值。

CFD 可以看成在流动传热基本方程(质量守恒方程、动量守恒方程、能量守恒方程)控制下对流动传热过程的数值模拟。通过这种数值模拟，可以得到极其复杂问题的流场和温度场内各个位置上的基本物理量(如速度、压力、温度、浓度等)的分布，以及这些物理量随时间的变化情况。

### 3.3.2　计算流体动力学的特点

CFD 方法与传统的理论解析方法、实验测量方法组成了研究流体流动和传热传质问题的完整体系，图 3.3 给出了表征三者之间关系的示意图。

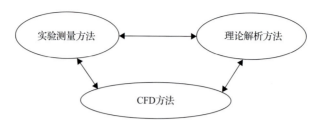

图 3.3　CFD 方法与其他研究方法的区别和联系

(1)理论解析方法的优点在于所得结果具有普遍性，各种影响因素清晰可见，是指导实验研究和验证新的数值计算方法的理论基础。但是，它往往要求对计算对象进行抽象和简化，才有可能得出理论解析解。对于非线性情况，只有少数流动才能给出解析结果。

(2)实验测量方法所得到的实验结果真实可信，它是理论分析和数值方法的基础和佐证。实验往往受到模型尺寸、流场扰动和测量精度的限制。此外，实验还会遇到经费投入、人力和物力的巨大耗费及周期长等许多困难。

(3)CFD 方法恰好克服了前面两种方法的弱点，在计算机上实现一个特定的计算，就好像在计算机上做一次物理实验。例如，机翼的绕流，通过计算并将其结果在屏幕上显示，就可以看到流场的各种细节(如涡的生成与传播、流动的分离、表面的压力分布、受力大小及其随时间的变化等)。数值模拟可以形象地再现流动情景，所以又称为数值仿真实验。

CFD 方法、理论解析方法与实验测量方法的关系如下。

(1)CFD 方法：成本较低，适用范围广，但是可靠性差，表达困难。

(2)理论解析方法：成本最低，结果最理想，影响因素表达清楚，但是仅仅局限于非常简单的问题的求解和研究。

(3)实验测量方法：可靠性好，但是成本高，实验结果不具有重复性。

三种方法相互联系、相互印证，但不能完全替代，三者各有各的适用场合，在实际工作中，需要注意三者的有机结合，争取做到取长补短。

### 3.3.3　计算流体动力学的数值模拟原理

CFD 技术和理论自 20 世纪 70 年代建立，经过多年的发展，出现了多种数值解法。这些方法之间的主要区别在于对控制方程的离散方式。根据离散的原理和方式不同，CFD 大体上可分为三个分支。

(1)有限差分法(finite different method，FDM)。有限差分法是应用最早、最经典的 CFD 方法，它将求解域划分为差分网格，用有限个网格节点代替连续的求解域，然后将偏微分方程的导数用差商代替，推导出含有离散点上有限个未知参数的差分方程组，求出差分方程组的解就是微分方程定解问题的数值近似解。这种方法比较成熟，较多地用于求解双曲型和抛物型物理问题。

(2)有限元法(finite element method，FEM)。有限元法是 20 世纪 80 年代开始应用的数值解法，它吸收了有限差分法中离散处理的内核，又采用了变分计算原理中选择逼近函数对区域进行积分的合理方法。有限元法因求解速度较慢，因此应用不是特别广泛。

(3)有限体积法(finite volume method，FVM)。有限体积法是将计算区域划分为一系列控制体积，将待解微分方程对每一个控制体积积分得出离散方程。有限体积法的关键是在导出离散方程过程中，需要对界面上的被求函数及其偏导数的分布做出某种形式的假定。用有限体积法导出的离散方程可以保证具有守恒特性，而且离散方程系数的物理意义明确，计算量相对较小。

## 3.4　基于计算流体动力学的储粮生态系统数值模拟方法

对于储粮生态系统，无论是流动问题，还是传热传质问题；无论是稳态问题，还是瞬态问题，其数值模拟过程都可用图 3.4 表示。如果所求解的问题是瞬态问题，则可将图中的过程理解为一个时间步的计算过程，循环这一过程求解下个时间步的解。用户可借助商用软件来完成所需要的任务，也可自己直接编写计算程序，两种方法的基本工作过程是相同的。

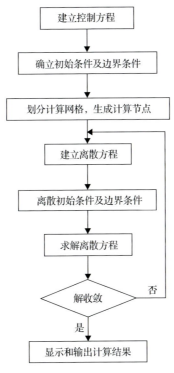

图 3.4　基于 CFD 的数值模拟流程

### 3.4.1　储粮生态系统流动和热湿传递的数值计算过程

首先，根据相关的理论和实验结果，建立反映储粮生态系统的各个物理量之间关系的微分方程，确定相应的定解条件，这是数值模拟计算的出发点。储粮生态系统基本控制方程通常包括质量守恒方程、动量守恒方程、能量守恒方程和描述相关物理与生物现象的本构方程，以及这些方程相应的定解条件。

粮堆是由粮食颗粒堆积而成的，因此粮堆属于典型的生物性多孔介质。粮堆内部对流传热传质过程具有以下几个特点。

(1)粮堆内部对流传热传质过程是一个典型的非稳态不可逆过程，其过程既随着时间变化又具有不可逆转的特性；

(2)粮堆内部对流传热传质过程受到物理和生物因子的影响，故一般要涉及生物呼吸产热产湿，影响因素众多、关系复杂；

(3)粮堆内部对流传热传质过程中传热传质相互耦合，既有热湿效应又有湿热效应。因此，它是一个非常复杂的过程。

(4)粮堆内部对流传热传质过程与物料的物理性质、含湿组分和状态关系密切，所以生物性多孔介质内部对流传热传质过程涉及不可逆热力学、流体力学、传热传质学等学科及其交叉学科。

虽然多孔介质中基于孔隙尺度的流体流动和传热传质是非常不规则的，但包含足够多孔空间的平均物理量却以一定的规律随空间和时间变化。在对宏观流动和传热传质的研究中，物理量被定义为表征单元体积(representative elementary volume，REV)尺度中物理量的平均值。REV的选取应考虑两方面：一是应使其尺度远大于孔的尺度，以保证平均结果与REV的大小无关；二是应远小于宏观流动区域的尺度，以保证能够反映出宏观流动的变化规律。典型的表征单元体积如图3.5所示。

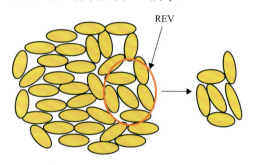

图3.5　多孔介质表征单元体积

数值模拟方法是通过研究基于REV的平均物理量的变化规律来研究多孔介质中的流动和传热传质。基于多孔介质流动方程和热质传递的控制方程的数值模拟一般都是对所研究的流动和传热传质现象进行恰当的物理分析，选择合适的动量方程，并利用连续方程，再加上合适的能量方程和标量输运方程，借助有限体积法或有限元法求解偏微分方程组，从而得到相应的结果。

对多孔介质中流体流动的数值模拟研究一般包括宏观流动的数值模拟和微观流动的数值模拟。在通常的工程应用中，人们只对流体的整体流动特性(如速度分布、压力分布等)感兴趣，所以从1856年达西开创了这方面的研究以来，很多学者进行了有关多孔介质中流体宏观流动的实验研究和数值模拟研究。

基于工程应用的目的，这里只对多孔介质中宏观流动的数值模拟方法的发展情况进行概述。宏观方法是通过研究基于 REV 的平均物理量的变化规律来研究多孔介质中的流动。如果只需研究物理量的平均值的变化规律而不研究扰动量变化规律，那么宏观研究方法给出的结果是令人满意的。物理量的平均也可以定义在组成体积单元的流体部分上。若流动速度定义在体积单元上，此时多孔介质内部的空气速度称为达西速度，一般情况下，研究多孔介质的宏观流动时，都采用该速度。

多孔介质中流体流动的数值模拟研究是指从多孔介质宏观流动遵循的控制方程出发，利用数值模拟方法模拟多孔介质中的流动现象，对模拟的结果进行分析，得到所需的结果。多孔介质宏观流动的连续方程一般采用如下形式：

$$\frac{\partial(\rho_a \varepsilon)}{\partial t} + \nabla \cdot (\rho_a u) = 0 \tag{3.1}$$

多孔介质宏观流动的动量方程一般是基于实验数据得到的经验方程。例如，常用的达西定律：

$$\frac{\partial(\rho_a u)}{\partial t} = \mu K^{-1} \cdot u - \nabla p + \rho_a g \tag{3.2}$$

对于一维稳态的多孔介质内流动，如储粮竖向通风，可以近似简化为一维流动：

$$\mu K^{-1} \cdot u = \nabla p \tag{3.3}$$

式中，$\rho_a$ 为空气的密度；$u$ 为达西速度；$\varepsilon$ 为孔隙率；$\mu$ 为空气动力黏度；$K$ 为多孔介质渗透率(对于各相同性均匀介质，$K$ 为常数，对于各相异性多孔介质，$K$ 为张量)。

随着后来对多孔介质中各种复杂流体流动的研究发现，达西定律只适用于多孔介质中低速流体做定常流动的情况。随着流动速度的增加，压力梯度和流动速度不再满足线性关系。此外，对于流体为气体的情况，$K$ 不仅和多孔介质材料本身有关，而且随压力变化。这些现象说明需对达西定律进行修正，以得到适用的动量方程。考虑加速度、惯性效应和流速对阻力的影响，通过与流体力学 Navier-Stokes 方程进行类比，得到了以下修正方程：

$$\rho_a \frac{\partial u}{\partial t} + \frac{\rho_a}{\varepsilon}(u \cdot \nabla)u = -\varepsilon \nabla p + \frac{\mu}{\rho_a}\nabla^2 u + \delta_{ij}\rho_a g\beta(T - T_0) - \frac{\varepsilon \mu u}{K} - \rho_a \frac{C_F \varepsilon u |u|}{K^{1/2}} \tag{3.4}$$

式中，$\rho_a$ 为空气的密度；$p$ 为压力；$C_F$ 为 Forchheimer 系数；$\beta$ 为体积膨胀系数；$\mu$ 为空气动力黏度；$\varepsilon$ 为孔隙率。

基于传统的多孔介质流动方程的数值模拟一般都是对所研究的流动进行恰当的物理分析，选择合适的动量方程，并利用连续方程(3.1)，再加上合适的能量方程和状态方程，利用数值分析方法求解偏微分方程组或常微分方程，得到需要的结果。对于不考虑传热的多孔介质流动问题，一般不考虑能量方程，而用描述热力学过程(如等温过程、绝热过程或多变过程)的方程来替代。但对于考虑传热的流体流动问题，则需要加入能量方程。

一般采用的能量方程形式和普通流体力学中的能量方程类似，但需引入有效导热系数 $k_{\text{eff}}$ 来表示多孔介质区域中的热传导特性。

多孔介质纯流体耦合多孔介质流动区域的流动问题是指在求解区域中存在两部分流动区域：一部分为纯流体的流动区域，另一部分为流体在多孔介质中流动的区域。这两部分区域存在交界面，交界面处存在速度滑移和应力滑移。只有用 Brinkman 方程替代达西定律来描述多孔介质内部的流动，才能保证交界面处的速度连续和应力连续的边界条件，满足交界面的流动耦合条件[33]。

### 3.4.2　确定初始条件与边界条件

初始条件与边界条件是控制方程有确定解的前提，控制方程与相应的初始条件、边界条件的组合构成对一个物理过程完整的数学描述。对于初始条件和边界条件的处理，直接影响计算结果的精度。

初始条件是所研究对象在过程开始时刻各个求解变量的空间分布情况。对于瞬态问题，必须给定初始条件。对于稳态问题，不需要初始条件。

边界条件是在求解区域的边界上所求解的变量或其导数随地点和时间的变化规律。对于任何问题，都需要给定边界条件。例如，在锥管内的流动，在锥管进口断面上，可给定速度、压力沿半径方向的分布，而在管壁上，对速度取无滑移边界条件。

### 3.4.3　划分计算网格

采用数值模拟方法求解控制方程时，都是想办法将控制方程在空间区域上进行离散，然后求解得到的离散方程组。如果在空间域上离散控制方程，则必须使用网格。

不同的问题采用不同数值解法时，所需要的网格形式是有一定区别的，但生成网格的方法基本是一致的。目前，网格分结构网格和非结构网格两大类。简单地讲，结构网格在空间上比较规范，例如，对一个四边形区域，网格往往是成行成列分布的，行线和列线比较明显。而对非结构网格在空间分布上没有明显的行线和列线。对于二维问题，常用的网格单元有三角形和四边形等形式；对于三维问题，常用的网格单元有四面体、六面体、三棱体等形式。

目前各种 CFD 软件都配有专用的网格生成工具，如 FLUENT 使用 GAMBIT 作为前处理软件。多数 CFD 软件可接收采用其他 CAD 或 CFD/FEM 软件产生的网格模型。例如，FLUENT 可以接收 ANSYS 中的 ICEM 所生成的网格。当然，若问题不是特别复杂，用户也可自行编程生成网格。图 3.6 为基于 ICEM 方法生成的粮仓网格图。

### 3.4.4　建立离散方程

建立离散方程，又称为控制方程的离散。其本质是把描述流动传热的控制方程组，在时间域及空间域上，通过一定的原则和方式转化成关于离散点上变量之间关系的代数方程组。

由于所引入的因变量在节点之间的分布假设及推导离散化方程的方法不同，所以就形成了有限差分法、有限元法、有限元体积法等不同类型的离散化方法。

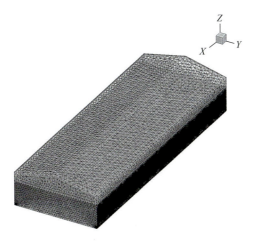

图 3.6　基于 ICEM 方法生成的粮仓网格图

### 3.4.5　离散初始条件和边界条件

前面所给定的初始条件和边界条件是连续性的，如在静止壁面上速度为 0，现在需要针对所生成的网格，将连续型的初始条件和边界条件转化为特定节点上的值，如静止壁面上共有 90 个节点，则这些节点上的速度值应均设为 0。

在商用 CFD 软件中，往往在前处理阶段完成网格划分后，直接在边界上指定初始条件和边界条件，然后由前处理软件自动将这些初始条件和边界条件按离散方式分配到相应的节点上。

### 3.4.6　给定求解控制参数

在离散空间上建立了离散化的代数方程组，并施加离散化的初始条件和边界条件后，还需要给定流体的物理参数和紊流模型的经验系数等。此外，还要给定迭代计算的控制精度、瞬态问题的时间步长和输出频率等。

在 CFD 的理论中，这些参数并不值得探讨和研究，但在实际计算时，它们对计算的精度和效率有着重要的影响。

### 3.4.7　求解离散方程

在进行上述设置后，生成了具有定解条件的代数方程组。对于这些方程组，数学上已有相应的解法，如线性方程组可采用 Guass 消去法或 Guass-Seidel 迭代法求解，而对非线性方程组，可采用 Newton-Raphson 方法。在商用 CFD 软件中，往往提供多种不同的解法，以适应不同类型的问题。这部分内容属于求解器设置的范畴。

### 3.4.8　判断解的收敛性

对于稳态问题的解，或是瞬态问题在某个特定时间步上的解，往往要通过多次迭代才能得到。有时因网格形式或网格大小、对流项的离散插值格式等，可能导致解的发散。对于瞬态问题，若采用显式格式进行时域上的积分，当时间步长过大时，也可能造成解的振荡或发散。因此，在迭代过程中，要对解的收敛性随时进行监视，并在系统达到指定精度后，结束迭代过程。这部分内容属于经验性的，需要针对不同情况进行分析。

### 3.4.9 显示和输出计算结果

通过上述求解过程得出各计算节点上的解后，需要通过适当的手段将整个计算域上的结果表示出来。这时，可采用线值图、矢量图、等值线图、流线图、云图等方式对计算结果进行表示，并分析计算结果，给出研究结论。

线值图，是指在二维或三维空间上，将横坐标取为空间长度或时间历程，将纵坐标取为某一物理量，然后用光滑曲线或曲面在坐标系内绘制出某一物理量沿空间或时间的变化情况。矢量图是直接给出二维或三维空间里矢量(如速度)的方向及大小，一般用不同颜色和长度的箭头表示速度矢量。矢量图可以比较容易地让用户发现其中存在的旋涡区。等值线图是用不同颜色的线条表示相等物理量(如温度)的一条线。流线图是用不同颜色的线条表示质点运动轨迹。云图是使用渲染方式，将流场某个截面上的物理量(如压力或温度)用连续变化的颜色块表示其分布。

### 3.4.10 数值模拟结果可靠性检验

(1)与解析解对比(简单问题)。
(2)与相关实验结果比较。
(3)与经典研究结果比较。

## 3.5 基于计算流体动力学的数值模拟软件简介

为方便用户使用 CFD 软件模拟不同类型的工程问题，一般的 CFD 商用软件往往将复杂的 CFD 过程集成，通过一定的接口，让用户快速地输入问题的有关参数。所有的商用 CFD 软件均包括三个基本模块：前处理、求解和后处理，与之对应的程序模块常简称为前处理器、求解器、后处理器。

### 3.5.1 前处理器

前处理器(preprocessor)用于完成前处理工作。前处理环节是向 CFD 软件输入所求问题的相关数据，该过程一般是借助与求解器相对应的对话框等图形界面来完成的。

在前处理阶段需要用户进行以下工作：
(1)定义所求问题的几何计算域；
(2)将计算域划分成多个互不重叠的子区域，形成由单元组成的网格；
(3)对所要研究的物理和化学现象进行抽象，选择相应的控制方程；

(4)定义流体的属性参数;

(5)为计算域边界处的单元指定边界条件;

(6)对于瞬态问题,指定初始条件。

流动问题的解是在单元内部的节点上定义的,解的精度由网格中单元的数量所决定。一般来讲,单元越多、尺寸越小、网格越密,所得到的解的精度越高,但所需要的计算机内存资源及 CPU 时间也相应增加。

为了提高计算精度,又要减少计算时长,在物理量梯度较大的区域,以及我们感兴趣的区域,往往要加密计算网格;在前处理阶段生成计算网格时,关键是要把握好计算精度与计算成本之间的平衡。

目前在使用商用 CFD 软件进行计算时,有超过 50%的时间花费在几何区域的定义及计算网格的生成上。因此,可以使用 CFD 软件自身的前处理器生成几何模型,也可以借用其他商用 CFD 或 CAD/CAE 软件(如 PATRAN、ANSYS、Pro/ENGINEER)提供的几何模型。此外,指定流体参数的任务也是在前处理阶段进行的。

### 3.5.2　求解器

求解器(solver)的核心是数值求解方案。常用的数值求解方案包括有限差分法、有限元法、谱方法和有限体积法等。总体上讲,这些方法的求解过程大致相同,包括以下步骤:

(1)借助简单函数来近似求的流动变量;

(2)将该近似关系代入连续型的控制方程中,形成离散方程组;

(3)求解代数方程组。

### 3.5.3　后处理器

后处理的目的是有效地观察和分析流动、传热传质的数值模拟计算结果。随着计算机图形功能的提高,目前的 CFD 软件均配备了后处理器(post-processor),因此提供了较为完善的后处理功能,包括:

(1)计算域的几何模型及网格显示;

(2)矢量图(如速度矢量线);

(3)等值线图;

(4)填充型的等值线图(云图);

(5)$XY$ 散点团;

(6)粒子轨迹图;

(7)图像处理功能(平移、缩放、旋转等)。

借助后处理功能,还可动态模拟流动效果(动画),直观地了解 CFD 的计算结果。

### 3.5.4　常用的 CFD 商用软件

为了完成 CFD 计算,过去多是用户自己编写计算程序,由于 CFD 的复杂性及计算机软硬件条件的多样性,用户各自的应用程序往往缺乏通用性,而 CFD 本身又有其鲜明的系统性和规律性,因此比较适合于被制成通用的商用软件。自 1981 年以来,经过科学家及相关工程人员的研究和开发,出现了如 PHOENICS、FLUENT 和 COMSOL Multiphysics 等多个商用 CFD 软件,这些软件的显著特点是:①功能比较全面、适用性强,几乎可以求解工程界中的各种复杂问题;②具有比较易用的前后处理系统和与其他 CAD 软件的接口能力,便于用户快速完成几何建模、网格划分等工作,同时还可让用户扩展自己的开发模块;③具有比较完备的容错机制和操作界面,稳定性高;④可在多种计算机、多种操作系统(包括并行环境)下运行。随着计算机技术的快速发展,这些商用软件在工程界正在发挥着越来越大的作用。

## 1. PHOENICS

PHOENICS 软件是世界上第一套计算流体动力学与传热学的商用软件,它是 Parabolic Hyperblic or Elliptic Numerical Interaction Code Series 的缩写,它是英国皇家学会 Spalding 教授及 40 多位博士二十余年心血的典范之作。PHOENICS 软件已广泛应用于航空航天、船舶、汽车、暖通空调、环境、能源动力、化工等各个领域,第一个正式版本于 1981 年开发完成。

除了通用 CFD 软件应该拥有的功能外,PHOENICS 软件有自己独特的功能。

(1)开放性。PHOENICS 软件最大限度地向用户开放了程序,用户可以根据需要添加用户程序、用户模型。PLANT 和 INFORM 功能的引入使用户不再需要编写 FORTRAN 源程序,GROUND 程序功能使用户修改添加模型更加任意、方便。

(2)CAD 接口。PHOENICS 软件可以读入几乎任何 CAD 软件的图形文件。

(3)运动物体功能。利用 MovOBJ,可以定义物体运动,克服了使用相对运动方法的局限性。

(4)多种模型选择。PHOENICS 软件提供了多种湍流模型、多相流模型、多流体模型、燃烧模型、辐射模型等。

(5)双重算法选择。PHOENICS 软件既提供了欧拉算法,也提供了基于粒子运动轨迹的拉格朗日算法。

(6)PHOENICS 软件的 Windows 版本可用 Digital/Compaq Fortran 编译器编译,用户的二次开发接口也通过该语言实现。此外,它还有 Linux/UMIX 版本。

## 2. FLUENT

FLUENT 软件是由美国 FLUENT 公司于 1983 年推出的 CFD 软件。FLUENT 软件提供了非常灵活的网格特性,用户可以使用非结构网格,包括三角形、四边形、四面体、六面体、金字塔形网格来解决复杂形状的流动问题,甚至可以用混合型非结构网格。它允许用户根据解的具体情况对网格进行修改(细化/粗化)。

FLUENT 软件使用 GAMBIT 作为前处型软件,可读入多种 CAD 软件的三维几何模型和多种 CAE 软件的网格模型。FLUENT 软件可用于二维平面、二维轴对称和三维流动分析,可完成多种参考系下流场模拟、定常与非定常流动分析、不可压流和可压流计算、层流和湍流模拟、传热和热混合分析、化学组分混合和反应分析、多相流分析、固体与流体耦合传热分析、多孔介质分析等。

FLUENT 软件是通用的 CFD 软件，由于采用了多种求解方法和多重网格加速收敛技术，所以 FLUENT 软件能达到较好的收敛速度和求解精度。灵活的非结构网格和自适应网格技术及成熟的物理模型，使 FLUENT 软件在流动、传热与传质、化学反应与燃烧、生物、食品等工程领域有着广泛的应用，但是对于变物性和复杂边界条件问题的处理稍显麻烦，需要编制用户自定义程序。

### 3. COMSOL Multiphysics

COMSOL Multiphysics 软件是以有限元法为基础，通过求解偏微分方程（单场）或偏微分方程组（多物理场）来实现真实物理现象的计算机仿真，也是用数学方法求解真实世界的物理现象。COMSOL Multiphysics 软件是一款大型的高级数值仿真软件，广泛应用于各个领域的科学研究及工程计算，并能模拟科学和工程领域的各种物理过程。COMSOL Multiphysics 软件能够满足用户仿真模拟的所有需求，具有用途广泛、灵活、易用的特性，比其他有限元分析软件的强大之处在于，利用附加的功能模块，软件功能可以很容易地进行扩展，范围涵盖从流体流动、热传导，到结构力学、电磁分析等多种物理场，用户可以快速地建立模型。

COMSOL Multiphysics 软件中定义模型非常灵活，材料属性、源项及边界条件等可以是常数、任意变量的函数、逻辑表达式或者直接是一个代表实测数据的插值函数等，而不需要用户自定义程序。预定义的多物理场应用模式，能够解决许多常见的物理问题。同时，用户也可以自主选择需要的物理场并定义它们之间的相互关系，用户也可以输入自己的偏微分方程，并指定它与其他方程或物理量之间的关系。

## 参 考 文 献

[1] 王远成, 张忠杰, 吴子丹, 等. 计算流体力学技术在粮食储藏中的应用[J]. 中国粮油学报, 2012, 27(5): 86-91.

[2] 王远成, 吴子丹, 李福君, 等. 储粮生态系统数学模型和数值模拟研究进展[J]. 中国粮油学报, 2016, 31(10): 157-162.

[3] Metzger J F, Muir W E. Computer model of two dimensional conduction and forced convection in stored grain[J]. Canadian Agricultural Engineering, 1983, 25: 119-125.

[4] Chang C S, Converse H H, Steele J L. Modeling of temperature of grain during storage with aeration[J]. Transactions of the ASAE, 1993, 36(2): 509-519.

[5] Chang C S, Converse H H, Steele J L. Modeling of moisture content of grain during storage with aeration[J]. Transactions of the ASAE, 1994, 37(6): 1891-1898.

[6] Smith E A. Pressure and velocity of air during drying and storage of cereal grains[J]. Transport in Porous Media, 1996, 23(2): 197-218.

[7] Sun D W, Woods J L. Deep-bed simulation of the cooling of stored grain with ambient air: A test bed for ventilation control strategies[J]. Journal of Stored Products Research, 1997, 33(4): 299-312.

[8] Sun D W, Woods J L. Simulation of the heat and moisture transfer process during drying in deep grain beds[J]. Drying Technology, 1997, 15(10): 2479-2492.

[9] Jia C C, Sun D W, Cao C W. Computer simulation of temperature changes in a wheat storage bin[J]. Journal of Stored Products Research, 2001, 37(2): 165-177.

[10] Iguaz A, Arroqui C, Esnoz A, et al. Modelling and simulation of heat transfer in stored rough rice with aeration[J]. Biosystems Engineering, 2004, 89(1): 69-77.

[11] Garg D, Maier D E. Modeling non-uniform airflow distribution in large grain silos using Fluent[C]. Proceedings of the 9th International Working Conference for Stored-Product Protection, Campinas, 2006: 754-762.

[12] Lopes D D C, Martins J H, Melo E D C, et al. Aeration simulation of stored grain under variable air ambient conditions[J]. Postharvest Biology & Technology, 2006, 42(1): 115-120.

[13] Lukasse L J S, Kramer-Cuppen J E D, Voort A J V D. A physical model to predict climate dynamics in ventilated bulk-storage of agricultural produce[J]. International Journal of Refrigeration, 2007, 30(1): 195-204.

[14] Lukaszuk J, Molenda M, Horabik J, et al. Variability of pressure drops in grain generated by kernel shape and bedding method[J]. Journal of Stored Products Research, 2009, 45(2): 112-118.

[15] 张忠杰, 李琼, 杨德勇, 等. 准静态仓储粮堆温度场的 CFD 模拟[J]. 中国粮油学报, 2010, 25(4): 46-50.

[16] Wang Y C, Duan H F, Zhang H, et al. Modeling on heat and mass transfer in stored wheat during forced cooling ventilation[J]. Journal of Thermal Science, 2010, 19(2): 167-172.

[17] Wang Y C, Li F, Cao Y, et al. Numerical modeling of the horizontal flow and concentration distribution of nitrogen within a stored-paddy bulk in a large warehouse[C]. Julius-Kühn-Archiv463, 2018: 395-400.

[18] Abe T, Basunia M A. Simulation of temperature and moisture changes during storage of rough rice in cylindrical bins owing to weather variability[J]. Journal of Agricultural Engineering Research, 1996, 65(3): 223-233.

[19] Prakash M, Turan Ö F, Li Y G, et al. A CFD study of national convection heat and mass transfer in respiring hygroscopic porous media[C]. The Second International Conference CFD in the Minerals and Process Industries, CSIRO, Melbourne, 1999: 157-162.

[20] Prakash M, Turan Ö F, Li Y G, et al. CFD modelling of natural convection heat and mass transfer in hygroscopic porous media[J]. Drying Technology, 2000, 18(10): 2175-2201.

[21] Jia C C, Sun D W, Cao C W. Mathematical simulation of temperature fields in a stored grain bin due to internal heat generation[J]. Journal of Food Engineering, 2000, 43(4): 227-233.

[22] Jia C C, Sun D W, Cao C W. Finite element prediction of transient temperature distribution in a grain storage bin[J]. Journal of Agricultural Engineering Research, 2000, 76(4): 323-330.

[23] Iguaz A, Arroqui C, Esnoz A, et al. Modelling and validation of heat transfer in stored rough rice without aeration[J]. Biosystems Engineering, 2004, 88(4): 429-439.

[24] Ali M S, Al-Amri A M, Abbouda S K. Application of a mass transfer model for simulation and prediction of moisture distribution in stored corn grains[J]. Scientific Journal of King Faisal University(Basic and Applied Sciences), 2004, 5: 197-213.

[25] Alabadan B A. Temperature changes in bulk stored maize[J]. Assumption University Journal of Technology, 2006, 9(3): 187-192.

[26] Ruska L, Timar A. Simulation of changes in a wheat storage bin regarding temperature[C]. International Symposia of Risk Factors for Environment and Food Safety & Natural Resources and Sustainable Development, Faculty of Environmental Protection, Oradea, 2009: 276-285.

[27] Thorpe G R, Elder W B. Modelling the effects of aeration on the persistence of chemical pesticides applied to stored bulk grain[J]. Journal of Stored Products Research, 1982, 18(3): 103-114.

[28] Thorpe G R. Modelling ecosystems in ventilated conical bottomed farm grain silos[J]. Ecological Modelling, 1997, 94(2-3): 255-286.

[29] Driscoll R, Longstaff B C, Beckett S. Prediction of insect populations in grain storage[J]. Journal of Stored Products Research, 2000, 36(2): 131-151.

[30] Mani S, Muir W E, Jayas D S, et al. Computer modelling of insect-induced hot spots in stored wheat[J]. Canadian Biosystems Engineering, 1999, 43: 4.7-4.14.

[31] Smith E A, Jayas D S, Ville A D. Modelling the flow of carbon dioxide through beds of cereal grains[J]. Transport in Porous Media, 2001, 44(1): 123-143.

[32] Xanthopoulos G, Woods J L. A two-dimensional model of grain storage with dynamic visualisation: Predictions for temperature, moisture content, germination and respiration-a case study for rapeseed[J]. Agro Thesis, 2003, 1(1): 19-27.

[33] 李亨, 张锡文, 何枫. 论多孔介质中流体流动问题的数值模拟方法[J]. 石油大学学报(自然科学版), 2000, 24(5): 111-116.

# 第 4 章
# 空气和粮堆的基本性质

## 4.1    空气的物理性质

自然状态下的空气是由混合气体、水蒸气和杂质组成的，除去水蒸气和杂质的空气称为干空气，干空气的主要成分是氮气、氧气、氩气和二氧化碳等。它们占干空气总容积的百分数分别为 78.08%、20.95%、0.93%、0.03%，可见这四种气体已占干空气总容积的 99.99%以上。其他成分所占容积总共不到 0.01%，这些次要成分有氖气、氦气、氪气、氢气、臭氧等。它们各自所占的容积的百分数见表 4.1。

**表 4.1    干空气成分**

| 气体成分 | 含量(容积百分数)/% | 气体成分 | 含量(容积百分数)/% |
|---|---|---|---|
| 氮气($N_2$) | 78.08 | 氪气(Kr) | $1×10^{-4}$ |
| 氧气($O_2$) | 20.95 | 氢气($H_2$) | $5×10^{-5}$ |
| 氩气(Ar) | 0.93 | 氙气(Xe) | $8×10^{-6}$ |
| 二氧化碳($CO_2$) | 0.03 | 臭氧($O_3$) | $1×10^{-6}$ |
| 氖气(Ne) | $1.8×10^{-3}$ | 干空气 | 100 |
| 氦气(He) | $5.24×10^{-4}$ | | |

自然界中的空气都是干空气和水蒸气的混合物，所以也称为湿空气，简称空气。大气中的水蒸气含量随着时间、地点、气象条件的不同而有较大的变化，在极地地区或沙漠区，其容积百分数接近于零，而在潮湿的热带地区，水蒸气的容积百分数可达 4%。

## 4.2    空气的力学特性

### 4.2.1    空气的物理状态参数

空气的物理状态以及它的变化规律可以用一些物理量来描述。这些物理量中最主要的是压力、密度、湿度、温度和比容等，这些物理量称为空气的状态参数[1,2]。

#### 1. 空气的压力

作用于物体单位面积上的垂直作用力，称为压力，空气的压力有时也称为压强，压力的表达式如下：

$$p = \frac{F}{A} \tag{4.1}$$

式中，$p$ 为压力（$N/m^2$，也称 Pa）；$F$ 为垂直于作用面的作用力（N）；$A$ 为作用面积（$m^2$）。

### 2. 空气的密度

单位体积的空气质量，称为空气密度，用符号 $\rho_a$ 表示：

$$\rho_a = \frac{M_a}{V_a} \tag{4.2}$$

式中，$M_a$ 为空气质量（kg）；$V_a$ 为空气体积（$m^3$）。

常温常压下，$\rho_a$=1.225kg/$m^3$，实际上空气的密度是随着温度和压力的变化而变化的，但通常情况下，可以认为空气的密度是一个常数。

### 3. 空气的湿度

空气的湿度是用来表示空气中水蒸气含量和潮湿程度的一个物理量。在储粮通风中它是一个很重要的物理量，因为空气的湿度与储藏粮食的水分与霉菌有重要的关系。表征空气湿度主要有绝对湿度和相对湿度两种方式。

#### 1) 绝对湿度 $\rho_s$

每一立方米湿空气中所含水蒸气的质量，称为空气的绝对湿度 $\rho_s$（kg/$m^3$）。由于湿空气是干空气和水蒸气的混合物，所以绝对湿度为水蒸气在其分压力下的密度，即湿空气的绝对湿度在数值上等于在相同温度下水蒸气的密度。绝对湿度只能说明湿空气在一定温度下实际所含水蒸气的质量，并不能说明湿空气的干湿程度和吸湿能力。

#### 2) 水汽压 $p_s$

水汽压表示空气所含水蒸气的分压力，我们可以把大气压力看成由干空气分压力和水蒸气分压力组成的，故水汽压的单位与大气压一样可以用毫米水柱（$mmH_2O$）或毫米汞柱（mmHg）或帕斯卡（Pa）来表示。

空气中能容纳的水蒸气在一定的温度下是有限的，如果达到这个限度，多余的水蒸气就会凝结而变为液态水。这个限度就称为该温度时最大的水蒸气含量，此时的水汽压称为该温度时最大的水蒸气分压或饱和水蒸气分压，此时的空气称为饱和空气。通常情况下，饱和水蒸气分压随温度的升高而加大，其间的关系符合克劳修斯-克拉伯龙方程。

绝对湿度不能直接测量，在实际工作中常以水汽压来代替，这是因为绝对湿度与水汽压之间存在着对应的关系，根据状态方程可以推导得出。在常温条件下，水汽压的毫米水柱值与绝对湿度的数值相差不大，实际工作中常以水汽压来代替绝对湿度。

3) 相对湿度 RH

在相同温度和压力下，湿空气的绝对湿度 $\rho_s$ 与饱和湿空气的绝对湿度 $\rho_{sb}$ 的比值的百分数称为湿空气的相对湿度，即

$$RH = \frac{\rho_s}{\rho_{sb}} \times 100\% \tag{4.3}$$

相对湿度表明，湿空气接近饱和状态的程度，也就是它的潮湿程度，显然 RH 在 0～100%变动。当 RH 等于 100%时，湿空气为饱和空气，不再具有吸湿能力，因此根据 RH 大小，可以直接看出湿空气的干湿程度，RH 大表示空气潮湿，RH 小表示空气干燥。粮食干燥技术中，使用的湿气体的相对湿度 RH 一般不大于 75%。

相对湿度还可用水蒸气的分压力表示。根据湿空气中水蒸气的状态方程可得

$$p_s V = m_s R_s T \tag{4.4}$$

$$\rho_s = \frac{m_s}{V} = \frac{p_s}{R_s T} \tag{4.5}$$

在相同的温度下，当水蒸气达到饱和时，根据状态方程可得

$$\rho_{sb} = \frac{p_{sb}}{R_s T} \tag{4.6}$$

由于 $RH = \dfrac{\rho_s}{\rho_{sb}} \times 100\%$，所以，有

$$RH = \frac{p_s}{p_{sb}} \times 100\% \tag{4.7}$$

式中，$p_s$ 为湿空气中水蒸气的分压力；$p_{sb}$ 为相同温度和大气压力下的水蒸气的饱和分压。

由式(4.7)可见，湿空气的相对湿度，也可以用水蒸气的实际分压力与相同温度和大气压力下水蒸气的饱和分压力的比值来表示。

湿空气的饱和水蒸气分压力 $p_{sb}$ 是温度的函数，其随着温度的升高而增大，在一定温度下，空气的饱和水蒸气分压力 $p_{sb}$ 是一个定值，此时空气的相对湿度随水蒸气分压力 $p_s$ 的增加而提高；但当空气的水蒸气分压力 $p_s$ 为一定值时，将空气加热，由于 $p_{sb}$ 的增大，湿空气的相对湿度减小，湿空气吸收水蒸气的能力就会提高。

由此可见，湿空气的相对湿度是一个很重要的参数。在储粮通风技术中，需要根据湿空气的相对湿度的大小来确定通风的技术指标。例如，将湿空气加热升温后，得到的热空气就具有更大的吸湿能力，即能够吸收更多的水蒸气，同时将更多的热量传递给粮粒。

4)露点温度 $t_b$

在湿空气冷却的过程中，随着温度的下降，湿空气的 $p_{sb}$ 值下降，湿空气相对湿度则逐渐增大，当RH达到100%时，水蒸气的分压力 $p_s$ 达到相应温度下饱和水蒸气分压 $p_{sb}$，即 $p_s$ 等于 $p_{sb}$，湿空气达到了饱和状态，如果这时湿空气的温度再降低，就会冷凝，空气中就会有水珠产生。湿空气达到饱和时的温度称为饱和温度，用符号 $t_b$ 表示，这一温度又称为湿空气的露点温度。

5)含湿量 $w$

湿空气的状态在变化过程中，由于水分的蒸发，水汽凝结，其体积和质量会发生变化，即使湿空气中的水蒸气含量不变，由于温度的变化，其体积也随之变化。在储粮通风中，为了计算方便，利用湿空气中的干空气在状态变化过程中其质量基本不变的特点，以包含 1kg 干空气的湿空气中所含有的水蒸气质量数来表示湿空气的含湿量，用符号 $w$来表示。

在一定的温度和压力下，湿空气中干空气的质量和水蒸气含量的多少，往往直接表现为它们的分压力的大小。其间的关系满足以下关系式：

$$w = 622\frac{p_s}{p_{atm} - p_s} = 622 \times \frac{RHp_{sb}}{p_{atm} - RHp_{sb}} \tag{4.8}$$

式中，$p_s$ 为水蒸气的分压力(Pa)；$p_{atm}$ 为大气压力(Pa)；$w$ 为含湿量(g 水汽/kg 干空气)。

由式(4.8)可知，在一定大气压下，空气的含湿量 $w$ 与水蒸气的分压力 $p_s$ 有关，水蒸气分压力决定着空气的含湿量。在储粮通风过程中，含湿量是一个重要参数。空气的任何状态变化，都可用含湿量的增减来判断空气是被加湿还是被减湿。

6)湿空气的焓 $I$

焓是一个热力学的量，空气的焓为干空气的焓和水蒸气焓的和，即单位质量空气所含有的总热量，用 $I$ 来表示，其单位为 kJ/kg。工程上，选定 0℃时干空气的焓和饱和水蒸气的焓为零，则在温度 $t$ 时干空气的焓 $I_a$ 表示为

$$I_a = c_{pa}t_c \tag{4.9}$$

式中，$I_a$ 为 1kg 干空气的焓(kJ/kg)；$c_{pa}$ 为干空气的定压比热容(1.005kJ/(kg·℃))；$t_c$ 为干球温度。

饱和水蒸气的焓 $I_w$ 表示为

$$I_w = 2500 + c_{pw}t_c \tag{4.10}$$

式中，$I_w$ 为 1kg 饱和水蒸气的焓(kJ/kg)；$c_{pw}$ 为饱和水蒸气的定压比热容(1.842kJ/(kg·℃))。

由于湿空气中水蒸气的含量为 $w/1000$(g 水汽/kg 干空气)，所以空气的焓为

$$I = I_a + I_w = 1.005T + \frac{(2500 + 1.842T)w}{1000} \tag{4.11}$$

式中，随温度而变化的热量称为显热，随含湿量而变化的热量称为潜热。在储粮通风中，湿空气的处理过程，都是在定压条件下进行的，所以只要求得湿空气的含量，就能求得湿空气所吸收或放出的热量。

湿空气的相对湿度通常用干湿球温度计测定，也可以通过专门的测量露点温度的仪器，测量出湿空气的露点温度，再换算出湿空气的相对湿度。

### 4. 温度

温度是衡量物质冷热程度的指标，在通风储粮中，经常需要测量空气和粮食温度。温度通常有两种表示方法：一种是摄氏温度；另一种是热力学温度。两者之间的换算关系如下：

$$T = 273 + t_c \tag{4.12}$$

式中，$T$ 为热力学温度(K)；$t_c$ 为摄氏温度(℃)。

通常，空气的温度又分为干球温度和湿球温度两类，干球温度 $t_d$ 是温度计在普通空气中所测出的温度，即一般天气预报中常说的气温。湿球温度 $t_w$ 是指同等焓值空气状态下，空气中水蒸气达到饱和时的空气温度，在空气焓湿图上是由空气状态点沿等焓线下降至100%相对湿度线上，对应点的干球温度。例如，用湿纱布包扎普通温度计的感温部分，纱布下端浸在水中，以维持感温部位空气湿度达到饱和，在纱布周围保持一定的空气流通，使与周围空气接近达到等焓。示数达到稳定后，此时温度计显示的读数近似认为是湿球温度，干球温度和湿球温度的关系可以查相关手册。

### 5. 比容

系统内单位质量气体所占的体积称为比容，用符号 $v'$ 来表示，即

$$v' = \frac{V}{m} \tag{4.13}$$

比容的倒数称为密度，即

$$\rho = \frac{1}{v'} = \frac{m}{V} \tag{4.14}$$

## 4.2.2 空气的热力学特性

系统的热力学状态可以用一组状态参数来描述，如压力、温度、比容、密度等宏观量都是状态参数，这些状态参数就称为热力学状态参数。

在热力学中，状态参数是一个重要的基本概念。状态参数可分为独立和非独立两大类，其中系统比容 $v'$、压力 $p$ 和温度 $T$ 都是可以直接测量的，也称为基本状态参数[1,2]。

对于简单的可压缩系统，例如，在没有外力场下的气体，它在平衡时只有两个独立的参数，通常往往选取比容 $v'$ 和温度 $T$ 为独立参数，这时所有其余的参数都是比容 $v'$ 和

温度 $T$ 的函数。其中，系统内部的压力 $p$ 与比容 $v'$ 和温度 $T$ 的函数关系称为状态方程，理想气体的状态方程如下：

$$\frac{pv'}{T} = R \tag{4.15}$$

式中，$p$ 为气体的绝对压力；$v'$ 为气体的比容；$T$ 为气体的热力学温度；$R$ 为气体常数。

在空气的力学特性中已经介绍了气体的压力 $p$、比容 $v'$ 和温度 $T$。气体的另外四个热力学状态参数现介绍如下。

当环境以热的形式将能量传递给空气时，会使得空气的内能增加。内能又称为热力学能，它是系统内部所有粒子全部能量的总和，粒子的全部能量由系统内分子热运动的动能、分子间相互作用的势能和分子内部的能量所组成。

内能 $U$ 是系统内部微观粒子的能量，它取决于系统的热力状态，是独立的热力状态参数的函数，从微观来看，内能是与系统内部粒子的微观运动和空间位形有关的能量。对于理想气体，由于理想气体分子间无相互作用力，所以系统热力学能中势能为零，这样内能是温度和比定压热容的函数，即

$$U = \rho c_v V \frac{\partial T}{\partial t} \tag{4.16}$$

式中，$V$ 为系统的体积；$c_v$ 为比定容热容；$t$ 为时间。

从式 (4.16) 可以看出，一定量的某种气体，其状态发生变化时，只要始、终态的温度相同，则该理想气体的热力学能不发生变化。

由于系统内部粒子运动以及粒子间相互作用的复杂性，所以迄今还无法确定系统处在某一状态下热力学能的绝对值。但是，实际计算各种过程的能量转换关系时，即系统与环境交换的功与热的数值时，涉及的仅仅是热力学能的变化量，并不需要某种状态下系统热力学能的绝对值。

气体的另一个状态参数是焓 $I$，焓是温度和压力的函数，每单位质量的物质的焓 $I = U + pv'$，即焓是系统的内能与体积功之和。由于 $U$、$p$ 和 $v'$ 均为系统的状态参数，所以其组合 $U + pv'$ 也应为系统的状态参数。

对于理想气体，$I = U + pv' = U + RT$，由此可见，理想气体的焓仅仅是温度的函数，与压力无关。同时，由理想气体的压缩性可知，焓又可以表示为

$$I = \rho c_p V \frac{\partial T}{\partial t} \tag{4.17}$$

式中，$V$ 为系统的体积；$c_p$ 为比定压热容；$t$ 为时间。

熵 $s$ 也是热力学的状态参数之一，由热力学第二定律可知：

$$s = \int \left( \frac{\delta Q}{T} \right)_r + s_0 \tag{4.18}$$

式中，$\delta Q$ 为系统热量的变化；$T$ 为气体的热力学温度；$s_0$ 为积分常数。

在工程计算中，一般只需要熵的变化值，而不是绝对值。

$$s_2 - s_1 = \int_1^2 \frac{\delta Q}{T} \tag{4.19}$$

熵的变化只是由最初状态和最终状态决定的，与状态的变化途径无关。

### 4.2.3　空气动力学性质

空气的流动在自然界和工程界是最常见的，如储粮通风中管道内的空气流动、粮堆内部绕流等。空气流动只有在一定的动力作用下克服阻力才能以一定的速度流动。在工程设计中，为了保证空气在各种工程设备中能以规定的流速流动，必须预先算出所需的动力，以便选定相应的风机。要解决这一类问题就必须研究流体动力学，找出空气的流动规律及计算方法。空气的动力学与静力学不同，它主要研究运动流体中的力学问题，如空气流动所需的动力大小、流动工程中流体压力的变化和速度的变化等[3]。

#### 1. 空气的运动学特性——连续方程

当空气在一根管径不同的管道中流动时，如果空气的流动为定常流动，即管道的各个管段内空气的流速不随时间变化，且空气在流动过程中也没有从管道的壁面流进或流出，根据质量守恒定律，流过管道各个断面的空气质量流量是必然相等的。如图 4.1 所示，设大直径管的空气过流面积为 $\pi d_1^2 / 4$，小直径管的空气过流面积为 $\pi d_2^2 / 4$，两者的流速为 $u_1$ 和 $u_2$，根据质量守恒定律，可以列出公式，即质量流量 $G_f = \rho_1 u_1 \pi d_1^2 / 4 = \rho_2 u_2 \pi d_2^2 / 4$。式中，$\rho_1$ 和 $\rho_2$ 分别为空气流经大直径管段和小直径管段时空气的密度值。上式称为流量不变方程或连续方程。

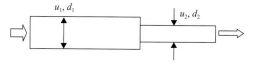

图 4.1　变径管道中速度变化示意图

在储粮通风中，空气密度变化较小，可以认为 $\rho_1 = \rho_2$，于是连续方程可以表示为

$$u_1 \pi d_1^2 = u_2 \pi d_2^2 \tag{4.20}$$

显然，对于变径管道上各个横断面上空气的流速变化问题，只要知道某一截面中的空气流速和过流断面积及另一截面的过流断面积，即可按式(4.20)算出另一截面上空气的流速。

## 2. 空气的动力学特性——伯努利方程

连续方程描述了空气过流断面积和流速之间的关系，对工程中变截面管道中各个截面上空气的流速问题的求解具有决定作用。但是，空气流动时，压力又是如何变化的？压力与流速之间有无一定的计算关系式？关于这些问题，就需要用到另一个重要的方程，即伯努利方程。流体压力与流速之间存在何种关系对于实际工程计算是十分重要的。先从实验着手来进行观察，在管径较粗和较细处各装一个测压管，如图 4.2 所示。

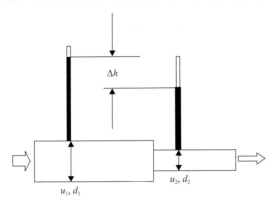

图 4.2　变径管道中压力变化示意图

当空气从粗管流向细管时，可以看到粗管上的测压管的液柱高度要比细管上的高出 $\Delta h$。根据流体静压力计算式，可知粗管中的压力大于细管中的压力。而根据流量不变方程式——连续方程，可知粗管中的流速比细管中的低。由此可以得出初步印象，即在流速高处则压力低，流速低处则压力高。

除了压力与流速之间有一定的关系，根据流体静力学知识，可知流体中的任意一点的压力还与该点的位置有关。因此，为了解决工程实际问题，还必须找出速度、压力与位置之间的计算关系。

伯努利对在重力和压力作用下做稳定流动的不可压缩理想流体(无黏，即无阻力损失)进行力学分析和理论研究后得出了一个定量计算式，称为伯努利方程。伯努利方程的数学表达式为

$$z + \frac{p}{\rho g} + \frac{u^2}{2g} = C \tag{4.21}$$

式中，$z$ 为流体中任意一点的位置；$p$ 为该点的压力；$u$ 为该点的速度；$\rho$ 为流体的密度；$g$ 为重力加速度。

如果将式(4.21)改写，即

$$\rho g z + p + \frac{\rho u^2}{2} = E \tag{4.22}$$

从式(4.22)不难看出伯努利方程的物理意义。因为 $\rho g z$ 表明单位体积流体的位能，$p$

表明单位体积流体所具有的压力能, $\dfrac{\rho u^2}{2}$ 表示单位体积流体的动能, 而在无阻力损失的流动情况下, 这三者之和是常量。这实际上是自然界能量守恒定律在流体流动过程中的反映, 所以也称为流体流动机械能的能量守恒方程式。

在伯努利方程中, $z$、$\dfrac{p}{\rho g}$ 和 $\dfrac{u^2}{2g}$ 的单位均为高度单位 m。将上述三项称为位置头、压力头和速度头, 也称为位置高度、压力高度和速度高度。图 4.3 为理想流体在一变管径管路中做稳定流动时的压力能、位能和动能的变化过程。从图中可以看出, 粗管上测量点在中心线处, 其位置高度为 $z_1$, 其压力高度可用安装其上的测压管的液位读出为 $\dfrac{p_1}{\rho g}$, 其速度高度 $\dfrac{u_1^2}{2g}$ 可由流速算出。三者之和为 $E$, 即表示流体所具有的总能高度。在细管测量点上, 由于是理想流体, 所以无阻力损失, 流体的总能应该不变仍等于 $E$, 但由于测量点的位置、流速都发生改变, 所以压力高度也相应发生变化。因为

$E = z_1 + \dfrac{p_1}{\rho g} + \dfrac{u_1^2}{2g} = z_2 + \dfrac{p_2}{\rho g} + \dfrac{u_2^2}{2g}$, 所以其具体数值可由伯努利方程算出。

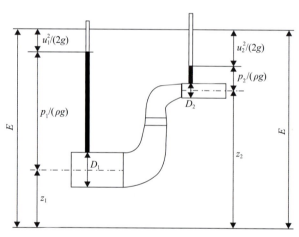

图 4.3　管道中理想流体在各截面上的能量转化示意图

上述伯努利方程的表达形式是对无阻力的理想流体而言的。对于工程应用有重大意义的实际流体, 在流动时, 由于流体的黏性, 流体本身和固体壁面之间会发生摩擦使一部分能量消耗而变成废热, 从而产生阻力损失。因此, 对于实际流体, 对被考察的两个过流断面而言, 第二个断面上的总能高度虽然仍和第一个断面上的相等, 但其能量分项中应包括阻力损失一项。

实际流体的伯努利方程的数学表达式应为

$$z_1 + \frac{p_1}{\rho g} + \frac{u_1^2}{2g} = z_2 + \frac{p_2}{\rho g} + \frac{u_2^2}{2g} + \sum H \qquad (4.23)$$

式中, $\sum H$ 为各种阻力造成的能量损失, 即 $\sum H = \sum h_f + \sum h_j$, $\sum h_f$ 为沿程阻力损失,

$\sum h_j$ 为局部阻力损失。应用实际流体的伯努利方程，如果能再得出各项阻力损失的计算方法，即可解决一系列实际工程流体力学问题。

### 3. 空气在流动过程中的阻力损失

流体的流动方式基本上有两种：一种为流体在管道内的流动；另一种是流体围绕物体的流动。对于这两种流动方式，其相应的阻力计算方法是不同的。现在先讨论管内流动阻力及其计算方法。

#### 1) 沿程阻力损失

首先观察一个实验，以验证管内流动阻力确实存在。如图 4.4 所示，自水箱上接出一根粗细均匀的水平管，其出口处装有泄水阀门 $B$。在水平管上等距离地分为几段并设置测压管，在泄水阀前后也装上测压管，以观察压力的变化情况。当进水阀 $A$ 和泄水阀 $B$ 关闭时水不流动，各测压管中液面均和水箱中的液面在同一高度，这是符合静力学中连通器原理的。当开启阀门 $A$ 和 $B$ 时，使水流过管子并保持水箱中水位不变，则各测压计中液面高度并不相同，而是顺着流动的方向降低。管内点 3 和点 2 处的流速是相同的，位置高度也相同，如果为无黏性和阻力的理想流体，则这两点上的测压管内的液面应在同一高度。现在两液面相差 $\Delta h_i$，这显然是由存在黏性的实际流体由点 2 流至点 3 处时与管壁发生的摩擦阻力损失所造成的。点 2 至点 3 的压力降 $\Delta h_1$，是消耗在克服流体流过这一段管道的流动阻力上了，相应的 $\Delta h_2$ 是由点 3 流至泄水阀 $B$ 前的流动阻力。我们将这段沿着流程由摩擦阻力引起的阻力损失称为沿程阻力损失。

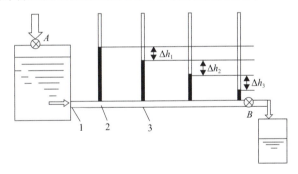

图 4.4　管道内阻力实验设备示意图

#### 2) 局部阻力损失

在管道中流体的流动还有一种阻力是当流体流经突然扩大或缩小的截面、弯头、阻碍物或阀门等处时，由于流体流速的大小和方向发生改变而产生流体质点撞击和涡旋的产生而引起的能量损失。这种能量损失由于是集中在局部地区损失的，所以称为局部阻力损失。例如，图 4.4 中在泄水阀 $B$ 处的阻力损失，就是局部阻力损失。

由上述可见，管内流动时是确实存在流动阻力损失的。总的流动阻力损失即各段沿程阻力损失 $\sum h_f$ 和各个局部阻力损失 $\sum h_j$ 之和。

管内流动沿程阻力 $h_f$ 的计算式已由达西建立，其数学式为

$$h_f = \lambda_f \frac{l}{d} \frac{u^2}{2g} \tag{4.24}$$

式中，$h_f$ 为沿程阻力；$\frac{u^2}{2g}$ 为流体的速度头或速度高度；$d$ 为管道的直径；$l$ 为管道的长度；$\lambda_f$ 为摩擦阻力系数。

在达西计算式中，如果已知流速，只要知道 $\lambda$ 值即可计算出沿程阻力值。

在沿程阻力计算式中，摩擦阻力系数 $\lambda$ 值是由实验确定的。实验表明，$\lambda$ 值与流动的状态(简称流态)、管子直径、管壁粗糙度、流体动力黏性、流速和流体密度有关。

流动时产生的局部阻力 $h_j$，由于发生局部阻力位置的几何形状众多，流动状态复杂，除紊流外还有一系列旋涡存在，因此很难进行理论分析。但产生局部阻力的原因基本相同，都是由于流通截面的突然扩大、缩小和转弯，使流速的大小和方向发生变化增加能量损失。此外，由于旋涡区是不稳定的，除旋涡区内质点相互摩擦消耗能量外，流动时不断有新的质点进入此区，也不断有质点被带走，这种质量交换过程中也发生撞击、摩擦等，引起能量损耗。因此，对局部阻力一般均用同一计算式表达，即

$$h_j = \xi \frac{u^2}{2g} \tag{4.25}$$

式中，$\xi$ 为局部阻力系数，它只与局部阻力的几何形状有关，一般由实验确定。

管道突然扩大时的局部阻力如图4.5(a)所示,其局部阻力系数可以按 $\xi = \left(1 - \dfrac{A_1}{A_2}\right)^2$ 来计算。此时计算式(4.25)中的速度值按管道大截面处流速计算。

管道突然收缩时的局部阻力如图 4.5(b)所示,其局部阻力系数按 $\xi = 0.5\left(1 - \dfrac{A_2}{A_1}\right)^2$ 计算,此时式(4.25)中的速度值按管道小截面处流速计算。

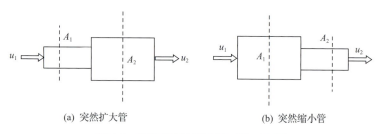

(a) 突然扩大管　　　　　　　　　　(b) 突然缩小管

图 4.5　管道截面突然变化时的示意图

对于弯头和阀门以及其他各种形式的局部阻力,如三通管接头、挡板等的阻力系数,均可从有关流体力学手册中查得。

应用实际流体伯努利方程和流体管道内阻力计算式,可以解决实际工程中的一系列

气体管路的设计运行计算问题，如储粮通风管道中空气流动阻力大小，再加上通风过程中粮堆内部的流动阻力(粮堆的通风阻力)，就可以确定合适的动力设备。

# 4.3　粮堆的物理性质

粮堆是由粮粒堆积而成的，因此粮堆可以认为是多孔介质。多孔介质是指含有大量孔隙的固体或颗粒群，因此多孔介质含有大量的孔隙、缝隙。多孔介质具有以下特征[1,2]。

(1)多孔介质(或多孔材料)是多相介质占据一定的空间，其中固相部分称为固体骨架，而未被固相占据的部分空间称为孔隙。

(2)固相布满整个空间，孔隙也是遍布整个空间，就是说在一定的空间中取一适当大小的体元，该体元内必须有一定比例的固体颗粒和孔隙。

(3)孔隙空间应有一部分或大部分是相互连通的且流体可在其中流动，这部分孔隙空间称为有效孔隙空间，而不连通的孔隙空间或虽然连通但属死端孔隙是无效孔隙空间。

## 4.3.1　粮堆的力学特性

多孔介质常常用孔隙率、比表面积、渗透率等几个参数来描述其物理性质。因此，粮堆的力学特性也是可以用孔隙率、比表面积和渗透率三个参数来描述的。

### 1. 多孔介质的孔隙率

多孔介质的结构是非常复杂的，我们不可能精确地描述这些孔隙表面的几何形状，也很难确切地阐明孔隙空间所包含的流体及其固体表面相互作用所出现的有关微观物理现象，为了克服这些困难，首先把孔隙率定义为一个连续的函数。

考虑多孔介质中任意一点 $p(x, y, z)$，围绕该点取一个包含足够多孔隙的体元 $\Delta V_i$，$\Delta V_i$ 内孔隙的容积为 $(\Delta V_p)_i$，点 $p$ 是孔隙空间的形心，定义体元 $\Delta V_i$ 中平均孔隙率 $\varepsilon_i$ 为

$$\varepsilon_i = \frac{(\Delta V_p)_i}{\Delta V_i} \tag{4.26}$$

则 $p$ 点的孔隙率为

$$\varepsilon(p) = \lim \frac{(\Delta V_p)_i}{\Delta V_i} \tag{4.27}$$

对于均质的多孔介质，其孔隙率可以简单地定义为多孔材料的孔隙体积与整体体积之比。粮堆的孔隙率用粮堆的总体积中孔隙所占的体积百分数来表示。粮堆的孔隙率是储粮通风阻力及通风均匀性的关键指标，也是确定通风量和选择风机的最基本依据。

粮堆中的孔隙通道，能够使空气穿过粮堆，孔隙率的大小与空气在粮堆中的流动阻

力密切相关,显然孔隙率大时气流穿过粮堆的阻力相对较小,反之亦然。

一般来说,粮粒颗粒粒度较大、完整。表面毛糙的粮堆孔隙率较大;反之,粮粒粒度较小、不完整粒较多和表面光滑的粮堆,其孔隙率就相对较小。由于粮堆的重力作用以及形成粮堆时的自动分级,粮堆的孔隙率往往是不均匀的,通常情况下是粮堆底层和中间部位的孔隙率较小。常见的粮堆的孔隙率见表4.2。

**表 4.2　常见的粮堆的孔隙率**

| 种类 | 稻谷 | 大米 | 小麦 | 玉米 | 黄豆 | 油菜籽 |
|------|------|------|------|------|------|--------|
| 孔隙率/% | 50~60 | 43~46 | 35~45 | 35~55 | 38~43 | 36~38 |

### 2. 多孔介质的渗透率

渗透率是多孔介质的一个重要特性参数,是多孔介质对流体的渗透能力。它是依赖于达西定律而定义的,它的量纲是长度的平方。

对于由单一球形颗粒随机装填的多孔介质,其渗透率 $K$ 为

$$K = 0.00297 r_0^2 \tag{4.28}$$

式中,$r_0$ 为颗粒的半径,显然渗透率 $K$ 与颗粒半径的平方成正比。

### 3. 粮堆形成过程中的自动分级

粮堆作为一种特殊多孔介质,除了具备多孔介质的共性,还具有自己的特性。自动分级就是粮堆的一个重要的特有性质。粮粒在散落过程中会产生自动分级,同类型的粮粒会集中在粮堆的某个部分,从而引起原来粮堆组成结构的改变。例如,粮食装仓过程中的自动分级会造成粮堆底部的粮食容重较大,而粮堆顶部的粮食容重较小。

粮食的自动分级会破坏粮堆孔隙的均匀性,从而使得粮堆的通风和导热能力改变。因此,应尽量避免出现自动分级或尽可能地抑止粮食的自动分级,如进仓前对粮食进行预清理,除去杂质。在粮仓入口安装也可以防止自动分级的进料分配器。

### 4.3.2　粮堆的热力学特性

粮堆作为一种多孔介质,除了具有多孔介质的力学特性,还具有热力学特性,具体表现在粮堆的传热性、导温性、吸湿性以及粮堆具有的热容量等[1,2]。

### 1. 粮堆的传热性

当粮堆内部存在温差时,热量就从温度较高的部位向温度较低的部位转移,粮堆的这种性质即粮堆的传热性。粮堆内热量传递过程与其他多孔介质类似,其内部传热过程是十分复杂的,既有导热也有对流换热,因此是一个复合传热问题,粮堆导热表现在粮粒之间的热传导和单个粮粒内部的热传导;粮堆内部的对流换热主要是孔隙内的空气流过粮粒表面时的对流换热。也就是说,粮粒之间进行的热量交换属于导热,粮粒与周围

的气流之间进行的热量交换属于对流换热。

粮堆导热性能的高低是以导热系数来衡量的。粮堆的导热系数是指 1m 厚的粮堆里，其上层和底层的温度相差 1℃时，1h 内通过垂直于热流方向的 1m² 粮堆内的热量，用符号 λ 表示，单位是 W/(m·K)。粮堆导热包括粮粒颗粒本身的导热和孔隙内空气的导热，通常所说的"粮食"导热系数往往是指粮堆的导热系数。

$$\lambda = \frac{\phi_1 H}{A \Delta T} \tag{4.29}$$

式中，$\phi_1$ 为导热流量；$H$ 为粮堆的高度；$\Delta T$ 为沿着高度方向 $H$ 高度内的温差；$A$ 为垂直于热流方向的导热面积。

粮堆内部的对流换热是当气流流过粮食颗粒表面时产生的热量交换，对流换热量与粮粒的表面温度、孔隙中气流的温度以及表面对流换热系数有关，对流换热量可以用牛顿冷却公式计算，即

$$\phi_2 = A h_s \left( t_p - t_f \right) \tag{4.30}$$

式中，$\phi_2$ 为对流换热量；$h_s$ 为表面对流换热系数；$t_p$ 为粮粒的表面温度；$t_f$ 为孔隙中气流的温度。

由于每个粮粒本身都是一种胶体多孔物料，粮粒内部蛋白质颗粒和淀粉颗粒之间有无数大大小小的微细孔隙。同时，在这些孔隙中还充斥着水分。由于水的导热性能与粮粒的导热性能不同，所以粮食中水分的高低明显地会影响到粮堆内部的热量传递。另外，由于粮堆内的对流换热与粮堆的孔隙率和渗透率有关，而粮堆的孔隙率和渗透率又与粮食的种类、粮粒粒度、粮堆中所含杂质量等因素有关。总体来说，粮堆的导热系数与粮食的水分含量成正比，与粮堆的孔隙率成反比；随着水分的增加和孔隙率的减小，粮堆的导热系数增大。而且，单个粮粒的导热系数比粮堆的导热系数大 3～4 倍。

粮堆的导热系数可以由实验方法测出，也可以通过经验公式算出。

(1)当小麦的水分为 9%～17%时，导热系数的计算式为

$$\lambda = 0.07 + 0.00233 W_w \tag{4.31}$$

(2)当稻谷的水分为 10%～20%时，导热系数的计算式为

$$\lambda = 0.0866 + 0.00133 W_w \tag{4.32}$$

(3)当玉米的水分为 0.7%～20.3%时，导热系数的计算式为

$$\lambda = 0.1409 + 0.00118 W_w \tag{4.33}$$

式中，$W_w$ 为粮食的湿基水分(%)。

由实验测定的方法可以得到：当温度为 20℃时，粮堆的导热系数一般为 0.116～0.233 W/(m·K)；粮粒的导热系数一般为 0.349～0.71 W/(m·K)；而 20℃时空气的导热系数为 0.0252 W/(m·K)，水的导热系数为 0.593 W/(m·K)。

## 2. 粮堆的导温性

粮堆的导温性是表征粮堆内部各点温度趋于一致的能力，通常用导温系数 $a$ 来表示：

$$a = \frac{\lambda}{\rho_b c_b} \tag{4.34}$$

式中，$\lambda$ 是粮堆的导热系数；$c_b$ 是粮堆比热容；$\rho_b$ 是粮堆的容重。

导温系数又称为热扩散率，在粮堆发热升温的非稳态导热过程中，进入粮堆的热量沿途不断地被吸收而使粮堆温度升高，此过程直到物体内部各点温度全部均匀。由导温系数的定义可知，粮堆的导热系数 $\lambda$ 越大，在相同的温度梯度下可以传导更多的热量；$\rho_b c_b$ 是单位体积的物体温度升高 $1℃$ 所需要的热量，即粮堆的储热能力。$\rho_b$、$c_b$ 越小，温度上升 $1℃$ 所需要的热量越少，可以剩下更多的热量继续向粮堆内部传递，能使粮堆内各点的温度更快地随边界面温度的升高而升高。$\rho_b$、$c_b$ 越大，说明粮堆的储热能力越大，也就是说此粮堆既不容易加热升温，也不容易冷却降温。粮堆的导温系数 $a$ 越大，粮堆一旦吸收热量后会迅速传遍整个粮堆。

粮堆的导温系数与粮食的水分含量和温度之间同样也存在着复杂的关系。研究表明，导温系数与水分的关系是：当粮食水分低于 $13\%\sim16\%$ 时，导温系数的大小随着水分的增加而增加；当粮食水分高于 $16\%$ 时，导温系数则随着水分的增加而减小。导温系数与温度的关系是：当粮食温度低于 $0℃$ 时，导温系数几乎不随温度的变化而变化；当粮食温度高于 $0℃$ 时，导温系数则随着温度的升高而成倍地增加。实验表明，单个粮粒的导温系数要比粮堆的导温系数大 $3\sim4$ 倍。国内通常取粮堆的导温系数为 $1.7\times10^{-7}\sim1.9\times10^{-7}\mathrm{m^2/s}$。

静止的一定厚度的粮堆的导温系数可由式(4.35)估算出：

$$a = (0.694 + 0.0014W_d)\times10^{-7} \tag{4.35}$$

式中，$W_d$ 为粮食干基水分(%)。

通过以上分析可以看出，粮食的水分含量越大，导热性越好，其受热速度越快，干燥起来也就容易；单粒粮食颗粒的导热系数、导温系数要比粮堆的导热系数、导温系数大得多，所以在通风干燥过程中，适当地降低粮堆的厚度，加强粮粒的接触，可以提高导热、导温效率。

## 3. 粮堆内部水蒸气扩散系数

常温常压下，粮堆内部水蒸气扩散系数 $D$ 为 $2.46\times10^{-5}\mathrm{m^2/s}$。有时，人们会关注粮堆和粮粒中水分的扩散问题，研究发现，粮堆中水分扩散系数在 $5℃$ 时为 $2.5\times10^{-10}\mathrm{m^2/s}$，$22℃$ 时为 $8.0\times10^{-10}\mathrm{m^2/s}$。而粮粒吸附与解吸过程中的水分扩散系数在 $5℃$ 时为 $2.4\times10^{-10}\sim2.6\times10^{-10}\mathrm{m^2/s}$，$22℃$ 时为 $7.1\times10^{-10}\sim8.9\times10^{-10}\mathrm{m^2/s}$。

## 4. 粮堆湿基水分和干基水分

粮堆中水分质量与粮堆总质量之比称为粮堆湿基水分，用 $W_w$ 表示，单位为%；粮堆中水分质量与粮堆中干物质质量之比称为粮堆干基水分，用 $W_d$ 表示，有小数级和百分级 (%) 两种单位制。两者的关系为 $W_w = \dfrac{W_d}{1+W_d} \times 100\%$。粮食仓储行业习惯上所说的粮食水分一般是指湿基水分。

### 5. 粮堆的容重和密度

粮食的容重是指单位容积粮堆 (包括粮粒和孔隙) 的质量，用 $\rho_b$ 表示；粮食颗粒的密度是指干基密度，用 $\rho_d$ 表示。两者的关系为 $\rho_d = \dfrac{\rho_b}{1-W_w}$。

### 4.3.3　粮堆的吸湿性和解吸湿特性

粮食吸附或解吸附水汽的能力称为吸湿和解吸湿特性。粮食在储存期间水分会发生变化，这种变化主要与粮食的吸湿和解吸湿性能有关。当粮粒周围湿空气处于饱和状态时，粮堆容易吸湿，从而导致粮堆的水分升高。粮堆的吸湿过程为：粮粒表面的水蒸气通过毛细管扩散到粮粒的内部，一部分与粮粒的基质结合形成结合水，一部分为游离水而保存在粮粒内部；当粮粒周围湿空气处于未饱和状态时，在一定水蒸气压力或温度下粮堆会解吸湿，即粮堆的水分会降低。

#### 1. 粮堆平衡水分

粮堆具有从空气中吸收水分，或者向干燥空气中释放出水分的能力。将粮堆放在一定温度和湿度下的空气中，粮粒中水分将与空气进行质量交换，最终达到一个动态平衡，粮粒的水分达到稳定。粮食所达到的最终含水率，称为粮食的平衡水分。

不同粮食品种，在不同空气条件下，其粮粒表面水蒸气分压力也不同。表 4.3 是不同温湿度下的几种粮食的平衡水分。

另外，粮食的平衡水分还可以通过以下经验公式计算获得，如小麦的平衡含水率的经验公式为

$$W_d = 4.0 - 0.035 t_c + \left(19.7 - 0.075 t_c\right) \mathrm{RH} \tag{4.36}$$

式中，$W_d$ 为小麦的干基水分 (%)；$t_c$ 为小麦的温度 (℃)；RH 为相对湿度。

#### 2. 粮堆降温通风和干燥通风的焓湿图

就仓降温通风的效果取决于粮堆的初始含水量和温度，以及通风空气的温度和相对湿度。图 4.6 显示了一张简化的就仓降温通风过程的焓湿图，粮堆的初始水分和温度分别为 17% 和 20℃ (平衡相对湿度约 82%)，通风空气的湿度和温度分别为 60% 和 17℃。

表 4.3　不同温湿度下的粮食平衡水分

| 粮食种类 | 温度/℃ | 相对湿度/% | | | | | | | |
|---|---|---|---|---|---|---|---|---|---|
| | | 20 | 30 | 40 | 50 | 60 | 70 | 80 | 90 |
| 稻谷 | 20 | 7.54 | 9.1 | 10.35 | 11.35 | 12.5 | 13.7 | 15.23 | 17.83 |
| | 15 | 7.8 | 9.3 | 10.5 | 11.55 | 12.65 | 13.85 | 15.6 | 18.0 |
| | 10 | 7.9 | 9.5 | 10.7 | 11.8 | 12.85 | 14.1 | 15.95 | 18.4 |
| | 5 | 8.0 | 9.65 | 10.9 | 12.05 | 13.1 | 14.3 | 16.3 | 18.8 |
| | 0 | 8.2 | 9.87 | 11.09 | 12.29 | 13.26 | 14.5 | 16.59 | 19.22 |
| 大米 | 20 | 7.98 | 9.59 | 10.9 | 12.02 | 13.0 | 14.57 | 15.02 | 18.7 |
| | 15 | 8.1 | 9.8 | 11.0 | 12.15 | 13.15 | 14.65 | 16.4 | 19.0 |
| | 10 | 8.3 | 10.0 | 11.2 | 12.25 | 13.3 | 14.85 | 16.7 | 19.4 |
| | 5 | 8.5 | 10.2 | 11.35 | 12.4 | 13.5 | 15.0 | 17.1 | 19.7 |
| | 0 | 8.68 | 10.33 | 11.5 | 12.55 | 13.59 | 15.19 | 17.4 | 20.0 |
| 小麦 | 20 | 7.8 | 9.24 | 10.68 | 11.84 | 13.1 | 14.3 | 16.02 | 19.95 |
| | 15 | 8.1 | 9.4 | 10.7 | 11.9 | 13.1 | 14.5 | 16.2 | 20.3 |
| | 10 | 8.3 | 9.65 | 10.85 | 12.0 | 13.2 | 14.6 | 16.4 | 20.5 |
| | 5 | 8.7 | 10.86 | 11.0 | 12.1 | 13.2 | 14.8 | 16.55 | 20.8 |
| | 0 | 8.9 | 10.32 | 11.3 | 12.5 | 13.9 | 15.3 | 17.8 | 21.3 |
| 玉米 | 20 | 8.23 | 9.4 | 10.7 | 11.9 | 13.19 | 14.9 | 16.92 | 19.2 |
| | 15 | 8.5 | 9.7 | 10.9 | 12.1 | 13.3 | 15.1 | 17.0 | 19.4 |
| | 10 | 8.8 | 10.0 | 11.1 | 12.25 | 13.5 | 15.4 | 17.2 | 19.6 |
| | 5 | 9.3 | 10.3 | 11.4 | 12.5 | 13.6 | 15.5 | 17.4 | 19.85 |
| | 0 | 9.43 | 10.54 | 11.58 | 12.7 | 13.33 | 15.58 | 17.6 | 20.1 |
| 大豆 | 20 | 5.5 | 6.3 | 7.1 | 7.95 | 9.9 | 12.25 | 15.95 | 21.6 |
| | 15 | 5.7 | 6.5 | 7.2 | 8.1 | 10.1 | 124 | 16.1 | 21.9 |
| | 10 | 6.0 | 6.7 | 7.45 | 8.3 | 10.25 | 1265 | 16.5 | 22.15 |
| | 5 | 6.3 | 6.9 | 7.7 | 8.6 | 10.4 | 12.9 | 16.9 | 22.4 |

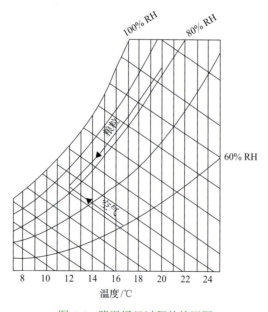

图 4.6　降温通风过程的焓湿图

在降温通风开始时，在一定湿度下，由于通风空气的温度小于粮粒的初始温度，粮粒表面的蒸汽分压力大于粮粒周围通风空气的蒸汽分压力；由于粮粒的解吸湿作用，此时粮粒蒸发失水，水蒸气进入粮粒周围的空气中，所以通风空气的湿度上升。同时，随着热湿交换的继续，粮粒表面的蒸汽分压与粮粒周围空气的蒸汽分压逐渐到达平衡。这个过程中粮堆蒸发很少量的水分，伴随着水分的蒸发，蒸发潜热的吸收使通风空气变冷。然而，空气的总热(潜热+显热)含量几乎保持不变，使空气条件沿一条与恒定湿球温度平行的线变化。如图 4.6 所示，在降温通风过程中，在低风量下，几乎没有水分从粮粒中移出。因此，在冷却过程开始和完成时，粮粒表面的平衡相对湿度值几乎是相同的。因此，粮粒冷却线将与平衡相对湿度线近似平行。由于这一过程不能持续到冷却空气相对湿度和粮食含水量达到平衡的程度，所以在规定的通风时间后，将在两条线路交义处建立新的状态点。由此可见，粮粒的温度可降至 12℃，比环境温度低 5℃。

上述情况是通风空气能够带走粮粒中的水分，即粮粒失水的情况。这种情况只有在通风空气的湿度小于粮粒初始平衡相对湿度的前提条件下才会发生，而且空气相对湿度与粮粒平衡相对湿度之差越大，蒸发冷却效果越好。相反，在通风开始时，如果空气相对湿度(当量水分)和粮粒水分保持平衡，就不会发生从粮食到空气的水分转移。因此，蒸发冷却不会发生，粮堆的温度只会降低到通风空气的温度[1,2]。

当空气的当量水分超过粮粒平衡水分时，通风空气的状况与粮粒之间存在另一种关系，如图 4.7 所示。在这种情况下，粮粒会吸收极少量的水分，从而释放潜热，使空气温度稍微升高。然而，当降温通风时，粮食需要冷却，空气温度和粮食温度的差异很可能远远大于粮食与空气平衡值之间的差异。

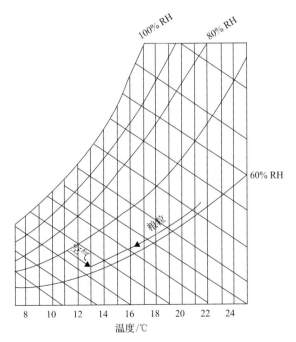

图 4.7　降温吸湿通风过程的焓湿图

### 4.3.4　粮堆的通风阻力

通风过程中粮堆内部空气的流动阻力可以依据多孔介质流动原理进行计算，其公式为 Ergun 方程。Ergun[4]基于多孔介质流动实验数据的回归，建立了多孔介质的单位流动阻力与表观风速、多孔介质颗粒直径(等效直径)及孔隙率之间的关系式，即

$$\Delta p = \frac{150\mu(1-\varepsilon)^2}{\varepsilon^3 d_p^2}u + \frac{1.75\rho_a(1-\varepsilon)}{\varepsilon^3 d_p}u^2 \tag{4.37}$$

式中，$\Delta p$ 为单位压降，即通风方向上每 1m 粮堆长度的阻力大小；$\varepsilon$ 为孔隙率；$d_p$ 为等效直径。

从式(4.37)可以看出，通风阻力是由黏性阻力和惯性阻力(动能损失)两部分组成的。显然，Ergun 模型在层流时，压降与速度的一次方成正比，而对于湍流情况，压降与速度的平方成正比。Ergun 方程是最早关于多孔介质内部流动阻力的公式，它是一个通用模型，后来发展的公式大多是在此模型基础上修正而得到的。

### 参 考 文 献

[1] Navarro S, Noyes R. The Mechanics and Physics of Modern Grain Aeration Management[M]. Boca Raton: CRC Press, 2002.

[2] Bala B K. Drying and Storage of Cereal Grains[M]. 2nd ed. Pondicherry: John Wiley & Sons, 2017.

[3] 马金花, 王远成, 张浩. 工程流体力学[M]. 北京: 中国建筑工业出版社, 2010.

[4] Ergun S. Fluid flow through packed columns[J]. Journal of Materials and Chemical Engineering, 1952, 48(2): 89-94.

# 第 5 章
# 浅圆仓密闭储粮自然对流及热湿耦合传递的研究

## 5.1 国内外仓储粮堆内自然对流和传热传质问题的研究现状

粮食在粮仓内密闭储存过程中，由于外部气候特别是温度的变化导致粮堆内产生相应的温度梯度，进而使粮堆内形成空气的自然对流运动，并通过粮堆的吸湿和解吸湿特性，引起水分迁移使得粮堆内水分重新分配，最终局部水分升高，并超过安全水分而引起粮食的发热霉变。

粮食作为一种生物体，本身存在呼吸作用，粮堆的呼吸作用会导致粮堆内部温度和水分的升高。同时，粮堆内部的霉菌和昆虫等生物的活动会产生热量，并影响粮堆内部的热湿环境。

Jian 等[1]采用实验观测方法对加拿大北方地区金属圆筒仓内小麦的温度和水分含量变化进行了一年的持续监测，逐时数据表明，粮仓内小麦温度变化达到峰谷值的时间点比外界温度达到峰谷值延迟一个月。受粮仓内温度梯度的影响，会产生一定的浮升力，进而引起粮仓内部空气的自然对流，最终导致其水分的迁移和再分配。Philip 等[2]考虑了自然对流对水分迁移的影响，使用数值模拟方法研究了在温度变化的影响下，多孔介质水分迁移规律。

Ruska 等[3]、Jia 等[4]利用二维笛卡儿柱坐标系下的导热微分方程，通过数值模拟得到了圆筒仓内粮堆温度随仓外气温变化的机理，但其研究忽略了粮食颗粒吸湿和解吸湿作用对相变潜热的影响以及颗粒表面水蒸气的蒸汽阻力，并且未涉及水分迁移和再分配。Ali 等[5]利用二维笛卡儿柱坐标系下的质扩散方程，通过数值仿真得到了圆筒仓内粮堆水分迁移随仓外大气湿度变化的规律，但忽视了温度梯度对水分扩散的影响。Gastón 等[6]、Iguaz 等[7]借助粮粒水分等温吸附方程和热局部平衡原理，构建了扩散型的热湿耦合传递模型，新颖之处是将粮食颗粒吸湿和解吸湿的相变潜热作为其控制模型的相应源项，模拟分析了整个传热传质过程中仓内热湿变化与外界气温变化的关系。Khankari 等[8]利用数值模拟方法研究了在温度梯度影响下仓储粮堆内水分只受扩散作用影响的迁移规律。文献指出温度梯度不仅引起粮堆内的热量传递，而且影响其内水分的迁移和再分配。Prusiel 等[9]、Abe 等[10]以小型实验粮仓为物理模型，借助数值分析和现场实验观测，探究了在自然冷却状态下封闭粮仓内粮堆温度和水分含量的非稳态变化规律。

李志民等[11]、谢静杰等[12]按照粮仓的不同结构形状和不同气候条件等情况，采用现场实验的方法，逐时记录粮温变化值，统计分析其粮温的变化规律，这对于局部气候条件下粮食热湿变化规律的研究有一定的指导意义。王远成等[13-19]根据局部气候条件、粮粒品种的差异、粮食的吸湿和解吸湿特性对粮堆内热量传递、水分迁移以及仓内空气自然对流形成的影响，建立了以大气温湿度和粮粒吸湿/解吸湿特性以及粮粒呼吸作用等因素协同作用的粮堆内热湿耦合传递模型，通过借助多物理场数值模拟软件（COMSOL）进行数值模拟，准确掌握了在局部气候条件变化下仓储粮堆内部温度和水分的动态变化规律，从而阐明了粮堆内粮食热量传递以及水分迁移的机理，为储粮调控提供了理论依据。

白忠权[20]、亓伟[21]对粮堆在密闭储存状态下内部的热湿耦合关系及传递规律进行了数值模拟研究，研究对象分别为浅圆仓内部装满粮食和部分装满粮食的工况，探究了近似冬夏季温度条件下密闭的仓储粮堆内部空气自然对流及热湿传递规律。张中涛[22]采用数值模拟方法研究了局地气候条件下具有呼吸作用的仓储粮堆内部空气自然对流及热湿传递规律，并分析了呼吸作用对粮堆温度和水分的影响。

## 5.2　具有呼吸特性的吸湿性仓储粮堆内自然对流热湿耦合传递机理

### 5.2.1　密闭储存的仓储粮堆内自然对流和热湿传递的影响因素

密闭储存的仓储粮堆内热湿传递的影响因素众多。除了仓储粮种和粮堆内部初始温度、湿度以外，仓外大气温湿度、太阳辐射强度、粮仓存储量和粮仓气密性都会对仓内热量传递和水分迁移产生影响，如图 5.1 所示。

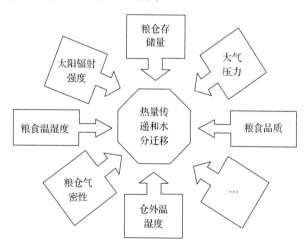

图 5.1　仓储粮堆中热湿传递的成因及其影响因素

仓外的大气环境温度是影响粮堆内部温度的主要因素。一般来说，粮堆内的温度是随着外界环境温度变化而有规律地升降。另外，粮堆的呼吸作用以及虫霉繁衍，也会导致粮堆局部温度升高，此现象称为粮堆发热。太阳辐射对于仓储粮堆内热湿传递的影响主要体现在粮仓的方位和朝向上，由于我国地处北半球，一般南面朝向的粮仓围护结构所接收的太阳辐射强度要远远大于北面朝向的围护结构，最终导致粮仓内南北向的温湿度分布规律的非对称性。

粮仓的结构形状及大小都会对粮堆内部的空气自然对流运动以及粮堆内部热湿传递过程产生影响，其主要表现在房式仓内部自然对流作用比浅圆仓要弱，而"瘦高形"的浅圆仓比"矮胖形"浅圆仓内部自然对流作用要强。显而易见，气密性差的粮仓其内部温湿度更容易受到仓外大气环境的影响。

### 5.2.2　粮堆(粮粒)的吸湿/解吸湿与水分迁移的关系

粮粒的吸湿/解吸湿特性和与之相关的吸附等温线在水分迁移过程中起着至关重要的作用。通常情况下，由大气温度的季节性和昼夜性变化引起储粮生态系统中温度梯度的产生，继而引起粮堆内水分的迁移和再分配。粮堆内部由于温度梯度而产生的自然对流运动，影响到粮堆内部湿空气的输运。当热湿的空气输运到冷干的粮堆时，通过吸湿作用水蒸气会源源不断地进入冷干的粮食颗粒中，导致该处粮堆水分升高，反之亦然。

图 5.2 给出了粮粒(小麦)的吸湿和解吸湿过程中粮粒温度、湿度和水分的关系，278K(5℃)曲线代表粮粒(小麦)的解吸湿过程，303K(30℃)曲线代表粮粒(小麦)的吸湿过程。由图可知，粮粒(小麦)的吸湿和解吸湿特性具有非线性特点，而且粮堆内水分与温度相互耦合，也是非线性关系。

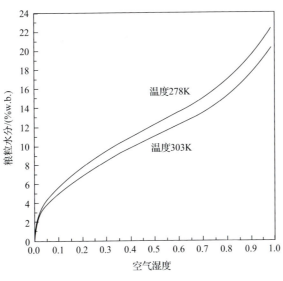

图 5.2　粮粒(小麦)的吸湿与解吸湿曲线

### 5.2.3　粮粒及虫霉的呼吸作用对粮堆内部热湿传递的影响

#### 1. 粮粒的呼吸作用

粮粒作为有生命体征的多孔介质，其生物性主要体现于呼吸作用。由于粮粒的呼吸作用，损耗自身有机物对粮食的安全储存不利，但又是不可避免的。粮粒的呼吸作用强度在不同温度、湿度条件下是不一样的，温度和湿度较高时，呼吸作用增强。粮粒的呼吸作用是在其内部生物质酶的作用下进行的氧化还原反应，消耗自身有机物，释放热量、水分及二氧化碳。呼吸作用的类型包括有氧呼吸和无氧呼吸，其中有氧呼吸的表达式为

$$C_6H_{12}O_6+6O_2 \longrightarrow 6CO_2+6H_2O+674kJ/mol \tag{5.1}$$

无氧呼吸的表达式为

$$C_6H_{12}O_6 \longrightarrow 2C_2H_5OH+2CO_2+117kJ/mol \tag{5.2}$$

不难看出，粮堆自呼吸作用产生的热量和水分必然会影响内部温度和水分的分布，导致粮堆局部发热及水分升高，从而影响粮食的储存安全。

## 2. 呼吸作用下热量和水分的产生量

粮粒在进行有氧呼吸时会消耗自身的有机物和空气中的 $O_2$，产生 $CO_2$ 和水分并释放一定的热量。通过测定时间长度为 24h 的粮粒呼吸作用时 $CO_2$ 的释放率 $Y_{CO_2}$，然后根据呼吸作用方程式计算出释放的热量和产生的水分。

粮粒有氧呼吸方程式为

$$C_6H_{12}O_6+6O_2 \longrightarrow 6CO_2+6H_2O+2835kJ/mol \tag{5.3}$$

24h 释放的热量为

$$Y_{resp} = \frac{2835kJ}{264g}Y_{CO_2} = q_h Y_{CO_2} \tag{5.4}$$

24h 释放的水分为

$$Y_{H_2O} = \frac{108g}{264g}Y_{CO_2} = q_w Y_{CO_2} \tag{5.5}$$

式中，$Y_{CO_2}$ 为 24h 的 $CO_2$ 释放率(mg/kg)；$Y_{resp}$ 为 24h 释放的热量(J/kg)；$Y_{H_2O}$ 为 24h 释放的水分量(mg/kg)；$q_h$ 为呼吸过程中释放的热量，值为 10.728J/mg；$q_w$ 为呼吸过程中产生的水分量，值为 $4.09×10^{-5}kg/mg$。

White 等通过实验测量 $CO_2$ 的释放量的方法，总结出粮堆 24h 的 $CO_2$ 释放率的通用方程：

$$\lg\left(Y_{CO_2}\right) = -4.045 + 0.0405(T) - 0.0165\left(\theta^*\right) + 0.0001\left(\theta^*\right)^2 + 0.2389(W_w) \tag{5.6}$$

式中，$\theta^*$ 为储藏时间(天)；$T$ 为温度(℃)；$W_w$ 为湿基水分(%)。

### 3. 虫霉演替的产热产湿

虫霉等有害生物的活动中也会产生热量和水分，尤其是微生物的作用是导致粮堆发热的最重要因素。常温下，粮堆水分在 12%～14% 时，微生物的呼吸作用很微弱，但是，当粮堆水分较高时，微生物的呼吸作用要远远大于粮堆的自呼吸作用，其呼吸强度比粮堆的自呼吸要高上千倍甚至上万倍，因此粮堆中微生物的呼吸作用产生的热量和水分远大于粮堆自呼吸作用产生的热量和水分。另外，储粮中的害虫和螨类的繁衍也会因其呼吸作用而产生热量和水分。

### 5.2.4　具有呼吸特性的吸湿性仓储粮堆内自然对流热湿耦合传递过程

粮仓内部粮堆中热湿迁移过程、粮堆的温度和水分变化主要是由粮仓外部的大气环境(外部因素)和粮仓内部储粮的生物特性(内部因素)共同决定的，如图 5.3 所示。

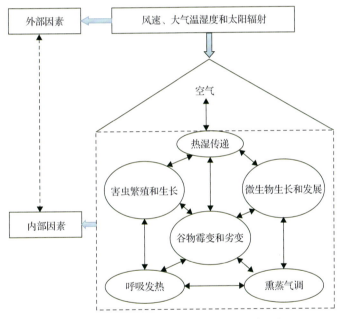

图 5.3　仓储粮堆内热湿耦合传递的影响因素

一方面，由于仓外气温的季节性和日变化，粮堆不断地通过粮仓的围护结构与外界环境产生热量交换，使得粮堆的温度发生动态变化；另一方面，由于仓外气温的季节性或日变化以及粮堆的热惰性，粮堆内部容易产生温度梯度。在温度梯度的作用下，粮堆内部会形成一个与温度梯度方向相同的水蒸气压力梯度，导致水蒸气在粮堆内部的扩散，并通过粮堆的吸湿/解吸湿作用，引起粮堆内部的水分迁移。而且，由于温度梯度而产生的粮堆内部空气的密度差，形成自然对流运动，也会促进粮堆内部的水分迁移。同时，粮堆的自呼吸作用以及害虫和霉菌的滋生也可以呼吸放热并释放水分，并影响粮堆内部热湿传递。

　　粮仓外气温的季节和昼夜变化，产生温度梯度，导致粮食缝隙中水蒸气压力梯度的形成。对于水蒸气分压力与粮堆内温度的变化关系是：无论在粮堆内部的高温区域还是在低温区域，粮堆温度越高，其对应此处的水蒸气分压力也越大，相应的粮堆温度越低，对应此处的水蒸气分压力也就越小。温度梯度与水蒸气分压力的方向刚好相反，这样的结果是水蒸气从高温区域向低温区域迁移。除了上述的扩散作用，自然对流也促进了水分的迁移过程，自然对流形成的原因在于粮仓内空气密度的变化(产生密度梯度)。因此，从本质上来说，水分迁移过程是水蒸气在粮堆间隙内的一种自然对流扩散过程。随着粮堆中水分迁移的逐渐进行，水分梯度形成且与温度梯度的方向相反，如图 5.4 所示。所以，粮仓内某一位置处的水蒸气迁移量的多少取决于温度梯度和水蒸气分压力梯度这两个相反作用通量之和。

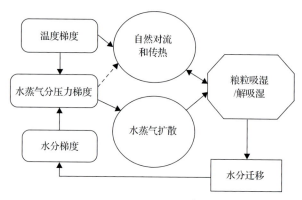

图 5.4　粮堆内部热湿耦合传递过程

　　在储粮过程中，粮粒间隙中空气内部的水蒸气传输以及粮粒与周围空气间的水蒸气交换是粮堆内水分迁移的两个主要动因。水分迁移过程之所以是一种动态平衡过程，在于粮食颗粒间的水分迁移趋于减小水蒸气分压力梯度，而粮食的吸附等温线趋于维持此压力梯度。而且，外界环境的时间性变化引起粮仓外壁的温度变化，故水分迁移是不稳定的。鉴于受到温度和湿度引起的传输特性、水分蒸发(或冷凝)过程吸收(或释放)潜热、吸附等温线的非线性及呼吸作用产热、产湿等诸多因素的影响，热量传递和水分迁移问题变成了非线性耦合问题。

## 5.3　粮堆自然对流热湿耦合传递的数学模型

### 5.3.1　仓储粮堆自然对流热湿耦合传递数学模型的建立

　　为了方便研究，假设空气-水蒸气的混合物是不可压缩的。以封闭腔体内的粮堆内部自然对流热湿传递为研究对象，做出如下基本假设：

(1)计算区域为二维，层流流动；

(2)流体为空气-水蒸气纯气相，不存在宏观的液体流动，忽略流体黏性耗散；

（3）粮堆内受力均匀且各方向同性，粮粒与空气满足局部热平衡；

（4）计算区域内流体物性参数为常量；

（5）忽略虫霉的产热、产湿，只考虑粮堆的自呼吸作用形成的热源与湿源；

（6）与大气接触的储粮仓壁温度等于大气温度；

（7）粮堆是连续性的、均匀分布的多孔介质，而且粮粒之间缝隙中的空气由于受粮堆温度变化而引起扰动，形成一定的浮升力。

（8）空气密度随温度线性变化，符合 Boussinesq 假设，即

$$\rho_a(T) = \rho_{\text{ref}}\left[1 - \beta\left(T_{ab} - T_{\text{ref}}\right)\right] \tag{5.7}$$

式中，$\rho_{\text{ref}}$ 和 $T_{\text{ref}}$ 分别为空气参考状态对应的密度和温度；$T_{ab}$ 为空气状态对应的温度；$\beta$ 为热膨胀系数，其相应的表达式如下：

$$\beta = -\frac{1}{\rho_{\text{ref}}}\left(\frac{\partial \rho}{\partial T}\right)_p \tag{5.8}$$

由于仓储粮堆是由粮粒堆积而成的生物性的多孔介质，基于表征单元体积（REV）和局部热平衡原理，考虑到粮粒的吸湿和解吸湿特性以及由于温度梯度产生的仓内空气自然对流的影响，并将热湿效应和湿热效应考虑其中，采用有限元法求解空气区域和粮堆区域的双区域自然对流和热湿耦合传递模型。

## 1. 对于多孔介质区域

假设粮堆内流体是不可压缩流体，其连续方程为

$$\frac{\partial u_j}{\partial x_j} = 0 \tag{5.9}$$

鉴于在竖直方向上存在浮升力，因此流体动量守恒采用扩展的达西方程，即

$$\rho_a \frac{\partial u_i}{\partial t} = -\frac{\phi \mu u_i}{K} - \frac{\partial p}{\partial x_i} + \delta_{ij}\rho_a g \beta\left(T - T_0\right) \tag{5.10}$$

由于本书的研究对象是封闭粮仓，粮堆被看作生物性多孔介质（存在孔隙率），其存在气固两相（气相为粮粒缝隙中的空气，固相为粮粒），对于粮堆应用能量守恒进行分析时，计算过程涉及空气和粮粒的物性参数，所以为了求解方便采用等效方式。例如，$\rho_b = \varepsilon \rho_a + (1-\varepsilon)\rho_g$，$c_b = \varepsilon c_a + (1-\varepsilon)c_g$，$k_b = \varepsilon k_a + (1-\varepsilon)k_g$，其中，$\rho_a$ 为空气密度，$\rho_b$ 为粮堆容重，$\rho_g$ 为粮食颗粒湿基密度。基于能量守恒定律，粮堆内部热量传递方程为

$$\left(\rho_b c_b\right)\frac{\partial T}{\partial t} + \left(\rho_a c_a\right)u\frac{\partial T}{\partial x_j} = \frac{\partial}{\partial x_j}\left(k_b \frac{\partial T}{\partial x_j}\right) + \rho_b h_{fg}\frac{\partial W_d}{\partial t} + Q_h \tag{5.11}$$

式中，方程右侧第二项表示粮粒的吸湿/解吸湿特性，其表示单位体积条件下粮堆吸湿/

解吸湿的凝结或蒸发相变潜热，假定为常数 2476.55kJ/kg；方程右侧最后一项表示粮粒的自呼吸产热项 $Q_h$，$Q_h = \rho_b q_h Y_{CO_2}$，其中，$Y_{CO_2}$ 为粮粒 24h 的 $CO_2$ 释放率，$q_h$ 为呼吸过程中释放的热量，为 10.728J/mg[23]；$c_b = 1.398 + 0.0409W_w$；$k_b = 0.1170 + 0.0013W_w$，其中，$W_w$ 表示湿基水分，$W_w = \dfrac{W_d}{(1+W_d)} \times 100$ [22]。

水分平衡方程为

$$\rho_b \frac{\partial W_d}{\partial t} + u_j \left( \frac{\sigma}{R_v T} \right) \frac{\partial W_d}{\partial x_j} = \frac{\partial}{\partial x_j} \left( D_M \frac{\partial W_d}{\partial x_j} \right) + \frac{\partial}{\partial x_j} \left( D_T \frac{\partial T}{\partial x_j} \right) - u_j \left( \frac{\omega}{R_v T} \right) \frac{\partial T}{\partial x_j} + Q_m \quad (5.12)$$

式中，$D_M = D_{eff}\sigma$；$D_T = D_{eff}\omega$；$D_{eff} = \dfrac{D_v \varepsilon}{\tau R_v}$；$\sigma = \left.\dfrac{\partial p_v}{\partial W_d}\right|_T$；$\omega = \left.\dfrac{\partial p_v}{\partial T}\right|_{W_d}$；$D_v$ 为空气中水蒸气的扩散系数(m²/s)；$\varepsilon$ 为孔隙率；$\omega$ 为迂曲度，分别假定两者数值分别为 0.4 和 1.35；$R_v$ 为水蒸气气体常数，取值为 461.52J/(kg·K)。方程右侧最后一项表示粮粒的呼吸产湿项 $Q_m$，$Q_m = \rho_b q_w Y_{H_2O}$，其中，$Y_{H_2O}$ 为粮堆 24h 释放的水分量，$q_w$ 为呼吸过程中产生的水分量，$q_w$ 值为 $4.09 \times 10^{-5}$kg/mg[23]。

变量 $\sigma$ 与粮堆温度和水分的关系表现于图 5.5 中，$\omega$ 呈现于图 5.6 中。两个参数也随着温度的增加而增加，因此较大的温度梯度能引起传输特性上较大的变化幅度。当水分达到 22%以上时对于所有的温度值，$\sigma$ 值都可以忽略不计，而 $\omega$ 值达到一个常数值，此值等于相应温度下水的饱和蒸汽压梯度。因此，水分湿量达到较高值时，水分迁移过程就被温度梯度唯一控制。

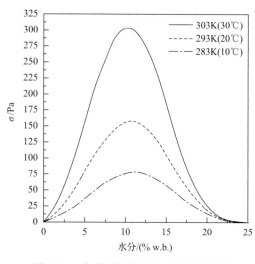

图 5.5　$\sigma$ 与粮堆温度和水分之间的关系

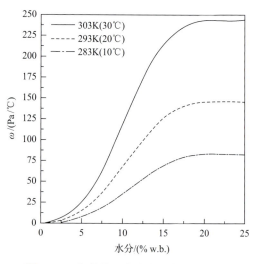

图 5.6　$\omega$ 与粮堆温度和水分之间的关系

## 2. 对于空气区域

鉴于粮仓内部竖直方向上存在浮升力，且流动为空气区域的湍流自然对流，所以其动量方程采用 Navier-Stokes 方程：

$$\rho_a \frac{\partial u_i}{\partial t} + \rho_a u_j \frac{\partial u_i}{\partial x_j} = -\frac{\partial p}{\partial x_i} + \frac{\partial}{\partial x_j}\left[(\mu + \mu_t)\frac{\partial u_i}{\partial x_j}\right] + \delta_{ij}\rho_a g \beta(T - T_0) \tag{5.13}$$

能量方程：

$$\rho_a \frac{\partial T}{\partial t} + \rho_a u_j \frac{\partial T}{\partial x_j} = \frac{\partial}{\partial x_j}\left[\left(\frac{\mu}{pr} + \frac{\mu_t}{\sigma_t}\right)\frac{\partial T}{\partial x_j}\right] \tag{5.14}$$

式中，$pr$ 为普朗特数；$\sigma_t = 0.9$；$\mu_t = c_u \dfrac{k^2}{\varepsilon} \neq 0$；$c_u = 0.09$。

$k$-$\varepsilon$ 方程：

$$\rho_a \frac{\partial k}{\partial t} + \rho_a u_j \frac{\partial k}{\partial x_j} = \frac{\partial}{\partial x_j}\left[\left(\mu + \frac{\mu_t}{\sigma_k}\right)\frac{\partial k}{\partial x_j}\right] + \mu_t \frac{\partial u_i}{\partial x_j}\left(\frac{\partial u_i}{\partial x_j} + \frac{\partial u_j}{\partial x_i}\right) - \beta g \frac{\mu_t}{\sigma_t}\frac{\partial T}{\partial x_i} - \rho_a \varepsilon \tag{5.15}$$

式中，$\sigma_k = 1.0$。

$$\rho_a \frac{\partial \varepsilon}{\partial t} + \rho_a u_j \frac{\partial \varepsilon}{\partial x_j} = \frac{\partial}{\partial x_j}\left[\left(\mu + \frac{\mu_t}{\sigma_\varepsilon}\right)\frac{\partial \varepsilon}{\partial x_j}\right] + c_{\varepsilon 1}\mu_t \frac{\varepsilon}{k}\frac{\partial u_i}{\partial x_j}\left(\frac{\partial u_i}{\partial x_j} + \frac{\partial u_j}{\partial x_i}\right) - \rho_a c_{\varepsilon 2}\frac{\varepsilon^2}{k} - c_{\varepsilon 3}\beta g \frac{\mu_t}{\sigma_T}\frac{\partial T}{\partial x_2}$$

$$\tag{5.16}$$

式中，$c_{\varepsilon 1} = 1.44$；$c_{\varepsilon 2} = 1.92$；$c_{\varepsilon 3} = \tanh|v/u|$；$\sigma_\varepsilon = \dfrac{k^2}{(c_{\varepsilon 2} - c_{\varepsilon 1})\sqrt{c_u}} = 1.167$；$k = 0.41$[24]。

### 5.3.2　数学模型的相应处理

多孔介质区域自然对流和热湿传递方程的矢量形式如下：

$$\nabla \cdot u = 0 \tag{5.17}$$

$$\rho_a \frac{\partial u}{\partial t} = -\frac{\varphi \mu u}{K} - \nabla \cdot p + \delta_{ij}\rho_a g \beta(T - T_0) \tag{5.18}$$

$$\rho_b c_b \frac{\partial T}{\partial t} - \rho_b h_{fg}\frac{\partial W_d}{\partial t} - \nabla \cdot (k_b \nabla T) + (\rho_a c_a)u \cdot \nabla T = Q_h \tag{5.19}$$

$$\rho_b \frac{\partial W_d}{\partial t} - \nabla \cdot (D_M \nabla W_d) - \nabla \cdot (D_T \nabla T) + \frac{\sigma}{R_v T}u \cdot \nabla W_d + \frac{w}{R_v T}u \cdot \nabla T = Q_m \tag{5.20}$$

$$\rho_a \frac{\partial u}{\partial t} + \rho_a u(\nabla \cdot u) = -\nabla \cdot p + \nabla \cdot [(\mu + \mu_t)\nabla \cdot u] + \sigma_{ij}\rho_a g \beta(T - T_0) \tag{5.21}$$

$$\rho_a \frac{\partial T}{\partial t} + \rho_a u \cdot \nabla T = \nabla \cdot \left[ \left( \frac{\mu}{pr} + \frac{\mu_t}{\sigma_t} \right) \nabla T \right] \tag{5.22}$$

为方便借助多物理场数值模拟软件(COMSOL)进行数值模拟,将方程(5.19)和方程(5.20)转化成矩阵形式:

$$\begin{bmatrix} \rho_b c_b & -\rho_b h_{fg} \\ 0 & \rho_b \end{bmatrix} \frac{\partial}{\partial t} \begin{bmatrix} T \\ W_d \end{bmatrix} + \nabla \cdot \left( -\begin{bmatrix} k_b & 0 \\ D_T & D_M \end{bmatrix} \nabla \begin{bmatrix} T \\ W_d \end{bmatrix} \right) + \begin{bmatrix} \rho_a c_a u & 0 \\ \dfrac{\omega}{R_v T} u & \dfrac{\sigma}{R_v T} u \end{bmatrix} \cdot \nabla \begin{bmatrix} T \\ W_d \end{bmatrix} = \begin{bmatrix} Q_h \\ Q_m \end{bmatrix}$$
$$\tag{5.23}$$

## 5.4 近似冬夏季条件下钢板圆筒仓内粮堆热湿耦合传递的数值模拟研究

### 5.4.1 数学模型

在本书中,仅模拟满仓小麦堆内部的自然对流和热湿传递,忽略粮堆上部的空气区域的自然对流和热湿传递。数值模拟研究的对象为一个密闭的、装满小麦的圆柱仓,圆筒仓半径 $R$ 为 5m,高度 $L$ 为 10m,如图 5.7 所示。由于圆筒仓为轴对称空间结构,所以选择圆柱仓轴向截面的一半为数值模拟几何对象,其网格划分如图 5.8 所示,径向为 $x$ 轴方向,垂直向上的高度方向为 $y$ 轴方向。

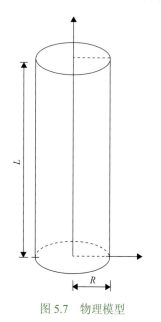

图 5.7　物理模型

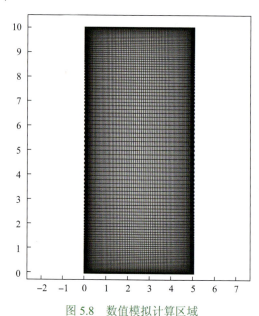

图 5.8　数值模拟计算区域

为了简化问题,做出如下假设。

(1)空气-水蒸气的混合物是不可压缩的气体。

(2)粮堆是均匀的各方向同性吸湿性多孔介质,粮粒与周围空气处于局部热平衡。

(3)与大气接触的圆筒仓壁面温度等于大气温度。

(4)忽略了粮仓受到的太阳辐射,且不考虑粮堆的呼吸作用。

(5)粮食密闭储藏期间,近似取秋冬季和春夏季大气温度的平均值作为仓外大气的温度条件。

假设多孔介质内部的空气是不可压缩的,且在温度梯度作用下产生一定的浮升力。同时,假设粮堆中粮粒是各向同性的均质多孔介质,并且认为粮粒与周围空气之间是局部热平衡的,忽略粮堆的呼吸作用。根据 5.3.1 节推导的方程可以得到以下方程。

(1)连续方程。

$$\frac{\partial u_j}{\partial x_j} = 0 \tag{5.24}$$

式中,$u_j (j=1,2)$ 为 $x_j$ 方向上空气的流动速度;$x_j (j=1,2)$ 为系统坐标,在圆柱坐标系统中,$x_1 = r$,$x_2 = y$,$u_1 = u$,$u_2 = v$。

(2)动量方程。

粮堆内部空气流动采用扩展的达西定律,即 Darcy-Brinkmann 方程,假设浮升力随温度呈线性变化,满足 Boussinesq 近似:

$$\rho_a \frac{\partial u_i}{\partial t} + \frac{\rho_a u_j}{\varepsilon} \frac{\partial u_i}{\partial x_j} = -\frac{\partial p}{\partial x_i} + \frac{\partial}{\partial x_j}\left(\mu \frac{\partial u_i}{\partial x_j}\right) + \rho_0 g \beta (T - T_0) - \frac{\varepsilon \mu u_i}{K} \tag{5.25}$$

式中,$\rho_a$ 为空气的密度,取 1.225kg/m$^{-3}$;$u_i (i=1,2)$ 为空气的表观速度;$t$ 为时间;$p$ 为空气的压强;$\varepsilon$ 和 $K$ 为多孔介质的孔隙率和渗透率,对于粮堆(小麦),$\varepsilon$=0.4,$K$=5.96×10$^{-9}$m$^2$[8];$T$ 为热力学温度;$\rho_0$ 为温度为 $T_0$ 时空气的密度;$T_0$ 为参考温度,为粮堆初始温度与仓外大气温度的算术平均值;$g$ 为重力加速度;$\beta$ 为空气的体积膨胀系数,$\beta = -\frac{1}{\rho_{\text{ref}}}\left(\frac{\partial p}{\partial T}\right)_p$;$\mu$ 为空气的动力黏度,$\mu$=1.79×10$^{-5}$Pa·s。

(3)能量方程。

由于粮粒与周围空气之间是局部热平衡的,粮粒和周围空气中的化学势皆相等[8],于是有

$$(\rho_b c_b)\frac{\partial T}{\partial t} + (\rho_a c_a)u_j \frac{\partial T}{\partial x_j} = \frac{\partial}{\partial x_j}\left(k_b \frac{\partial T}{\partial x_j}\right) + \rho_b h_{fg} \frac{\partial W_d}{\partial t} \tag{5.26}$$

式中,$c_a$ 为空气的比热容,$c_a$=1006.43J/(kg·K);$\rho_b$、$c_b$ 和 $k_b$ 分别为粮堆的容重、比热容和有效导热系数,对于粮堆(小麦)来说,$\rho_b$=650kg/m$^3$;$W_d$ 为粮堆干基水分;$h_{fg}$ 与粮粒的温度和水分有关,在常温常压和通常的粮食水分下,$h_{fg}$ 变化不大,为了计算方

便可以近似取为 2476550J/kg。对于小麦，$c_b = 1.398 + 0.0409W_w$，$k_b = 0.1170 + 0.0013W_w$，$W_w$ 为粮堆湿基水分，$W_w = W_d / (1 + W_d) \times 100$。

(4) 水分迁移方程。

根据组分质量守恒原理，即谷粒含湿量(干基水分)以及谷粒间空气中的绝对含湿量在输运过程中满足守恒定律，即

$$\frac{\partial}{\partial t}(\varepsilon \rho_a w + \rho_b W_d) + \rho_a u_j \frac{\partial w}{\partial x_j} = \frac{\partial}{\partial x_j}\left[\frac{D_v \varepsilon}{\tau}\frac{\partial}{\partial x_j}(\rho_a w)\right] \tag{5.27}$$

式中，$\tau$ 为粮堆中孔隙的迂曲度，取 1.53；$w$ 为粮粒间空气中绝对含湿量；$D_v$ 为粮粒间空气中水蒸气的扩散系数，$D_v = \dfrac{9.1 \times 10^{-9} \cdot T^{2.5}}{T + 245.18}$，对方程(5.27)进行数量级分析可知，$w = O(10^{-2})$，$W_d = O(10^{-1})$，$u_j = O(10^{-3})$，$l = x_j = O(1)$，$\rho_a = O(1)$，$\rho_b = O(10^2)$，$t = O(10^6)$，$\dfrac{\partial(\varepsilon \rho_a w)}{\partial t} = O\left(\dfrac{10^{-1} \times 1 \times 10^{-2}}{10^6}\right) = O(10^{-9})$，$\rho_b \dfrac{\partial W_d}{\partial t} = O\left(10^2 \times \dfrac{10^{-1}}{10^6}\right) = O(10^{-5})$，$\rho_a u_j \dfrac{\partial w}{\partial x_j} = O\left(1 \times 10^{-3} \times \dfrac{10^{-2}}{1}\right) = O(10^{-5})$，$\dfrac{\partial}{\partial x_j}\left[\dfrac{D_v \varepsilon}{\tau}\dfrac{\partial}{\partial x_j}(\rho_a w)\right] = O\left(\dfrac{10^{-5} \times 10^{-1}}{1} \times \dfrac{1 \times 10^{-2}}{1}\right) = O(10^{-8})$。

通过数量级分析可以看出，方程(5.27)中对流项被粮粒绝对含湿量(干基水分)所平衡，粮粒绝对含湿量(干基水分)远大于谷粒间空气中的绝对含湿量，方程(5.27)左边第一项中的 $\dfrac{\partial(\varepsilon \rho_a w)}{\partial t}$ 可以忽略不计。同时，由于壁面附近与壁面正交的速度非常小，但这个方向的水分梯度非常大，所以方程(5.27)中扩散项在近壁处非常重要，不能忽略。另外，假设空气-水蒸气混合物为理想气体，则 $\rho_a w = p_v / (R_v T)$，$p_v$ 为谷粒间空气的水蒸气分压，$R_v$ 为水蒸气的气体常数，为 461.52J/(kg·K)。令 $D_{\text{eff}} = \dfrac{D_v \varepsilon}{\tau R_v}$，上述方程(5.27)变为

$$\rho_b \frac{\partial W_d}{\partial t} + \frac{u_j}{R_v}\frac{\partial}{\partial x_j}\left(\frac{p_s}{T}\right) = \frac{\partial}{\partial x_j}\left(D_{\text{eff}}\frac{\partial p_s}{\partial x_j}\right) \tag{5.28}$$

由于局部热平衡原理，粮粒中水蒸气分压力和周围空气的水蒸气分压力是相同的，根据修正的 Henderson 方程，粮粒吸附等温线关系有如下形式：

$$\frac{p_s}{p_{sb}} = 1 - \exp\left[-K_H (T + C)(100W_d)^N\right] \tag{5.29}$$

式中，$K_H = 1.2299 \times 10^{-5}$；$C = 64.346$；$N = 2.5558$ (关于小麦的常数)[8]；$p_{sb}$ 为饱和蒸

汽压；$p_{sb} = \dfrac{6 \times 10^{25}}{T^5} \exp\left(-\dfrac{6800}{T}\right)^{[15]}$。

根据方程(5.29)，水蒸气分压力梯度能表示成粮粒水分和温度的梯度形式，即

$$\frac{\partial p_v}{\partial x_j} = \left(\left.\frac{\partial p_v}{\partial W_d}\right|_T \frac{\partial W_d}{\partial x_j}\right) + \left(\left.\frac{\partial p_v}{\partial T}\right|_{W_d} \frac{\partial T}{\partial x_j}\right) \tag{5.30}$$

设定 $\sigma = \left.\dfrac{\partial p_v}{\partial W_d}\right|_T$，$\omega = \left.\dfrac{\partial p_v}{\partial T}\right|_{W_d}$，方程(5.28)改写为

$$\rho_b \frac{\partial W_d}{\partial t} + u_j\left(\frac{\sigma}{R_v T}\right)\frac{\partial W_d}{\partial x_j} = \frac{\partial}{\partial x_j}\left(D_M \frac{\partial W_d}{\partial x_j}\right) + \frac{\partial}{\partial x_j}\left(D_T \frac{\partial T}{\partial x_j}\right) - u_j\left(\frac{\omega}{R_v T} - \frac{p_v}{R_v T^2}\right)\frac{\partial T}{\partial x_j} \tag{5.31}$$

式中，$D_M = D_{\text{eff}}\sigma$；$D_T = D_{\text{eff}}\omega$；$D_M$ 为水分梯度引起的水分扩散系数；$D_T$ 为温度梯度引起的水分扩散系数；$\sigma$ 为一定温度时由于粮粒水分引起的水蒸气分压；$\omega$ 为一定水分时由于粮粒温度引起的水蒸气分压。方程(5.30)的派生值 $\sigma$ 与 $\omega$ 可以根据方程(5.29)得到 $\sigma = p_{sb} \exp\left[-K_H(T - 273.15 + C)(100W_d)^N\right] \times \left[K_H(T - 273.15 + C)(100W_d)^{N-1} \times 100N\right]$，$\omega = \dfrac{p_s}{p_{sb}} \dfrac{\mathrm{d}p_{sb}}{\mathrm{d}T} + p_{sb}\left(K_H W_d{}^N\right)\left(1 - \dfrac{p_s}{p_{sb}}\right)$。这里，$\dfrac{\mathrm{d}p_{sb}}{\mathrm{d}T} = \left(\dfrac{6800}{T} - 5\right)\Big/\left(\dfrac{T}{p_{sb}}\right)$。由于变量 $D_M$ 和 $D_T$ 是温度和湿度的因变量，方程(5.31)就变成非线性的，并与能量方程(5.26)相互耦合。

### 5.4.2 数学模型验证

本书通过比较分析，对前面建立的数学进行验证。对比验证分两种情况，①非吸湿性多孔介质内部的自然对流流动和热量传递的比较；②吸湿性多孔介质内部的自然对流流动和热湿传递过程的比较。

Avila-Acevedo 等采用实验研究方法和数值模拟方法，对全部充满水和玻璃珠的密闭圆柱体(半径为 $R$、高度为 $H$)在壁面温度突然降低时其内部的自然对流流动以及热量传递过程进行了研究[25]。图 5.9 为本书采用数值模拟方法得到的 Avila-Acevedo 等实验中圆柱体中心的无量纲温度结果与 Avila-Acevedo 等研究结果的比较。由图 5.9 可以看出两者非常相符。Anderson 等[26]通过实验方法研究了装满初始湿基水分为 14.6%的 450kg 小麦的长方体形实验仓内热量传递以及水分迁移规律，实验仓体积为 0.57m³。实验仓顶部和底部为绝热，实验仓左右两侧壁面温度不同，从而形成横向方向的温度梯度，且仓壁是不渗透的。图 5.10 为本书对 Anderson 等实验工况的数值模拟结果与 Anderson 等以及 Khankari 等研究结果的比较。由图 5.10 可以看出，三者非常相符。

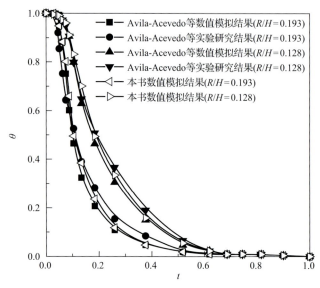

图 5.9 数值模拟的中心无量纲温度与 Avila-Acevedo 等研究结果的比较

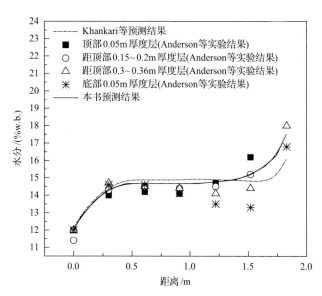

图 5.10 模拟计算的水分与 Anderson 等以及 Khankari 等研究结果的比较

图 5.11 和图 5.12 为与 Beckermann 等[27]研究结果得到的无量纲温度的比较，Beckermann 等采用实验研究方法对部分填充多孔介质方腔内部的温度进行了实验测定。由图 5.11 可以看出，本书的模拟结果与 Beckermann 等测定结果非常一致，但由图 5.12 可以看出两者之间略有偏差，其原因可能是热电偶测量精度不够以及壁面附近的多孔介质孔隙率由多孔介质到壁面产生跳跃而引起的。由此不难看出，本书建立的数学模型是合理的，可以用于部分填充多孔介质的腔体内部自然对流和传热传质问题的研究。

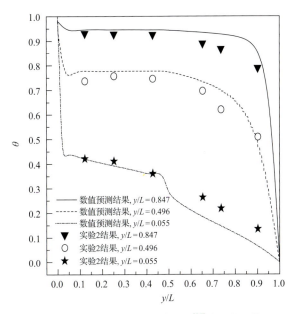

图 5.11　数值预测结果与实验 2[27]结果的比较

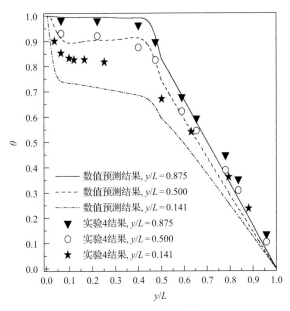

图 5.12　数值预测结果与实验 4[27]结果的比较

### 5.4.3　数值研究对象和初始条件、边界条件

数值模拟的初始条件和边界条件如下：$u = v = 0$，$r = 0$、$R$，$y = 0$、$L$；$T = T_c$，$r = R$，

$y = L$；$\dfrac{\partial T}{\partial x} = \dfrac{\partial T}{\partial y} = 0$，$r = 0$，$y = 0$；$\dfrac{\partial p_s}{\partial x_j} = \left( \sigma \dfrac{\partial W_d}{\partial x_j} \right) + \left( \omega \dfrac{\partial W_d}{\partial x_j} \right) = 0$（$x_j$ 分别对应 $r$、$y$），

$r = 0$、$R$，$y = 0$、$L$。即各个流动边界是无滑移的，且不可渗透(水蒸气分压梯度为零)，

下表面是绝热的,轴线为对称边界,上表面和右表面为大气温度。

粮堆初始温度与大气温度以及粮堆的初始(湿基)水分如表 5.1 所示,初始时刻粮堆与大气的温差为 20℃,近似冬季和夏季一共 4 种工况。边界条件中大气温度取为冬夏季的平均温度,并且认为壁面的温度等于冬夏季大气的平均温度。

表 5.1　模拟工况的粮堆初始条件和边界条件

| 工况 | 粮堆湿基水分/% | 粮堆初始温度/℃ | 大气温度/℃ | 储藏时间/天 |
|---|---|---|---|---|
| 近似冬季 1 | 14(干基水分 0.1628) | 20(293K) | 0(273K) | 150 |
| 近似夏季 1 | 14(干基水分 0.1628) | 0(273K) | 20(293K) | 150 |
| 近似冬季 2 | 18(干基水分 0.220) | 20(293K) | 0(273K) | 150 |
| 近似夏季 2 | 18(干基水分 0.220) | 0(273K) | 20(293K) | 150 |

### 5.4.4　模拟结果与分析

#### 1. 粮堆内部自然对流流动

近似冬、夏季工况下仓内空气自然对流流动如图 5.13 所示。由图可以看出,近似夏季工况时由于粮仓外部气温较高,粮堆初始温度较低,在粮堆内部形成温度梯度,由温度梯度产生的粮堆内部空气的密度差,导致粮堆内部形成自然对流运动,在粮堆中形成逆时针方向的空气自然对流流动;近似冬季工况时由于粮仓外部气温较低,粮堆初始温度较高,在粮堆中形成顺时针方向的空气自然对流流动。由图 5.13 还可以看出,粮堆右侧边界附近和右下角的自然对流相比较其他区域要强,粮堆内部自然对流流动的速度大小在 $10^{-5} \sim 10^{-4}$ m/s 数量级,这也说明了粮堆内部空气的流动为层流。

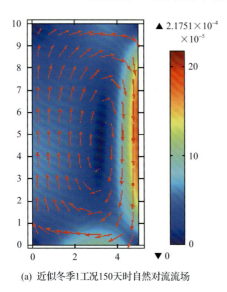

(a) 近似冬季1工况150天时自然对流流场　　　　(b) 近似夏季1工况150天时自然对流流场

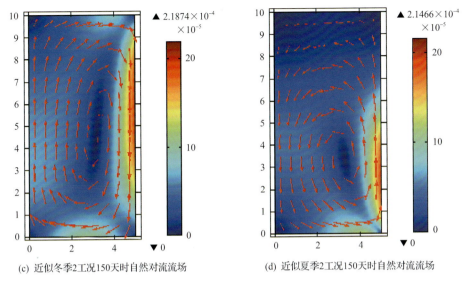

(c) 近似冬季2工况150天时自然对流流场　　　(d) 近似夏季2工况150天时自然对流流场

图 5.13　水分为 14%和 18%时近似冬、夏季工况 150 天的粮堆内部自然对流流场(单位：m/s)

## 2. 粮堆内部热量传递和温度分布

近似冬、夏季工况下仓内温度分布如图 5.14 所示。近似夏季工况时，粮堆初始温度小于外界大气温度，而且粮堆具有热惰性，所以粮堆内部产生温度梯度。在温度梯度的作用下，造成粮堆温度从内到外逐渐升高，达到 150 天时，粮堆右上半部的温度都超过 15℃。近似冬季工况时，粮堆初始温度大于外界大气温度，所以粮堆内部也会产生温度梯度。在温度梯度的作用下，造成粮堆温度从内到外逐渐降低，达到 150 天时，粮堆右上半部的温度降低到 3℃，但是粮堆中心部位粮温依然高于 15℃。比较近似冬、夏两季工况可以发现，近似冬季是粮堆内部形成了顺时针方向的空气自然对流，促进了热量的传递，所以顶部、壁面和右下角粮堆的温度下降得较快；而在近似夏季，粮堆内部形成

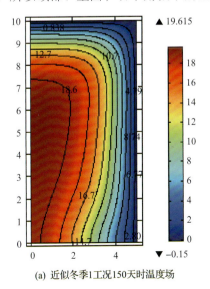

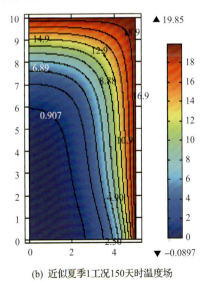

(a) 近似冬季1工况150天时温度场　　　　　(b) 近似夏季1工况150天时温度场

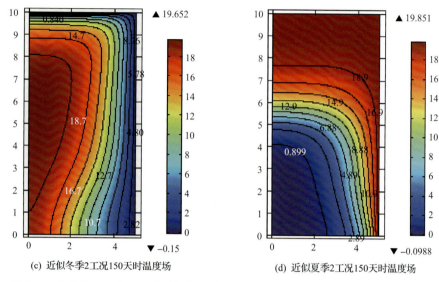

(c) 近似冬季2工况150天时温度场　　　(d) 近似夏季2工况150天时温度场

图 5.14　水分为 14% 和 18% 时近似冬、夏季工况 150 天的粮堆内部温度场（单位：℃）

了逆时针方向的空气自然对流，热量不断向粮堆右上部传递，所以右上部粮堆的温度升高得较快。同时，可以看到无论是近似冬季工况还是近似夏季工况，在粮堆温度既有横向变化又有纵向变化。其原因是假设粮堆底部边界为绝热，顶部和右侧面为定常温度。

### 3. 粮堆内部水分迁移和水分分布

近似冬、夏两季工况下仓内粮堆水分分布如图 5.15 所示。近似冬季工况时，水分从底部和右下角向粮堆的顶部和右侧面迁移，使得粮堆上部和右侧水分升高，粮堆下部水分降低。其中，右下角水分最低，顶部水分最高，形成"结顶"现象。近似夏季工况时，水分从粮堆的顶部、右侧面和右下角向粮堆里面迁移，使得粮堆上半部（$r<4.5\text{m}$，$8.0\text{m}<z<9.5\text{m}$）水分升高，顶部、右侧面和右下角粮堆水分降低，其中，右下角粮堆水分最低，

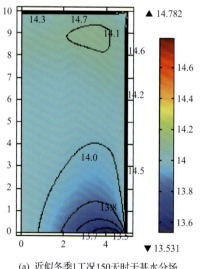

(a) 近似冬季1工况150天时干基水分场

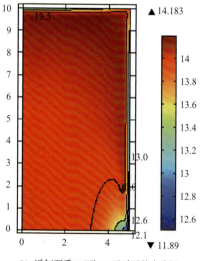

(b) 近似夏季1工况150天时干基水分场

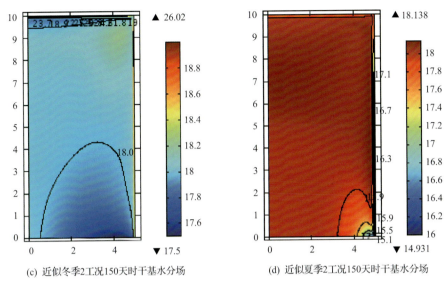

(c) 近似冬季2工况150天时干基水分场　　　　(d) 近似夏季2工况150天时干基水分场

图 5.15　初始干基水分为 14%和 18%时近似冬、夏工况的粮堆内部水分场(单位：%)

右上半部($r$<4.5m，8.0m<$y$<9.5m)水分最高。这与 Hellevang 等[28]现场调查的水分结果基本一致。比较近似冬、夏两季的水分分布图可以看出，在相同的初始水分以及相同的温差情况下，储存期达到 150 天后近似夏季工况粮堆内部水分的变化量比近似冬季工况的大，但近似冬季工况升高幅度(相对于初始水分)要大于近似夏季工况。

### 4. 粮堆内温度和水分的时间演化

为了考察粮堆内温度和水分的时间演化规律，这里选取粮堆内部五个位置作为考察对象，如图 5.16 所示，其中，位置点 $A$、$B$、$C$、$D$、$E$ 坐标分别为(1.25,9)、(3.75,9)、(1.25,1)、(3.75,1)、(2.5,5)，在模型计算区域中 $r\in[0,5]$m，$y\in[0,10]$m。图 5.17 给出了近似冬季工况下初始粮温 293K(20℃)、气温 273K(0℃)、湿基水分 18%(干基水分为 0.22)的粮堆内部五个位置的温度和水分瞬态变化曲线。

由图 5.17(a)可以看出，$A$ 点、$B$ 点和 $E$ 点的水分随着时间的增加缓慢升高。$C$ 点水分基本不变，直到 100 天后才开始有所下降。$D$ 点的水分变化下降最明显，这与 $D$ 点处于右边界的下侧有关，在很大程度上受自然流动的影响，使水分传输至粮堆左上角和右侧壁面。由图 5.17(b)还可以看出，$A$ 点和 $B$ 点的温度变化最大，原因是粮堆上半部温度传递既有水平方向的也有垂直方向的，且温度梯度大，尤其是 $B$ 点靠近顶部和右侧交界处，150 天后基本接近外部大气温度。在近似冬季工况下，达到 50 天时 $E$ 点温度开

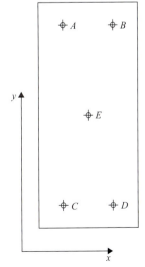

图 5.16　计算区域的五个观察点

始下降，说明粮堆的右上半部的温度都已降低；达到 100 天时 $C$ 点温度才开始下降。

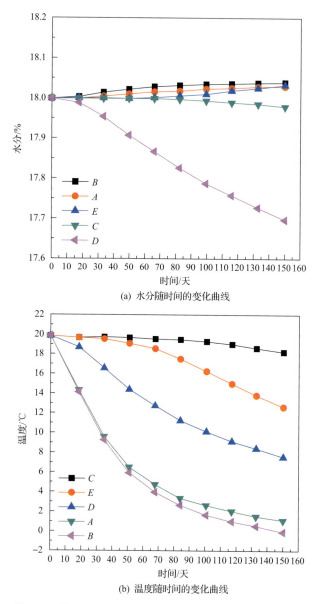

(a) 水分随时间的变化曲线

(b) 温度随时间的变化曲线

图5.17　粮堆内若干关键点的温度和水分的瞬态变化曲线

### 5.4.5　研究结论

本书以典型吸湿性多孔介质——小麦为研究对象，根据小麦吸湿和解吸湿曲线及局部热湿平衡原理，建立了吸湿性多孔介质内部热湿耦合传递的数学模型，通过与相关文献研究结果进行比较，验证了数学模型的合理性。基于有限元方法模拟分析了外界气温和小麦分别为0℃和20℃、20℃和0℃，小麦初始水分为14%和18%时直径为10m、高度为10m的充满小麦的圆柱仓内部的自然对流流动和热湿迁移过程，重点探究了近似冬、夏季仓储粮堆内部温度和水分的动态变化规律。研究结论如下。

(1)近似冬、夏两季都会在粮堆内部形成空气自然对流运动，近似夏季时在粮堆中形成逆时针方向的自然对流流动，近似冬季时则形成顺时针方向的自然对流流动。近似冬、夏两季粮堆右侧边界和右下角的自然对流与其他区域相比要强，粮堆内部自然对流速度在 $10^{-5}\sim10^{-4}$ m/s 数量级。

(2)近似冬季工况下水分从粮堆内部向顶部和右侧壁面迁移，粮堆顶部和右侧水分升高，粮堆右下角水分降低，顶部水分最高，形成"结顶"现象。近似夏季工况时，水分从粮堆的顶部、右侧面和右下角向右上半部区域($r<4.5$m，$8.0$m$<z<9.5$m)迁移，使得顶部、右侧附近和右下角粮堆水分降低。比较近似冬、夏两季的水分分布图可以看出，在相同的初始水分以及相同的温差情况下，达到 150 天后夏季工况粮堆内部水分的变化量比近似冬季工况的大，但近似冬季升高幅度(相对于初始水分)大于近似夏季。

## 5.5　局地气候条件下密闭钢板圆筒仓内具有呼吸作用的粮堆内部热湿耦合传递的数值模拟研究

### 5.5.1　物理模型和模拟条件

数值模拟研究的对象为一个密闭的、装满小麦的圆柱仓，筒仓半径 $R$ 为 5m，高度 $L$ 为 10m，如图 5.11 所示。由于圆筒仓为轴对称空间结构，所以选择圆柱仓轴向截面的一半作为数值模拟几何对象，其网格划分如图 5.12 所示，径向为 $r$ 方向，垂直方向上的高度方向为 $y$ 方向。

在该研究中，仅模拟粮堆(小麦)内部的自然对流和热湿传递，忽略粮堆上部空气区域的自然对流和热湿传递。为了简化问题，做出如下假设：

(1)空气-水蒸气的混合物是不可压缩的气体；

(2)粮堆是均匀的各向同性吸湿性多孔介质，粮粒与周围空气处于局部热平衡；

(3)与大气接触的圆筒仓壁面温度等于局地大气温度；

(4)忽略粮仓受到的太阳辐射；

(5)考虑粮堆的呼吸作用。

求解区域中左边界是轴对称边界，按绝热边界处理，下边界直接与地面接触，也假定为绝热边界。上边界和右边界与外界环境接触，为了更加接近于真实情况，取济南的逐日变化温度作为边界条件，计算周期为 100 天(冬季工况取 11 月 1 日~2 月 8 日的温度，夏季工况取 4 月 1 日~7 月 9 日的温度，温度数据取自中国建筑热环境分析专用气象数据集)，逐日变化的大气温度如图 5.18 和图 5.19 所示。

### 5.5.2　模拟工况

数值模拟工况的粮堆初始温度和初始水分如表 5.2 所示，表中共包括 4 种工况，粮堆初温为–10℃时近似看作夏季工况，粮堆初温为 30℃时近似看作冬季工况。每一种工

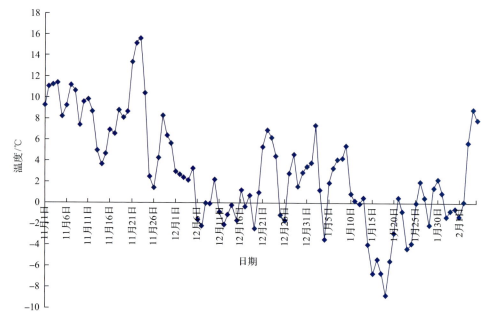

图 5.18　冬季逐日变化的大气温度(热芯粮)

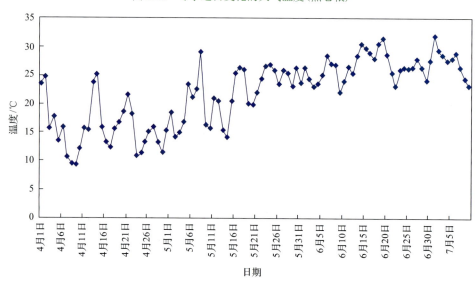

图 5.19　夏季逐日变化的大气温度(冷芯粮)

表 5.2　粮堆初始温度和初始水分

| 水分/% | 12 | 14 |
|---|---|---|
| 夏季工况/℃ | −10(有呼吸和无呼吸) | −10(有呼吸和无呼吸) |
| 冬季工况/℃ | 30(有呼吸和无呼吸) | 30(有呼吸和无呼吸) |

况又分为考虑呼吸产热源项和不考虑呼吸产热源项两种情况,以便对比分析小麦的呼吸作用对水分和温度的影响。因此,本书共模拟了 8 种不同的工况以进行对比分析。其中,边界条件为大气的逐日温度。

### 5.5.3　模拟结果与分析

#### 1. 粮堆内部自然对流流场

图 5.20(a) 和图 5.20(b) 为初始水分为 14%，分别在初始粮温为–10℃的冷芯粮(夏季工况)和初始粮温为 30℃的热芯粮(冬季工况)各自储藏 100 天时，粮堆内部的自然对流流场。由图 5.20 可以看出，夏季工况时，冷芯粮产生自然对流，流动方向为逆时针方向；冬季工况时，热芯粮产生自然对流，流动方向为顺时针方向。自然对流的流速大小在 $10^{-4}$m/s 数量级，与之前假设的粮堆内部空气流动处于层流阶段是相吻合的。

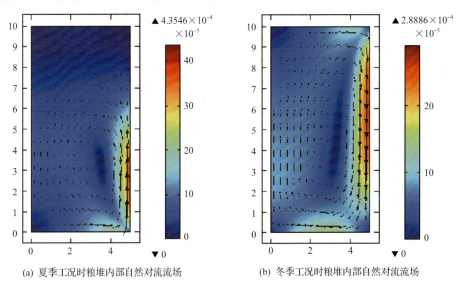

(a) 夏季工况时粮堆内部自然对流流场　　　　(b) 冬季工况时粮堆内部自然对流流场

图 5.20　冬、夏季工况时粮堆内部流场图(单位：m/s)

#### 2. 粮堆内部温度场

该数值模拟的工况共分为两大类：冬季工况和夏季工况。每种工况都模拟了 12%、14%两种初始水分的情况。冬季工况考虑小麦入仓的温度是 30℃，外界环境的温度取 11 月 1 日～2 月 8 日(共 100 天)逐日变化的温度。夏季工况考虑小麦入仓的温度是–10℃，外界环境的温度取 4 月 1 日～7 月 9 日(共 100 天)逐日变化的温度。下面将分别介绍冬季工况和夏季工况温度随时间的变化。

##### 1) 冬季工况

图 5.21～图 5.24 分别给出了初始水分为 12%和 14%时，有无呼吸作用的粮堆内部温度场。由图 5.18 可以发现，冬季工况下，大气的温度为–9～16℃，整个时间段的温度均低于入库时的粮温(30℃)，随着时间的推移，由于粮堆和外界环境温度梯度的作用，热量会从粮堆内部向粮仓的上边界和右边界向外传递，从而导致粮堆内部也形成温度梯度，粮堆温度变化趋势是从内到外逐渐降低。同时，可以看到，在求解区域中部和下部，温

度在横向的变化比较明显，但是在上半部分，温度主要是纵向变化。这主要是求解区域下边界考虑为绝热，上部和右侧面温度随环境变化的缘故。

在初始水分为 12%，且不考虑呼吸作用的影响时，100 天后粮堆的最高温度达到29.9℃，最低温度为 2.16℃；考虑呼吸作用的影响时，粮堆的最高温度达到 32.5℃，最低温度为 0.66℃。在初始水分为 14%，且不考虑呼吸作用的影响时，粮堆的最高温度达到 29.9℃，最低温度为 2.16℃；考虑呼吸作用的影响时，粮堆的最高温度达到 43.9℃，最低温度为 1.86℃。

从图 5.21～图 5.24 还可以发现，当不考虑呼吸作用的影响时，粮堆水分增加对温度的影响很小。当考虑呼吸作用的影响时，粮堆的初始水分从 12%增加到 14%，粮堆的温

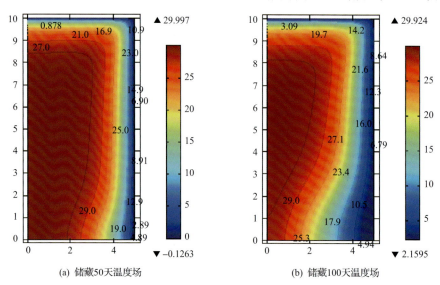

图 5.21　粮堆初始温度为 30℃和水分为 12%时不考虑呼吸作用的温度场（单位：℃）

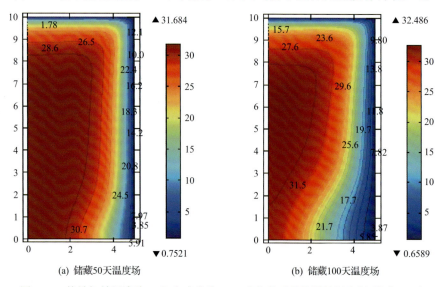

图 5.22　粮堆初始温度为 30℃和水分为 12%时考虑呼吸作用的温度场（单位：℃）

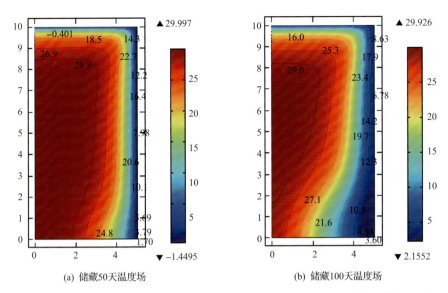

(a) 储藏50天温度场　　　　　　　　　(b) 储藏100天温度场

图 5.23　粮堆初始温度为 30℃和水分为 14%时不考虑呼吸作用的温度场(单位：℃)

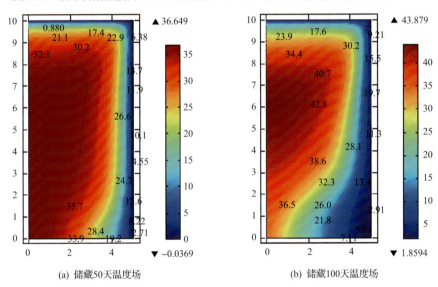

(a) 储藏50天温度场　　　　　　　　　(b) 储藏100天温度场

图 5.24　粮堆初始温度为 30℃和水分为 14%时考虑呼吸作用的温度场(单位：℃)

度明显升高，导致粮堆的最高温度从 29.9℃增加到 43.9℃。而且，当初始水分为 12%时，考虑呼吸作用时比不考虑呼吸作用时温度高 2.5℃；初始水分为 14%时，考虑呼吸作用时比不考虑呼吸作用时温度高 14℃，这也说明了水分含量增高会使呼吸作用加强。

　　因此，当考虑小麦呼吸作用的影响时，粮食水分含量增加，粮堆的温度增加十分明显。这说明水分含量的增加促进了小麦的呼吸作用，呼吸作用的加强使粮堆产热量增加，粮堆的温度升幅较大，并在粮堆内部产生热点，可能会导致粮堆的发热霉变。

　　2) 夏季工况

　　夏季工况下，仓外大气的温度为 9～32℃，整个计算时间段的温度均高于小麦入库时的粮温(–10℃)，与冬季工况类似，粮堆与外界环境形成温度梯度，随着时间的推移，粮堆内部也逐渐形成温度梯度，热量从粮仓的上边界和右边界向粮仓内部传递，整个粮堆的温度从内到外是逐渐升高的。

由图5.25～图5.27可以看出，初始水分为12%时，当不考虑呼吸作用的影响时，从计算开始至100天以后，粮堆的最高温度达到26.835℃，最低温度为–9.99℃；当考虑呼吸作用的影响时，粮堆的最高温度达到27.119℃，最低温度为–9.9928℃。初始水分为14%时，当不考虑呼吸作用的影响时，粮堆的最高温度达到26.822℃，最低温度为–9.9915℃；当考虑呼吸作用的影响时，粮堆的最高温度达到28.017℃，最低温度为–9.8343℃。

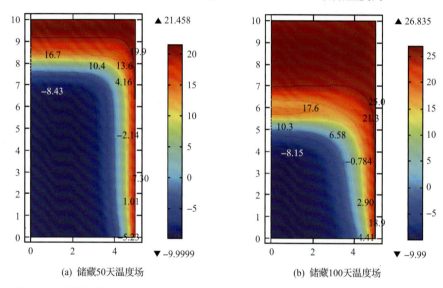

图5.25　粮堆初始温度为–10℃和水分为12%时不考虑呼吸作用的温度场(单位：℃)

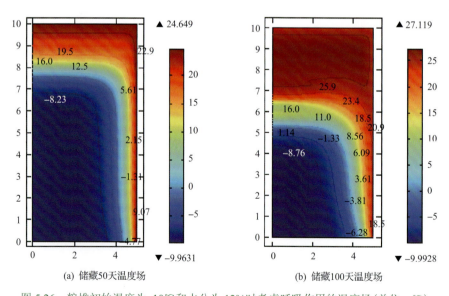

图5.26　粮堆初始温度为–10℃和水分为12%时考虑呼吸作用的温度场(单位：℃)

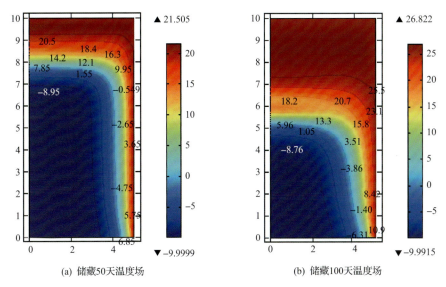

(a) 储藏50天温度场          (b) 储藏100天温度场

图 5.27 粮堆初始温度为–10℃和水分为 14%时不考虑呼吸作用的温度场(单位：℃)

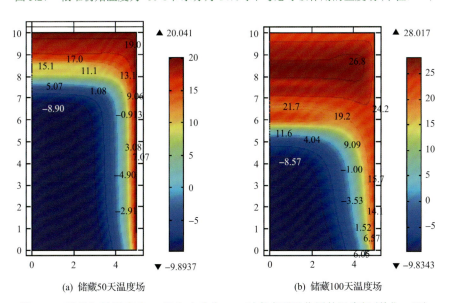

(a) 储藏50天温度场          (b) 储藏100天温度场

图 5.28 粮堆初始温度为–10℃和水分为 14%时考虑呼吸作用的温度场(单位：℃)

因此，夏季工况下，当不考虑呼吸作用的影响时，水分的变化对粮堆温度基本没有影响；当考虑呼吸作用的影响时，粮堆的初始水分从 12%增加到 14%，粮堆的最高温度从 27.119℃增加到 28.017℃。与冬季工况一样，当考虑小麦呼吸作用的影响时，粮堆的温度有所增高。但是，相比于冬季工况，夏季工况时呼吸作用对温度的影响小得多，主要原因是冬季工况下小麦初始温度高(30℃)，呼吸作用较强；而夏季工况时，小麦初始温度较低(–10℃)，低温状态下小麦的呼吸作用大多处于抑制状态，呼吸作用相对较弱，因而夏季工况下粮堆温度的升高没有冬季明显。

### 3. 粮堆内部水分场

### 1) 冬季工况

由图 5.29～图 5.32 可以看出，当初始水分为 12%，且不考虑呼吸作用的影响时，100 天后粮堆的水分含量最高达到 15.401%，最低水分为 11.342%；考虑呼吸作用的影响时，粮堆的水分含量最高为 15.515%，最低为 11.36%。当初始水分为 14%，且不考虑呼吸作用的影响时，100 天后粮堆的水分含量最高达到 19.654%，最低为 13.241%；考虑呼吸作用的影响时，粮堆的水分含量最高达到 20.871%，最低为 13.22%。因此，不考虑呼吸作用的影响时，粮堆的初始水分从 12%增加到 14%导致粮堆 100 天后的最高水分从

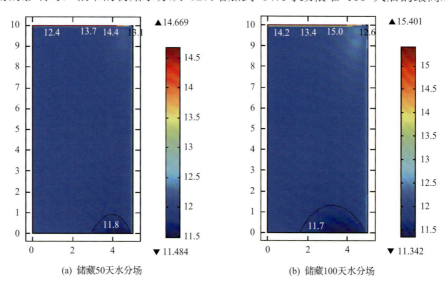

(a) 储藏50天水分场        (b) 储藏100天水分场

图 5.29　粮堆初始温度为 30℃和水分为 12%时不考虑呼吸作用的水分场（单位：%）

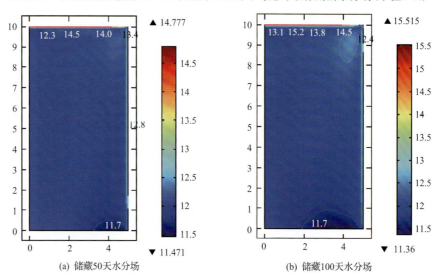

(a) 储藏50天水分场        (b) 储藏100天水分场

图 5.30　粮堆初始温度为 30℃和水分为 12%时考虑呼吸作用的水分场（单位：%）

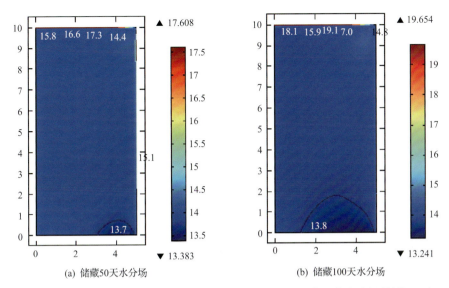

图 5.31 粮堆初始温度为 30℃和水分为 14%时不考虑呼吸作用的水分场(单位：%)

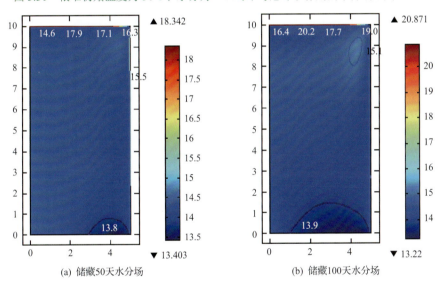

图 5.32 粮堆初始温度为 30℃和水分为 14%时考虑呼吸作用的水分场(单位：%)

15.401%增加到 19.654%，约增加了 4.25%；当考虑呼吸作用的影响时，粮堆的初始水分从 12%增加到 14%，粮堆 100 天后的最高水分从 15.55%增加到 20.871%，约增加了 5.36%。这说明，高水分粮食在储存过程中，粮堆内部水分迁移较明显；而且考虑呼吸作用的影响时，粮堆内部水分迁移效果更加明显，这主要是因为小麦进行呼吸作用时不仅会产生热量，还会产生水分，从而导致水分含量增加，而水分的升高又对小麦的呼吸作用有促进作用。

当初始水分为 12%时，考虑呼吸作用的影响时比不考虑时局部水分约升高 0.1%；初始水分为 14%时，考虑呼吸作用的影响时比不考虑时局部水分最大变化可达 1.2%，说明小麦的呼吸作用确实使粮堆水分上升了，而且初始水分为 14%时的增幅明显比初始水分为 12%时高，这也说明了高水分粮食的呼吸作用更强。因此，对于长期密闭储存的粮堆，在数值模拟时需要考虑粮堆的呼吸作用，否则会导致模拟结果的失真。

### 2) 夏季工况

由图 5.33~图 5.36 可以看出，夏季工况下，外界环境温度高于粮堆温度，在水蒸气分压力梯度以及粮堆内部自然对流的共同作用下，粮堆水分向粮堆上部区域迁移，导致粮堆上部水分升高，右下角区域的水分减小。当初始水分为 12%，且不考虑呼吸作用的影响时，100 天后粮堆的水分含量最高达到 12.164%，最低为 8.8295%；考虑呼吸作用的影响时，粮堆的水分含量最高为 13.519%，最低为 9.0。当初始水分为 14%，且不考虑呼吸作用的影响时，100 天后粮堆的水分含量最高达到 14.218%，最低为 9.9071%；考虑呼吸作用的影响时，粮堆的水分含量最高达到 14.387%，最低为 9.5763%。

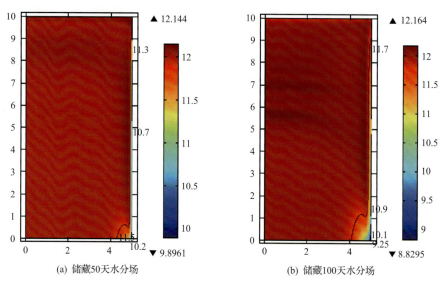

图 5.33　粮堆初始温度为–10℃和水分为 12%时不考虑呼吸作用的水分场（单位：%）

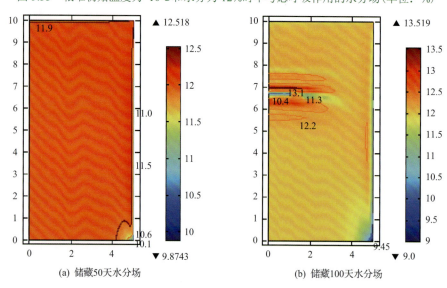

图 5.34　粮堆初始温度为–10℃和水分为 12%时考虑呼吸作用的水分场（单位：%）

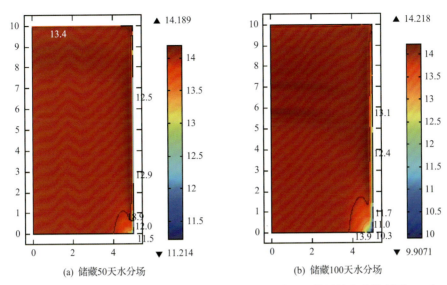

(a) 储藏50天水分场　　　　　(b) 储藏100天水分场

图 5.35　粮堆初始温度为-10℃和水分为 14%时不考虑呼吸作用的水分场（单位：%）

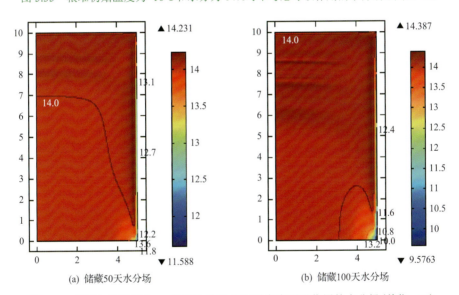

(a) 储藏50天水分场　　　　　(b) 储藏100天水分场

图 5.36　粮堆初始温度为-10℃和水分为 14%时考虑呼吸作用的水分场（单位：%）

　　不难看出，考虑呼吸作用的影响时，当初始水分高时，粮堆内部因水分迁移而导致的变化也更为显著。但是，与冬季工况相比，夏季工况下水分的迁移相对较少。这是因为夏季工况下，初始粮温为-10℃，粮堆的温度相对较低，因此粮堆呼吸作用较弱，呼吸作用产生的水分相对较少；而冬季工况时，初始粮温为 30℃，小麦的呼吸作用非常旺盛，粮堆产生的水分也非常多，此时粮堆内部水分迁移更加明显。

　　当仅考虑初始水分的变化，且不考虑呼吸作用的影响时，无论冬季工况还是夏季工况，初始水分为 14%的情况变化比初始水分为 12%时更加明显，这是因为当初始水分含量较高时，粮堆的饱和水汽分压也更高，水分变化也更剧烈。

### 5.5.4 研究结论

(1)冬季工况下，随着仓外气温的降低，粮堆和外界环境之间产生温度梯度，并在粮堆内部形成顺时针方向的自然对流流动。同时，热量从粮堆内部向粮仓外部传递，粮堆温度变化趋势是从内到外逐渐降低，形成热芯粮。不考虑呼吸作用的影响时，不同初始水分的粮堆，在储存 100 天以后，粮堆温度场的变化趋势基本一致，而且相差不大，说明此时粮堆初始水分对粮堆内部热量传递的影响较小。但是，考虑呼吸作用的影响时，有水分较高的粮食呼吸作用较强，产热产湿较多，导致粮堆内部温升较高，甚至会引起粮食的发热和霉变。

由于粮堆内部水蒸气分压是与温度成正比的，所以粮堆内部同时会形成水蒸气梯度。在水蒸气梯度和自然对流的协同作用下，粮堆内部会发生水分的迁移，使得粮堆上部和右上角区域水分明显升高，而粮堆右下角区域水分减小，导致粮堆水分的再分配。而且，高水分粮食在密闭储存过程中，粮堆内部水分迁移明显，当考虑呼吸作用的影响时，粮堆内部水分迁移效果更加明显，这主要是因为小麦进行呼吸作用时不仅会产生热量，还会产生水分，从而导致水分含量增加，而水分的升高又对小麦的呼吸作用有促进作用。

(2)夏季工况下，随着仓外气温的升高，粮堆和外界环境之间产生温度梯度，并在粮堆内部形成逆时针方向的自然对流流动。同时，热量从粮仓外部向粮堆内部传递，粮堆温度变化趋势是从内到外逐渐升高，形成冷芯粮。不考虑呼吸作用的影响时，不同初始水分的粮堆，在储存 100 天以后，粮堆温度场的变化趋势基本一致，而且相差不大，说明粮堆初始水分对粮堆内部热量传递的影响较小。但是，考虑呼吸作用的影响时，由于粮堆初始温度较低，粮堆呼吸作用不强，不同初始水分的粮堆在储存 100 天以后，由于呼吸作用而引起的粮堆温升较低。

同时，夏季工况下，在水蒸气压力梯度以及粮堆内部自然对流的共同作用下，粮堆水分向粮堆上部迁移，导致粮堆上部水分升高，右下角区域的水分减小。考虑呼吸作用的影响时，当初始水分较高时，粮堆内部因水分迁移而导致的变化也更为显著。但是，夏季工况下，由于粮堆的温度相对较低，粮堆呼吸作用较弱，呼吸作用产生的水分相对较少，与冬季工况相比，夏季工况下水分的迁移相对较少，粮堆内部水分变化不明显。

(3)无论冬季还是夏季，粮堆内部存在呼吸作用，密闭储存的高水分粮食的呼吸作用更强，而且粮堆呼吸作用会产生热量和水分，导致粮堆温度和水分升高，并加剧粮堆内部的水分迁移。因此，对于长期密闭储存的粮堆，在数值模拟时需要考虑粮堆的呼吸作用，否则会导致模拟结果的失真。

(4)无论冬季储粮还是夏季储粮，粮堆内部的粮温可能都会超过 25℃ 不能保证粮食的安全储存，必须要进行通风降温的操作。

## 5.6 钢板圆筒仓内自然对流对粮堆内热湿耦合传递的数值分析

### 5.6.1 物理和数学模型及模拟条件

本节选取高度 $H$ 为 16m、半径 $R$ 为 5m 的圆筒仓为研究对象，圆筒仓上部是空气区域，下部堆积有小麦颗粒，小麦堆积的高度 $H_1$ 为 10m，如图 5.37 所示。

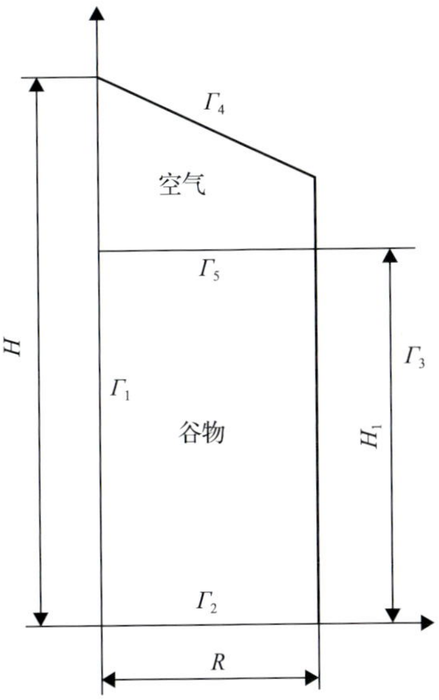

图 5.37　研究物理模型图

假设圆筒仓内部的空气是不可压缩的，除了密度其他热物性参数为常数，且圆筒仓内部由于温差具有浮升力。圆筒仓内小麦颗粒静态床是各向同性的均质多孔介质，并且认为小麦颗粒与周围空气之间处于局部热力学平衡。在粮食储藏系统中，圆筒仓中粮堆的渗透率为 $10^{-8}$ 数量级，对应于达西数为 $10^{-9}$ 数量级[29]。因此，选取 Darcy-Brinkmann 方程来描述多孔介质内部的空气流动。

对于圆筒仓上部的空气区域，其自然对流和热平衡方程的圆柱坐标形式如下。

连续方程：

$$\frac{\partial v_r}{\partial r} + \frac{\partial v_r}{r} + \frac{\partial v_z}{\partial z} = 0 \tag{5.32}$$

动量方程：

$$\rho_a\left(\frac{\partial v_r}{\partial t} + v_r\frac{\partial v_r}{\partial r} + v_z\frac{\partial v_r}{\partial z}\right) = -\frac{\partial p}{\partial r} + \mu\left\{\frac{\partial}{\partial r}\left[\frac{1}{r}\frac{\partial}{\partial r}(rv_r)\right] + \frac{\partial^2 v_r}{\partial z^2}\right\} \tag{5.33}$$

$$\rho_a\left(\frac{\partial v_z}{\partial t} + v_r\frac{\partial v_z}{\partial r} + v_z\frac{\partial v_z}{\partial z}\right) = -\frac{\partial p}{\partial z} + \mu\left[\frac{1}{r}\frac{\partial}{\partial r}\left(r\frac{\partial v_z}{\partial r}\right) + \frac{\partial^2 v_z}{\partial z^2}\right] + \rho_0 g\left[1 - \beta(T - T_0)\right] \tag{5.34}$$

能量方程：

$$(\rho_a c_a)\frac{\partial T}{\partial t} + (\rho_a c_a)\left(v_r\frac{\partial T}{\partial r} + v_z\frac{\partial T}{\partial z}\right) = \frac{1}{r}\left[\frac{\partial}{\partial r}\left(rk_a\frac{\partial T}{\partial r}\right) + \frac{\partial}{\partial z}\left(rk_a\frac{\partial T}{\partial z}\right)\right] \tag{5.35}$$

式中，$v_r$ 和 $v_z$ 分别为径向和轴向的空气流动速度；$\rho_a$ 为空气密度；$\mu$ 为空气的动力黏度；$p$ 为空气的压强；$T$ 为温度；$\rho_0$ 为温度为 $T_0$ 时空气的密度；$T_0$ 为参考温度，$T_0 = (T_{\mathrm{ini}} + T_{\mathrm{amb}})/2$，$T_{\mathrm{ini}}$ 为初始温度，$T_{\mathrm{amb}}$ 为环境温度；$\beta$ 为空气的体积膨胀系数；$c_a$ 和 $k_a$ 分别为空气的比热容和导热系数。

基于 Darcy-Brinkmann 方程[30]和 Khankari 等[31]的分析，圆筒仓粮堆内自然对流、热平衡和水分迁移方程如下。

连续方程：

$$\frac{\partial v_r}{\partial r} + \frac{\partial v_r}{r} + \frac{\partial v_z}{\partial z} = 0 \tag{5.36}$$

动量方程：

$$\rho_a \left[ \frac{\partial v_r}{\partial t} + \frac{1}{\varepsilon} \left( v_r \frac{\partial v_r}{\partial r} + v_z \frac{\partial v_r}{\partial z} \right) \right] = -\frac{\partial p}{\partial r} + \mu \left[ \frac{\partial}{\partial r} \left( \frac{1}{r} \frac{\partial}{\partial r} (r v_r) \right) + \frac{\partial^2 v_r}{\partial z^2} \right] - \frac{\varepsilon \mu}{K} v_r \tag{5.37}$$

$$\rho_a \left[ \frac{\partial v_z}{\partial t} + \frac{1}{\varepsilon} \left( v_r \frac{\partial v_z}{\partial r} + v_z \frac{\partial v_z}{\partial z} \right) \right] = -\frac{\partial p}{\partial z} + \mu \left[ \frac{1}{r} \frac{\partial}{\partial r} \left( r \frac{\partial v_z}{\partial r} \right) + \frac{\partial^2 v_z}{\partial z^2} \right] - \frac{\varepsilon \mu}{K} v_z + \rho_0 g \left[ 1 - \beta (T - T_0) \right]$$

$$\tag{5.38}$$

能量方程：

$$(\rho_b c_b) \frac{\partial T}{\partial t} + (\rho_a c_a) \left( v_r \frac{\partial T}{\partial r} + v_z \frac{\partial T}{\partial z} \right) = \frac{1}{r} \left[ \frac{\partial}{\partial r} \left( r k_b \frac{\partial T}{\partial r} \right) + \frac{\partial}{\partial z} \left( r k_b \frac{\partial T}{\partial z} \right) \right] + \rho_b h_{fg} \frac{\partial W_d}{\partial t} \tag{5.39}$$

水分迁移方程：

$$\rho_b \frac{\partial W_d}{\partial t} + \frac{\sigma}{R_v T} \left( v_r \frac{\partial W_d}{\partial r} + v_z \frac{\partial W_d}{\partial z} \right) = \frac{1}{r} \left[ \frac{\partial}{\partial r} \left( r D_M \frac{\partial W_d}{\partial r} \right) + \frac{\partial}{\partial z} \left( r D_M \frac{\partial W_d}{\partial z} \right) \right]$$

$$+ \frac{1}{r} \left[ \frac{\partial}{\partial r} \left( r D_T \frac{\partial T}{\partial r} \right) + \frac{\partial}{\partial z} \left( r D_T \frac{\partial T}{\partial z} \right) \right] - \frac{\omega}{R_v T} \left( v_r \frac{\partial T}{\partial r} + v_z \frac{\partial T}{\partial z} \right) \tag{5.40}$$

式中，$\varepsilon$、$\tau$ 和 $K$ 为多孔介质的孔隙率、迁曲度和渗透率；$\rho_b$、$k_b$ 和 $c_b$ 为粮堆(小麦)的容重、有效导热系数和比热容；$W_d$ 为吸湿性多孔介质的干基水分；$h_{fg}$ 为小麦颗粒的吸湿或解吸湿热；$D_M$ 为水分梯度引起的水分扩散系数；$D_T$ 为温度梯度引起的水分扩散系数；$\sigma$ 为一定温度时由水分导致的水蒸气分压；$\omega$ 为一定水分时由温度导致的水蒸气分压；$R_v$ 为水蒸气的气体常数。

根据 Khankari 等研究报告，可以得到

$$D_M = D_{\mathrm{eff}} \sigma \tag{5.41}$$

$$D_T = D_{\mathrm{eff}} \omega \tag{5.42}$$

$$D_{\text{eff}} = D_v \varepsilon / (R_v \tau T) \tag{5.43}$$

$$\sigma = p_{sb} \exp\left[-K_H (T - 273.15 + C_H)(100W_d)^N\right]\left[K_H (T - 273.15 + C_H)(100W_d)^{N-1} \times 100N\right] \tag{5.44}$$

$$\omega = \frac{p_v}{p_{sb}} \frac{\mathrm{d}p_{sb}}{\mathrm{d}T} + p_{sb}\left[K_H (100W_d)^N\right]\left(1 - \frac{p_s}{p_{sb}}\right) \tag{5.45}$$

$$p_s = p_{sb}\left\{1 - \exp\left[-K_H (T - 273.15 + C_H)(100W_d)^N\right]\right\} \tag{5.46}$$

$$p_{sb} = \exp\left[54.12 - (6547.1 / T) - 4.230\ln T\right] \tag{5.47}$$

$$D_v = \frac{9.1 \times 10^{-9} T^{2.5}}{T + 245.18} \tag{5.48}$$

式中，$K_H = 2.31 \times 10^{-5}$；$C_H = 55.813$；$N = 2.2857$；$h_{fg} = 2476.55\text{kJ} / \text{kg}$。

由式(5.32)～式(5.48)可以看出，本书建立的数学模型与已报道的方程是不同的，其区别在于两方面，一是本书模型充分考虑了自然对流对粮堆内部热湿传递的影响，这更加接近真实情况；二是该模型描述的是由纯空气和粮堆组成的双区域的自然对流扩散。方程(5.39)等号右边最后一项为热源项，它代表小麦颗粒吸湿或解吸湿热。方程(5.40)为描述水分迁移的对流扩散方程，与古典对流扩散方程相比，方程右边最后两项代表的是由温度梯度导致的水分迁移。方程(5.43)描述的是水分扩散系数与粮粒周围空气中水蒸气扩散系数的关系。方程(5.46)为基于粮粒等温吸附方程的粮堆孔隙内空气中水蒸气分压力与粮粒水分和温度的关系式。

应当指出的是，方程(5.40)中粮粒等温吸附(吸湿和解吸湿性)的效果是通过扩散率($D_M$ 和 $D_T$)影响粮堆中的水分迁移。在方程(5.44)和方程(5.45)中，$p_s$ 为谷粒间空气中饱和蒸汽压，$p_v$ 为谷粒间空气中的水蒸气分压。$\sigma$ 和 $\omega$ 与粮堆温度和水分之间的关系如图5.5和图5.6所示。由图5.5和图5.6可以看出，$\sigma$ 和 $\omega$ 随着温度的增加而增加，导致较大的温度梯度，同时引起的水分传输特性产生了较大的差值。对于一定温度，当粮堆湿基水分超过22%时，$\sigma$ 基本可以忽略不计，$\omega$ 也不再变化。因此，在较高的水分含量时，水分迁移将仅由温度梯度控制，水分梯度影响可以忽略，这与Stewart[32]的研究结果是一致的。

### 5.6.2　初始和边界条件

如图5.37所示，本书的研究对象为圆筒仓，直径为10m，高度为16m，仓内装有高度为10m的小麦，通常情况下其密封性能良好，因此可以忽略圆筒仓内外的水汽交换，只考虑粮仓内外的热量交换。

初始条件和边界条件如下。

初始条件：$T(r,z,t=0) = T_{\text{ini}}(r,z)$，$W_g(r,z,t=0) = W_0(r,z) \text{ in } \Omega$。

边界条件：$\boldsymbol{n} \cdot \boldsymbol{v} = 0$ on $\varGamma_1 + \varGamma_2 + \varGamma_3 + \varGamma_4$，$\dfrac{\partial T}{\partial n} = 0$ on $\varGamma_1 + \varGamma_2$，$T = T_{\text{大气}}$ on $\varGamma_3 + \varGamma_4$，

$\dfrac{\partial W_g}{\partial n} = 0$ on $\varGamma_1 + \varGamma_2 + \varGamma_3 + \varGamma_5$，$T|_{\text{粮堆}} = T|_{\text{纯空气}}$，$k_b \dfrac{\partial T}{\partial n}\Big|_{\text{粮堆}} = k_a \dfrac{\partial T}{\partial n}\Big|_{\text{纯空气}}$ on $\varGamma_5$。

对于多孔介质(粮堆)与纯空气区域交界面上的空气流动的条件，Brinkman[30]在达西方程基础上，通过保留黏性项在达西方程中，使得交界面两侧的速度和应力达到匹配。由于本书建立的模型使用的是 Darcy-Brinkmann 方程，所以速度梯度和切向应力在交界面上是连续的，Singh 等[29]的研究也证明了这一点。

本节模拟分为四种工况。四种工况近似于夏季和冬季时的储粮情况，并且模拟计算了 150 天的冬季和夏季极端条件下粮堆内部温度和水分变化情况。模拟初始条件和边界条件见表 5.3，其中湿基水分与干基水分的关系为 $W_w = W_d / (1 + W_d) \times 100$，即湿基水分为 14% 和 16%（湿基）对应于干基水分 0.1628 和 0.1905。另外，散装小麦和空气的相关参数见表 5.4。其中，边界条件中大气温度取为冬夏季的平均温度，并且认为壁面的温度等于冬夏季大气的平均温度。

表 5.3　粮堆(小麦)初始条件和边界条件

| 工况 | 粮堆初始湿基水分/% | 粮堆初始温度/℃ | 边界条件/℃ |
|---|---|---|---|
| 冬季 1 | 14 | 20(293K) | 0(273K) |
| 夏季 1 | 14 | 0(273K) | 20(293K) |
| 冬季 2 | 16 | 20(293K) | 0(273K) |
| 夏季 2 | 16 | 0(273K) | 20(293K) |

表 5.4　粮堆(小麦)和空气的相关参数

| | 物性参数 | 参数值 |
|---|---|---|
| 粮堆(小麦)参数[7] | 容重 $\rho_b$ /(kg/m$^3$) | 800 |
| | 导热系数 $k_b$ /(W/(m·K)) | $0.117 + 0.00113 W_w$ |
| | 比热容 $c_b$ /(J/(kg·K)) | $1.398 + 0.0409 W_w$ |
| | 渗透率 $K$/m$^2$ | $5.96 \times 10^{-9}$ |
| | 孔隙率 $\varepsilon$ | 0.4 |
| | 迂曲度 $\tau$ | 1.53 |
| 空气参数[7] | 密度 $\rho_a$ /(kg/m$^3$) | 1.225 |
| | 导热系数 $k_a$ /(W/(m·K)) | 0.0242 |
| | 比热容 $c_a$ /(J/(kg·K)) | 1006.43 |
| | 动力黏度 $\mu$ /(Pa·s) | $1.79 \times 10^{-5}$ |

利用已建立和验证过的数学模型，采用有限元方法对圆筒仓内自然对流流动、热量传递和水分迁移进行数值模拟计算。由于圆筒仓是轴对称的，使用柱坐标对半个圆筒仓进行模拟计算。计算区域的网格为非均匀网格，即壁面和交界面处网格较密，其他区域网格较稀。

如前面所述，自然对流流动的边界都被认为是无滑移边界，水分迁移的边界都被认为是不可渗透的边界。左侧边界为轴对称边界，底部边界被假定是绝热的边界，顶部边界温度和外壁温度被假定等于大气环境的温度。粮堆区域与上部纯空气区域的交界面两侧的速度和切向应力是连续的。

### 5.6.3　结果及分析

图 5.38 和图 5.39 显示的是粮堆初始温度和外界大气温度分别为 20℃和 0℃(近似冬季储藏情况)、初始水分分别为 14%和 16%时，储藏 150 天时仓内流场、温度场和水分场。由图 5.38(a)和图 5.39(a)可以看出，仓外大气温度的季节性变化和昼夜性变化，加之粮堆具有热惰性，使得粮堆内部容易产生温度梯度。在温度梯度的作用下，此时仓内形成了顺时针方向的自然对流流场，流场的速度范围在 $10^{-5}\sim10^{-4}$ m/s。相对而言，圆筒仓上部纯空气区域的速度大于下部粮堆内部的空气速度，在粮堆内部靠近粮堆右侧壁面的自然对流流动较强一些。由图 5.38(b)和图 5.39(b)可以看出，由于冬季外界大气温度低于粮堆的初始温度，在导热和对流的共同作用下在粮堆内部形成了温度梯度，使得热量从粮堆内部向外部和顶部传递，导致粮堆内部由里向外温度逐步降低，但在 150 天时粮堆左下角粮堆的温度基本不变。

图 5.38(c)和图 5.39(c)表明，在冬季条件下，由于自然对流作用和粮粒吸湿/解吸湿效应，粮堆水分从右下角向粮堆的左上角和右侧壁面附近迁移，导致水分在这些区域集聚，其中，粮堆左上角的水分最高，右下角水分最低。分析其原因，主要是粮粒具有吸湿/解吸湿特性，通过粮粒的解吸湿释放水分转变成水蒸气进入粮堆中的热空气中，并通过空气自然对流运动把水蒸气带到较冷的区域并被吸湿而增加局部粮粒的水分。因此，可以看出，此时粮堆内部发生了水分的迁移和再分配，当粮堆局部水分超过安全水分时，粮食就可能发生霉变变质。

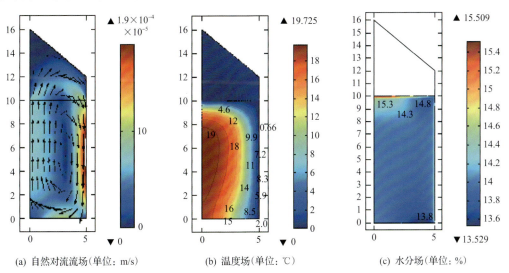

(a) 自然对流流场(单位：m/s)　　　(b) 温度场(单位：℃)　　　(c) 水分场(单位：%)

图 5.38　冬季储藏 150 天时圆筒仓内流场、温度场和水分场
(初始水分为 14%；初始温度为 20℃；大气温度为 0℃)

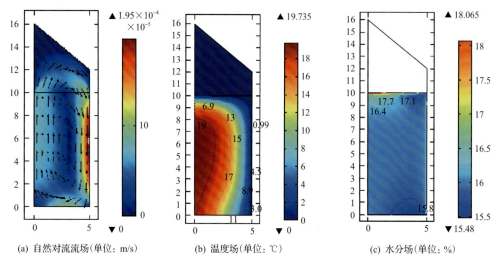

(a) 自然对流流场(单位: m/s)　　(b) 温度场(单位: ℃)　　(c) 水分场(单位: %)

图 5.39　冬季储藏 150 天时圆筒仓内流场、温度场和水分场
(初始水分为 16%；初始温度为 20℃；大气温度为 0℃)

　　图 5.40 和图 5.41 显示的是粮堆初始温度和外界大气温度分别为 0℃和 20℃(近似夏季储藏情况)、初始水分分别为 14%和 16%时，储藏 150 天时仓内流场、温度场和水分场。由图 5.40(a) 和图 5.41(a) 可以看出，与冬季不同的是仓内形成了逆时针方向的自然对流流场，粮堆内部靠近右侧壁面的自然对流流动相对较强一些，流场的速度范围在 $10^{-5}\sim10^{-4}$ m/s。由图 5.40(b) 和图 5.41(b) 可以发现，夏季粮堆的初始温度低于外界大气温度，使得热量从外部和顶部向粮堆内部传递，导致粮堆内部由外向里温度逐步升高，但在 150 天时粮堆左下角温度基本不变。由图 5.40(c) 和图 5.41(c) 可以看出，在夏季储藏期，粮堆水分从粮堆顶部和右侧壁面向里迁移，导致粮堆的上部区域($r<4\text{m}$, $8.5\text{m}<z<9.7\text{m}$)水分升高。相对于冬季储藏期，这个高水分区域较宽也较厚，这与 Hellevang 等[28]得到的结果一致。

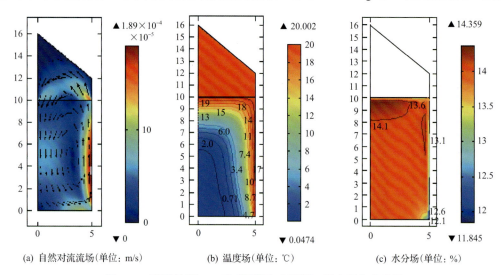

(a) 自然对流流场(单位: m/s)　　(b) 温度场(单位: ℃)　　(c) 水分场(单位: %)

图 5.40　夏季储藏 150 天时圆筒仓内流场、温度场和水分场
(初始水分为 14%；初始温度为 0℃；大气温度为 20℃)

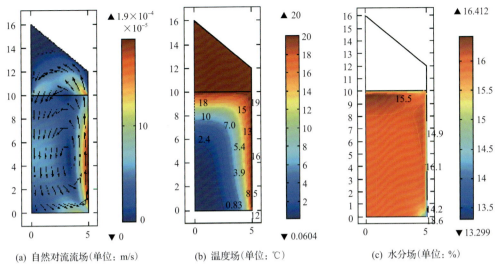

(a) 自然对流流场(单位: m/s)　　　(b) 温度场(单位: ℃)　　　(c) 水分场(单位: %)

图5.41　夏季储藏150天时圆筒仓内流场、温度场和水分场
(初始水分为16%；初始温度为0℃；大气温度为20℃)

　　比较图5.38(c)和图5.39(c)或图5.40(c)和图5.41(c)可以看到，当粮堆的初始温度和外界大气温度相同时，当粮堆的初始水分由14%升高到16%时，粮堆内部水分变化的幅度(最高水分与最低水分之差)略有增大，但水分分布格局基本相同。分析其原因，主要是水分较高时，小麦颗粒在吸湿或解吸湿过程中，水蒸气分压随温度变化而增大，在相同温度差时水分的扩散作用增强。比较图5.38(c)和图5.40(c)或图5.39(c)和图5.41(c)可以看到，当粮堆的初始水分相同时，相对于冬季储藏期，夏季储藏期由于水分迁移过程而导致的粮堆内部水分升高幅度较小。

　　通过以上分析可以看出，在粮食密闭储藏过程中，无论冬季还是夏季，粮堆内部的水分都会发生转移并导致局部水分的升高，一旦超过粮食储藏的安全水分，可能引起粮食发热霉变，甚至变质。因此，在储粮过程中，应该对敏感部位的粮食进行重点监测，发现局部粮食有水分升高的现象，应及时处理。例如，冬季时，应重点对粮堆顶部和仓壁附近区域的粮食进行监测，发现该区域粮食水分超过安全水分时，应进行局部干燥通风处理，以降低该区域粮食的水分或将顶部区域局部高水分粮食移到粮库外进行晾晒；夏季时，应重点监测粮堆上半部区域粮食的水分，当该区域粮食水分升高时，应及时进行干燥通风处理以降低该区域粮食的水分。

## 5.6.4　研究结论

　　本书以典型吸湿性多孔介质(小麦)为研究对象，根据小麦吸湿/解吸湿方程，建立了吸湿性多孔介质内部热湿耦合传递的数学模型，基于有限元方法模拟分析了外界大气温度分别为273K(0℃)和293K(20℃)、小麦初始温度分别为293K(20℃)和273K(0℃)，小麦初始水分为14%和16%时浅圆仓内部的热湿迁移过程，重点探究了近似冬季工况时和夏季工况时仓储粮堆内部温度和水分的动态变化规律。

　　研究结论如下：

（1）冬夏两季都会在粮堆内部形成空气自然对流运动，夏季时在粮堆中形成逆时针方向的自然对流流动，冬季时则为顺时针方向。冬夏两季圆筒仓上部纯空气区域自然对流流动强于下部粮堆内部自然对流流动，而粮堆右侧边界和右下角的自然对流流动相比较其他区域要强，粮堆内部自然对流流动速度在 $10^{-5} \sim 10^{-4}$ m/s 数量级。

（2）在冬季和夏季储藏期内，由于自然对流和导热的作用，粮堆内部存在径向和轴向的温度梯度，储藏 150 天时温度前沿尚未到达粮堆的左下角。

（3）在冬季储藏期内，水分向右侧壁面附近的狭长区域和粮堆表面以下左上部的三角形区域迁移，最大水分含量出现在左上角。在夏天储存期内，水分主要向粮堆上部局部区域（$r<4$m，$8.5$m$<z<9.7$m）聚集。在相同的初始粮堆温度和环境温度情况下，粮堆初始水分从 14% 增加到 16% 时，粮堆内部水分迁移导致的水分变化幅度也增大，而在相同的初始水分条件下，水分迁移过程中夏季储藏期水分升高的幅度低于冬季储藏期。

## 5.7    影响仓储粮堆内部自然对流和热湿传递过程的数学分析

温度和水分是影响粮食安全储存的主要因素，准确预测粮仓中粮食的温度和水分是至关重要的。由于储粮的温度由周围的天气条件决定，所以周围天气的变化会影响到储粮的温度。同时，在温度梯度的作用下，粮堆内部形成自然对流运动，它也会促进粮堆内部的水分迁移，从而导致仓储粮堆的水分发生迁移和再分配。为了探究非人工干预条件下粮堆内部温度和水分变化的规律，首先需要了解和掌握粮堆内部自然对流和热湿传递过程。

Converse 等[33]采用实验研究和数值模拟相结合的方法，对圆筒仓内部温度和水分变换规律进行了研究。Yaciuk 等[34]、Jiang 等[35]建立了在粮堆内部以导热为主要热量传递的模型，忽略了自然对流的影响，并对仓储粮食内部的温度变化进行了模拟分析。该研究认为，粮食在储存过程中会发生自然对流，但对储粮的温度并没有太大的影响。Jian 等[1]采用长期（15 个月）现场观测的方法调查了位于加拿大北部的金属钢板仓内部的小麦温度和水分变化规律，调查发现仓内小麦温度变化的峰谷值比仓外气温变化的峰谷值推迟一个月，而且在温度梯度的作用下，在粮仓内产生了空气的自然对流，导致仓内粮食水分的迁移。

Beukema 等[36]对矩形粮仓中的自然对流和传热过程进行了研究，结果表明，自然对流会影响粮堆内部的热量传递。自然对流作用会使传热率升高，最终使温度达到一个稳定状态；数学模型中不考虑自然对流项时，计算出的温度会比考虑自然对流项时得到的温度值低 11%。Nguyen[37]发展了一个二维的瞬态模型来描述由粮堆内部的自然对流而引起的水分迁移过程，但忽视了扩散引起的水分迁移。Khankari 等[8,31]对仓储粮堆内部由温度梯度及自然对流引起的温度和水分变化规律进行了研究，且考虑了由温度梯度引起的自然对流对储粮中热湿迁移的影响。王远成等[13-15]对圆筒仓和房式仓内粮堆的微气流流动、温度和水分随仓外大气温度的改变而变化的规律进行了数值模拟研究。研究发现，在非人工干预的情况下，尽管粮堆内部的自然对流流动微弱，但对粮堆内部的水分迁移产生影响，而且粮堆内部热量传递和水分迁移过程是相互耦合的。

基于仓储粮堆内部自然对流、热湿耦合传递的数学模型，本节对仓储粮堆内部热湿耦合传递过程进行数学分析，得到描述仓储粮堆自然对流强度的无量纲参数——瑞利数，并探究瑞利数对仓储粮堆内部热量传递及水分迁移的影响；同时分析仓型、粮种、仓外大气温度及呼吸作用对仓储粮堆内部自然对流、热量传递和水分迁移的影响，得到粮仓内部小麦和玉米储藏过程中自然对流和热量传递及水分迁移的特征。

### 5.7.1　粮堆内部自然对流和热湿传递过程的数学分析及验证

#### 1. 仓储粮堆内部自然对流的瑞利数

对仓储粮堆内部自然对流、热湿耦合传递的数学模型[13-16]进行数学变换，并引入流函数 $\psi$，可以推导出：

$$0 = \frac{\partial^2 \psi}{\partial x^2} + \frac{\partial^2 \psi}{\partial y^2} + \frac{Ra\alpha_k}{H\theta_A}\frac{\partial T}{\partial x} \tag{5.49}$$

式中，$H$ 为粮仓中粮堆的高度；$T$ 为空气和多孔介质混合的热力学温度；$\theta_A$ 为粮仓周围空气温度变化幅度；$\alpha_k$ 为粮堆热扩散系数；$Ra$ 为瑞利数。

方程(5.49)中 $Ra$ 是描述粮堆中自然对流强弱的无量纲数——瑞利数，其表达式如下：

$$Ra = \frac{K\rho_a g\beta\theta_A H}{\mu\alpha_k} \tag{5.50}$$

不难看出，瑞利数是反映粮堆内部自然对流强弱的无量纲数，可以反映自然对流流动对对流换热强度的影响，与渗透率 $K$、仓外大气温度变化幅度 $A$、粮堆热扩散系数 $\alpha_k$ 以及粮堆内部的空气的热物性参数有关。不同粮种的显著差异项是渗透率 $K$ 和粮堆热扩散系数 $\alpha_k$。$\theta_A$ 和 $\beta$ 受周围环境温度的影响，而渗透率 $K$ 主要与粮粒等效直径及孔隙率有关。

#### 2. 粮堆内部的自然对流流动

由于密闭粮仓内部压力变化很小，即 $\partial p$ 为 $10^0$ 数量级，粮堆跨度 $\partial x \approx 12$，粮堆高度 $\partial y \approx 6$。而且，考虑粮堆内的小麦渗透率 $K = 5.96 \times 10^{-9}\text{m}^2$ 和空气的运动黏度 $\mu = 1.79 \times 10^{-5}\text{Pa·s}$，密度 $\rho_a = 1.23\text{ kg/m}^3$，空气的体积膨胀系数 $\beta = 0.0034$，仓外大气温度与粮堆平均温度之差 $T - T_a = 15℃$。对描述粮堆内部流动的达西方程[8,13-15]进行近似分析，可以得到

$$u = -\frac{5.69 \times 10^{-9}}{1.79 \times 10^{-5}}\frac{1}{12} = 2.65 \times 10^{-5}\text{(m/s)}$$

$$v = -\frac{0.243 \times 5.69 \times 10^{-9}}{1.79 \times 10^{-5}}\left[\frac{1}{6} + 1.23(1 - 0.0034 \times 15 \times 9.8)\right] = 5.15 \times 10^{-5}\text{(m/s)} = 0.185\text{(m/h)}$$

式中，$u$ 和 $v$ 分别为 $x$、$y$ 方向上粮堆内部空气的流动速度，$u = -\dfrac{K}{\mu}\dfrac{\partial p}{\partial x}$，$v = -\dfrac{K}{\mu}$

$\left\{\dfrac{\partial p}{\partial y} + \rho_a\left[1 - \beta(T - T_a)\right]g\right\}$。可以看出，粮堆内部自然对流的速度很小，平均速度的数量级为 $10^{-5}$ m/s，而且垂直方向的平均速度大于水平方向的平均速度。粮堆内部自然对流运动是微弱的，因此，称为微气流。图 5.42 和图 5.43 分别为浅圆仓和房式仓内部的自然对流流场的数值模拟结果。由图 5.40 和图 5.41 也可以看出，粮堆内部存在微气流，而且其数量级分为 $10^{-5} \sim 10^{-4}$ m/s。

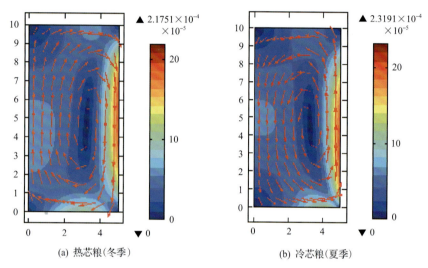

(a) 热芯粮（冬季）    (b) 冷芯粮（夏季）

图 5.42　王远成等模拟的近似冬季和夏季储藏 150 天时浅圆仓内小麦的流场分布（单位：m/s）

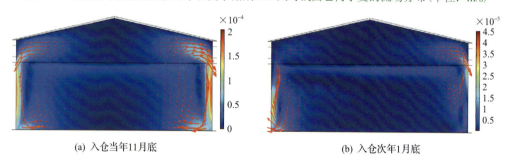

(a) 入仓当年11月底    (b) 入仓次年1月底

图 5.43　王远成等模拟的跨度为 22m、粮堆高度为 5m 的房式仓内稻谷的流场分布（单位：m/s）

### 3. 自然对流对传热过程的影响

由前面的分析可知，粮堆内部自然对流强弱的影响因素主要有仓型结构、粮种物性参数及周围大气温度变化。

#### 1) 仓型结构和粮种物性参数的影响

由粮堆内部空气流动的连续方程[8,13-15]，可得 $u/(L/2) \sim v/H$，并假设粮堆温度的

变化 $\Delta T \sim A$。根据数学分析原理，将式(5.50)写成如下形式：

$$v\left[\left(\frac{L/2}{H}\right)^2 + 1\right] \sim \frac{\alpha \cdot Ra}{H} \text{ 或 } u\left(\frac{H}{L/2} + \frac{L/2}{H}\right) \sim \frac{\alpha \cdot Ra}{H} \tag{5.51}$$

如果自然对流项数量级非常大或者远大于扩散项的数量级，由能量方程得到自然对流项和扩散项之间的关系为

$$\gamma\left(u\frac{\Delta T}{L/2} + v\frac{\Delta T}{H}\right) \geqslant \alpha\left(\frac{\Delta T}{L^2/4} + \frac{\Delta T}{H^2}\right) \tag{5.52}$$

因此，自然对流项数量级大于传导项时，有

$$4\gamma u / L \geqslant \alpha\left(\frac{1}{L^2/4} + \frac{1}{H^2}\right) \tag{5.53}$$

将式(5.53)代入式(5.51)，可得以下方程。

房式仓：

$$Ra \geqslant \left[2 + \left(\frac{H}{L/2}\right)^2 + \left(\frac{L/2}{H}\right)^2\right]\frac{1}{2\gamma} \tag{5.54a}$$

浅圆仓：

$$Ra \geqslant \left[2 + \left(\frac{H}{R}\right)^2 + \left(\frac{R}{H}\right)^2\right]\frac{1}{2\gamma} \tag{5.54b}$$

式中，$\gamma = \dfrac{\rho_a c_a}{\rho_b c_b}$，$\rho_a$、$c_a$ 为空气的密度和比热容；$\rho_b$、$c_b$ 和 $k_b$ 为粮堆的容重、比热容和有效导热系数。从式(5.54)可以看出，如果房式仓的 $H/L=1/2$ 或浅圆仓的 $H/R=1$，当 $Ra \geqslant \dfrac{2}{\gamma}$ 时，自然对流就显得尤其重要。目前，我国的浅圆仓，其半径 $R$ 为 20～30m，装粮高度 $H$ 为 15～30m，即装粮高度与半径比 $H/R$ 为 1～1.5；对于房式仓，其跨度 $L$ 为 18～30m，装粮高度 $H$ 为 5～8m，所以装粮高度与 $L/2$ 跨度比 $H/(L/2)$ 为 0.4～0.56。

对于小麦，当 $\mu/K = 3\times10^3$，$g = 9.81$，$\alpha = 1.1\times10^{-7}$，$\beta = 3.4\times10^{-3}$，$\gamma = 9.8\times10^{-4}$，$\rho_a = 1.23$，$\rho_a = 1.23$ 时，$Ra/H = 1.86\times10^3$。通过式(5.54)计算可知，当 $H/R=1$，且 $H>1.1$m 或者 $H/R=1.5$，且 $H>1.29$m 时，粮储过程中自然对流作用就会大于热传导作用。若储藏的是玉米，则 $Ra/H = 5.83\times10^3$，当 $H/R=1$，且 $H>0.35$m 或者 $H/R=1.5$，且 $H>0.41$m 时，粮储过程中自然对流(微气流运动)作用就会大于热传导作用。

对于房式仓，$H \approx 6$m。对于小麦，$H>1.92$m；对于玉米，$H>0.61$m，小麦或玉米粮储过程中自然对流(微气流运动)就会大于热传导的作用，而且当粮粒的尺寸较大时，

由于渗透率的增加，自然对流(微气流运动)的影响更加明显。由此可以看出，就目前我国浅圆仓和房式仓的储粮条件，都不可忽略自然对流(微气流运动)的影响。

同时，以小麦在房式仓储藏 9～10 个月($\partial t = 6960h$)为例，房式仓跨度为 12m，即 $\partial x \approx 12$，装粮高度为 6m，即 $\partial y \approx 6$。其间的平均粮温变化为 15℃，即 $\partial T = 15℃$，粮堆内部自然对流(微气流运动)的各向平均速度分别为 $u = 2.65 \times 10^{-5} \, \text{m/s}$，$v = 5.14 \times 10^{-5} \, \text{m/s}$。粮堆跨度 $\partial x \approx 12$，粮堆高度 $\partial y \approx 6$，$\partial W \approx 0.0001\text{kg}$，$k_b = 0.133 \, \text{W/(m·℃)}$，$\rho_a c_a = 1.23(\text{kg/m}^3) \cdot 1006(\text{J/(kg·℃)})$，$\rho_b c_b = 650(\text{kg/m}^3) \cdot 1400(\text{J/(kg·℃)})$，$h_{fg} = 2.47 \times 10^6 \, \text{J/kg}$，$q_r = 0.15 \sim 0.5 \text{W/m}^3$。对能量方程[8,13-15]进行数量级分析，可以得到

$$\frac{15℃}{6960\text{h}}(1) + \frac{1.23\text{kg/m}^3 \cdot 1006\text{J/(kg·℃)}}{650\text{kg/m}^3 \cdot 1400\text{J/(kg·℃)}} \times \left(0.0954\text{m/h} \cdot \frac{15℃}{12\text{m}}(2) + 0.185\text{m/h} \cdot \frac{15℃}{6\text{m}}(3)\right)$$
$$= \frac{0.133\text{W/(m·℃)}}{650\text{kg/m}^3 \cdot 1400\text{J/(kg·℃)}}\left(\frac{15℃}{12\text{m} \cdot 12\text{m}}(4) + \frac{15℃}{6\text{m} \cdot 6\text{m}}(5)\right)$$

$$\text{(5.55a)}$$

即

$$2.16 \times 10^{-3}(1) + (1.65 \times 10^{-4}(2) + 6.39 \times 10^{-4}(3))$$
$$= (5.47 \times 10^{-4}(4) + 2.19 \times 10^{-3}(5)) + 2.5 \times 10^{-5}(6) + (4.17 \times 10^{-5} \sim 1.39 \times 10^{-4})(7) \quad \text{(5.55b)}$$

比较式(5.55b)中各项数量级大小可以看出，粮堆内部自然对流(微气流运动)对热量传递有一定的影响，不可以忽略，也就是说，粮堆的温度主要是导热(式(5.55b)中的第(4)项和第(5)项)和自然对流(式(5.55b)中的第(2)项和第(3)项)作用的结果。另外，比较式(5.55b)中的第(4)项和第(5)项，可以看出，就导热对热量传递的贡献而言，显然，垂直方向的导热的贡献率大于水平方向的贡献率，也就是说，粮堆内部垂直方向的温度变化高于水平方向。

根据前面的数学分析原理和方法，此时，$H/R=2$，对于小麦，当 $H > 1.72\text{m}$ 时，才需要考虑自然对流；但对于玉米，当 $H > 0.55\text{m}$ 时，就需要考虑自然对流。由于该实验工况的粮堆高度 $H=0.572\text{m}$，显然，储存小麦时，实验仓内部的温度主要受导热的影响，而储存玉米时，则是自然对流和热传导共同作用的结果。

图5.44 为王远成等[13]模拟的近似冬季和夏季储藏150 天时浅圆仓内温度场分布，采用的是对流扩散模型，而在相同工况下 Khankari 等[8]采用的是扩散模型(忽略自然对流作用)。由图可以看出，两者模拟结果中等温线略有差异。其原因在于，对于热芯粮，由于壁面附近和右下角的粮堆内部自然对流较强，加速该处热量扩散，所以该处粮温下降较快；对于冷芯粮，由于壁面附近和右上角的粮堆内部自然对流较强，加速该处热量扩散，所以该处粮温下降较快。因此，可以看出忽略自然对流作用的影响，会导致数值模拟结果的差异。

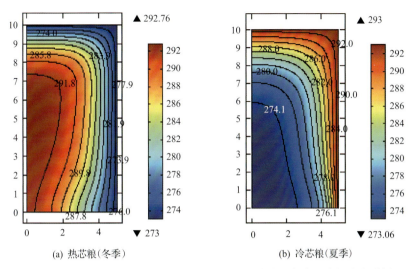

(a) 热芯粮(冬季)　　　　　(b) 冷芯粮(夏季)

图 5.44　王远成等模拟的近似冬季和夏季储藏 150 天时浅圆仓内温度场分布(单位：K)

### 2) 周围大气温度变化的影响

由前所述可知，$Ra/H$ 还取决于环境温度 $T_a$ 和空气温度变化幅度 $A$。图 5.45 为数值模拟的两种圆筒仓内储粮平均温度随瑞利数变化的情况。当粮堆高度与圆筒仓半径不变时，粮堆的温度变化主要随瑞利数改变而改变，而 $Ra$ 体现了环境温度随时间的变化。如图 5.45 所示，一年中的储粮平均温度的最大值，它总是出现在每一年的第 28 周(夏季期间)，恰好在环境温度的最大值出现之后。由图 5.45 可以看出，当 $Ra>10^4$ 时，$H/R=1$ 浅圆仓的平均温度就开始随着 $Ra$ 的增大而升高。而对于 $H/R=10$ 的立筒仓，当 $Ra>10^5$ 时，温度才开始升高。

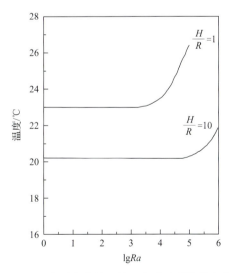

图 5.45　不同仓型内粮堆平均温度随瑞利数的变化规律

由图 5.45 还可以看出，随着周围温度的升高，$H/R=10$ 的立筒仓受周围温度变化产生的影响将会滞后于 $H/R=1$ 的浅圆仓。当 $Ra$ 值较小时，在粮仓中心($r=0$，$z=H/2$)处，热传导控制着热量从周围的高温到中心低温传递。但是，随着 $Ra$ 增加到大约 $10^4$，由于自然对流加速了能量的流动，温度分配更加均匀，这时中心温度接近于平均值。

### 4. 自然对流对水分迁移的影响

对同时期粮堆内部水分迁移方程[8,13-15]进行数量级分析，可以得到

$$1.44\times10^{-8}(1)+(1.77\times10^{-11}(2)+8.91\times10^{-11}(3))+(5.31\times10^{-9}(4)+2.06\times10^{-8}(5))$$
$$=(3.17\times10^{-13}(6)+1.27\times10^{-10}(7))+(4.17\times10^{-10}(8)+1.67\times10^{-9}(9)) \tag{5.56}$$

比较式(5.56)中各项数量级大小，不难看出，自然对流(微气流运动)对水分迁移影响是明显的，也就是说，自然对流(微气流运动)对粮堆内部的水分影响是不可忽略的。图 5.46 为 Khankari 等[8]研究得到的自然对流对粮堆内部水分变化的影响规律。由图 5.46 可以看出，对于小麦，水分迁移主要受扩散作用的影响；对于玉米，控制玉米水分迁移过程主要是对流作用。这也说明，对于颗粒粒径较大的粮种，如玉米，由于其渗透率相对较大，自然对流水分迁移的影响较大。

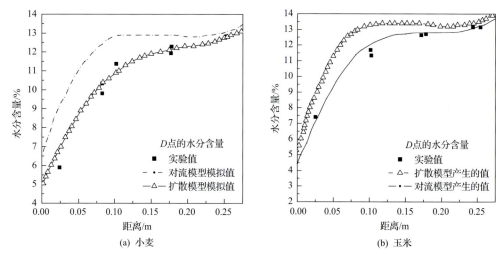

图 5.46    Khankari 等实验与数值模拟结果(水分)的比较

### 5. 热量传递与水分迁移的耦合关系

由式(5.56)中各项的数量级大小可以看出，温度梯度对水分迁移影响较大，也就是说，热量传递影响水分的迁移，而水分梯度的影响相对较小；同时，自然对流也会加剧水分的迁移。比较式(5.55)和式(5.56)可以看出，粮堆内部热量传递和水分迁移是相互耦合的，对于密闭性较好的粮仓，粮堆与仓外的水汽交换较小，粮堆内部平均水分变化率很小，即式(5.55)中第(6)项非常小。因此，相对而言，热量传递对水分迁移影响较大，而水分迁移对热量传递影响较小。

图 5.47 为发生在圆筒仓中心 ($R=0, z=H/2$) 考虑和不考虑水分迁移影响时圆筒仓中心的储粮温度。由图 5.47 可以看出，与没有水分转移情况相比，有水分迁移时圆筒仓中

心的储粮温度值约高 0.5℃。但随着自然对流的增加，即瑞利数 $Ra$ 的增大，两者间差值是减少的。

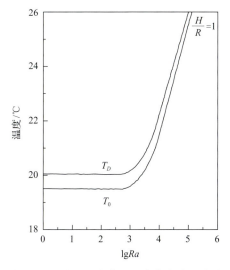

图 5.47　$H/R$=1.0 时 $T_D$ 和 $T_0$ 分别是考虑和不考虑水分迁移时圆筒仓中心的粮温

## 6. 呼吸作用对热量传递的影响

分析式(5.55)还可以看出，尽管粮堆呼吸产热量相对于其他项较小，即方程(5.55)中左侧最后一项较小。但对于长期储藏的粮堆，粮堆呼吸作用对粮堆内部的热量传递的影响具有累加效应，不可忽略。也就是说，长期储藏的粮食可能会因呼吸作用产生的热量而导致粮堆温度的升高，甚至会产生局部发热霉变。图 5.48 为储藏 400 天房式仓中稻谷平均温度的变化规律，可以看出，粮粒呼吸放热会对粮堆内部温度产生一定的影响。

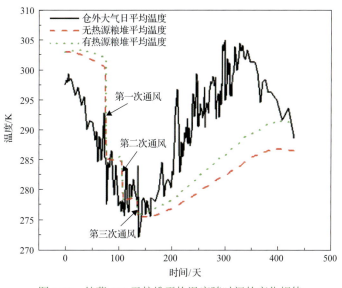

图 5.48　储藏 400 天粮堆平均温度随时间的变化规律

### 5.7.2 结论

通过对仓储粮堆内部自然对流、热湿耦合传递数学模型的近似分析和数值模拟验证，可以得出以下结论：粮堆内部热量传递和水分迁移是相互耦合的，但是热量传递对水分迁移影响较大，而水分迁移对热量传递影响较小。同时，自然对流作用会加剧水分的迁移和再分配。房式仓如果满足 $Ra \geqslant \left[ 2 + \left( \dfrac{H}{L/2} \right)^2 + \left( \dfrac{L/2}{H} \right)^2 \right] \dfrac{1}{2\gamma}$，圆筒仓如果满足 $Ra \geqslant \left[ 2 + \left( \dfrac{H}{R} \right)^2 + \left( \dfrac{R}{H} \right)^2 \right] \dfrac{1}{2\gamma}$，此时储粮的温度变化主要受自然对流的影响，反之，圆筒仓内的储粮温度变化主要受热传导的影响。

当浅圆仓的装粮高度与半径比为 $H/R$=1.0～1.5，房式仓装粮高度与 1/2 跨度比 $H/(L/2)$=0.4～0.56 时，自然对流对仓储粮堆内部的温度和水分影响明显，不可忽视。对于粒径较大的粮粒(如玉米)，相对于粒径较小的粮粒(如小麦)，其内部自然对流作用更强。对于长期储藏的粮堆，粮堆呼吸作用对粮堆内部的热量传递的影响具有累加效应，粮粒呼吸放热会对粮堆内部温度产生一定的影响。

### 参 考 文 献

[1] Jian F, Jayas D S, White N D G. Temperature fluctuations and moisture migration in wheat stored for 15 months in a metal silo in Canada[J]. Journal of Stored Products Research, 2009, 45(2): 82-90.

[2] Philip J R, Devries D A. Moisture movement in porous materials under temperature gradients[J]. Eos Transactions American Geophysical Union, 1957, 38(2): 222-232.

[3] Ruska L, Timar A. Simulation of changes in a wheat storage bin regarding temperature[C]. International Symposia of Risk Factors for Environment and Food Safety& Natural Resources and Sustainable Development, Faculty of Environmental Protection, Oradea, 2009: 276-280.

[4] Jia C, Sun D W, Cao C. Computer simulation of temperature changes in a wheat storage bin[J]. Journal of Stored Products Research, 2001, 37(2): 165-177.

[5] Ali M S, AI-Amri A M, Abbouda S K. Application of a mass transfer model for simulation and prediction of moisture distribution in stored corn grains[J]. Scientific Journal of King Faisal University(Basic and Applied Sciences), 2004, 5: 197-213.

[6] Gastón A, Abalone R, Bartosik R E, et al. Mathematical modelling of heat and moisture transfer of wheat stored in plastic bags (silobags)[J]. Biosystems Engineering, 2009, 104(1): 72-85.

[7] Iguaz A, Arroqui C, Esnoz A, et al. Modelling and validation of heat transfer in stored rough rice without aeration[J]. Biosystems Engineering, 2004, 88(4): 429-439.

[8] Khankari K K, Morey R V, Patankar S V. Mathematical model for moisture diffusion in stored grain due to temperature gradients[J]. Transactions of the ASAE, 1994, 37(5): 1591-1604.

[9] Prusiel J A, Lapko A. Investigation of heat and moisture effects in silos containing agricultural bulk solids[J]. Particle & Particle Systems Characterization, 2007, 24(4-5): 284-290.

[10] Abe T, Basunia M A. Simulation of temperature and moisture changes during storage of rough rice in cylindrical bins owing to weather variability[J]. Journal of Agricultural Engineering Research, 1996, 65(3): 223-233.

[11] 李志民, 孟淑娟, 李宁, 等. 高大平房仓粮堆温度变化研究[J]. 粮油食品科技, 2008, 16(1): 22-23.

[12] 谢静杰, 汪向刚, 黄志俊, 等. 不同仓型仓温仓湿日变化规律探讨[J]. 粮食储藏, 2009, 38(1): 52-56.

[13] 王远成, 亓伟, 张中涛. 圆筒仓内自然对流对粮堆热湿传递的影响研究[J]. 水动力学研究与进展 A 辑, 2014, 29(4): 487-496.

[14] 王远成, 杨开敏, 杨君. 表面辐射对部分填充吸湿性多孔介质的封闭腔体内热湿耦合传递的影响[J]. 化工学报, 2015, 66(S1): 130-137.

[15] 王远成, 白忠权, 张中涛, 等. 仓储粮堆内热湿耦合传递的数值模拟研究[J]. 中国粮油学报, 2015, 30(11): 97-102.

[16] Wang Y C, Yang K M, Zhang Z T, et al. Natural convection heat and moisture transfer with thermal radiation in a cavity partially filled with hygroscopic porous medium[J]. Drying Technology, 2016, 34(3): 275-286.

[17] Wang Y C, Yang J, Pan Y, et al. Turbulent natural convection heat transfer with thermal radiation in a rectangular enclosure partially filled with porous medium[J]. Journal of Shandong Jianzhu University, 2016, 70(6): 639-649.

[18] 王远成, 吴子丹, 李福君, 等. 储粮生态系统数学模型和数值模拟研究进展[J]. 中国粮油学报, 2016, 31(10): 157-162.

[19] 王远成, 潘钰, 尉尧方, 等. 仓储粮堆内部自然对流和热湿传递的数学分析及验证[J]. 中国粮油学报, 2017, 32(9): 120-125, 130.

[20] 白忠权. 吸湿性仓储粮堆内热湿耦合传递规律的研究[D]. 济南: 山东建筑大学, 2013.

[21] 亓伟. 密闭圆筒仓内储粮自然对流及热湿耦合传递的研究[D]. 济南: 山东建筑大学, 2015.

[22] 张中涛. 具有吸湿和呼吸特性的仓储粮堆内热湿耦合传递规律的研究[D]. 济南: 山东建筑大学, 2015.

[23] 王南炎. 谷物呼吸热数值分析[J]. 粮食储藏, 1991, 20(4): 49-54.

[24] Eckert E R G, Faghri M. A general analysis of moisture migration caused by temperature differences in an unsaturated porous medium[J]. International Journal of Heat & Mass Transfer, 1980, 23(12): 1613-1623.

[25] Avila-Acevedo J G, Tsotsas E. Transient natural convection and heat transfer during the storage of granular media[J]. International Journal of Heat & Mass Transfer, 2008, 51(13-14): 3468-3477.

[26] Anderson J A, Babbitt J D, Meredith W O S. The effect of temperature differential on the moisture content of stored wheat[J]. Canadian Journal of Research, 2011, 21(10): 297-306.

[27] Beckermann C, Ramadhyani S, Viskanta R. Natural convection flow and heat transfer between a fluid layer and a porous layer inside a rectangular enclosure[J]. Journal of Heat Transfer, 1987, 109(2): 363-370.

[28] Hellevang K J, Hirning H J. Moisture movement in stored grain during summer[J]. American Society of Agricultural Engineers, 1988.

[29] Singh A K, Thorpe G R. Natural convection in a confined fluid overlying a porous layer-A comparison study of different models[J]. Indian Journal of Pure and Applied Mathematics, 1995, 26(1): 81-95.

[30] Brinkman H C A. A calculation of the viscous force exerted by a flowing fluid on a dense swarm of particles[J]. Flow Turbulence & Combustion, 1949, 1(1): 27.

[31] Khankari K K, Patankar S V, Morey R V. A mathematical model for natural convection moisture migration in stored grain[J]. Transactions of the ASAE, 1995, 38(6): 1777-1787.

[32] Stewart J A. Moisture migration during storage of preserved, high moisture grains[J]. Transactions of the Asae, 1975, 18(2): 0387-0393.

[33] Converse H H, Graves A H, Chung D S. Transient heat transfer within wheat stored in a cylindrical bin[J]. Amer Soc Agr Eng Trans Asae, 1973, 16(1): 129-133.

[34] Yaciuk G, Muir W E, Sinha R N. A simulation model of temperatures in stored grain[J]. Journal of Agricultural Engineering Research, 1975, 20(3): 245-258.

[35] Jiang S, Jofriet J C. Finite element prediction of silage temperature in tower silos[J]. Transactions of American Society Agricultural Engineering, 1987, 30(6): 1744-1750.

[36] Beukema K J, Bruin S, Schenk J. Three-dimensional natural convection in a confined porous medium with internal heat generation[J]. International Journal of Heat & Mass Transfer, 1983, 26(3): 451-458.

[37] Nguyen T V. Natural convection effects in stored grains-a simulation study[J]. Drying Technology, 1987, 5(4): 541-560.

# 第6章

# 房式仓粮堆热湿耦合传递及虫霉演替的数值预测研究

粮食密闭储藏过程中，由于外界大气环境与粮堆内部粮食颗粒呼吸作用等的共同影响，会导致粮堆局部区域温度和水分升高而发生霉变，造成粮食品质下降，危害安全储粮，故在密闭储藏过程中粮堆内的温度和水分是需要关注的两个参数。同时，为保证安全储粮，就仓机械通风是降低粮堆内部温度和水分的主要技术手段。

本章通过数值模拟与实验相结合的方法，以房式仓储藏稻谷作为研究对象，重点研究局地气候条件下房式仓仓储稻谷(粮堆)在密闭储藏和机械通风过程中热湿迁移过程，探究粮堆内部温度和水分变化以及虫霉演替规律，为预防房式仓粮堆内部局部发热霉变，实施机械通风操作提供理论依据。

首先，基于表征单元体积法与局部热平衡原理，从生物性多孔介质自然对流传热传质的角度出发，建立仓储粮堆内部空气流动及热湿耦合传递和虫霉生长的数学模型。采用数值模拟方法，研究分析密闭储藏过程中粮堆内部流场、温度场、水分场以及虫霉生长的耦合作用机理，同时分析机械通风降温操作过程中粮堆内部温度和水分变化情况，并且开展 $1m^3$ 的小尺度实验粮仓的储粮实验研究，对比分析数值模拟和实测结果，验证数学模型的合理性。其次，以选取的两个不同地区房式仓中储藏的稻谷为研究对象，开展数值模拟和实测研究，数值模拟中以局地逐日仓外大气温湿度作为边界条件，以粮仓粮情检测系统测试的温度和水分作为初始条件，对其密闭储藏和机械通风过程中粮堆温度和水分的变化规律进行数值模拟。同时，利用粮仓中的温度传感器(粮情检测系统)，测定储存稻谷的温度，比较数值模拟与实测结果，分析稻谷密闭储藏及机械通风过程中粮堆内部热湿传递规律及温度和水分的变化规律，同时，基于虫霉生长与粮堆温度和水分的关系，开展储粮害虫和霉菌演替与发展趋势的数值模拟研究。

通过对房式仓一个储粮周期的数值模拟与实验验证研究，探究了粮堆在密闭储藏过程中温度、水分和虫霉分布的变化规律，以及通风降温过程中热湿传递规律，为储粮生态系统的调控提供理论依据。研究表明，粮食在密闭储藏过程中，外界环境主要影响房式仓粮堆靠近墙壁以及粮堆表面(粮面)附近一定区域处的温度，其影响是缓慢而长期的过程，进而导致粮堆内温度随着外界环境气温波动，而且粮堆内部的粮温相对于仓外大气温度具有迟滞性。在夏季时，粮面处温度水分较高，极易产生霉变；在冬季时，南墙侧粮面附近会产生温度奇点，进而危害储粮安全。就仓机械通风能有效降低粮堆温度，均衡粮堆的温度和水分，抑制粮堆内部水分的迁移。

# 6.1　研究背景及内容

## 6.1.1　研究背景及意义

我国的粮食储藏中粮仓储藏占绝大多数，自 20 世纪 90 年代以来，我国大规模兴建了一批以房式仓为主的国家粮食储备库，并通过使用新的通风和信息化管理技术使得粮仓环境有了较大的改善。进入 21 世纪以来，为适应我国新建的房式仓的仓储需求，采用了以粮情检测、机械通风、环流熏蒸、储粮冷却为主要内容的"四合一"的储藏技术，采用新技术的房式仓成为我国仓储粮食的主要形式。

粮食储存一般一年为一个储藏周期，其中，包括密闭储藏阶段和机械通风阶段。在入仓后的密闭储藏过程中，粮堆受外界大气季节性变化和粮食本身呼吸作用以及粮堆内部微生物、害虫等多种因素的影响，会使粮堆内部产生温度梯度，并在粮仓内形成空气的自然对流，从而导致粮堆内部水分发生迁移，造成粮堆局部温湿度较高，粮堆内过高的温度和水分条件又会导致微生物及害虫的生命活动旺盛，进而导致粮食发热霉变。一旦粮堆的温度和水分超过某个阈值，就需要进行机械通风，降低粮堆内部的温度和水分，保证安全储粮的重要措施。

房式仓储粮一般以一年为一个储藏周期，通常在夏季或秋季粮食入仓进行密闭储藏，在冬季十一月份前后选择合适的气候条件进行机械通风降低粮堆温度，然后继续密闭储藏到下一年的夏季或秋季。由于房式仓储藏周期较长，在一个周期中既有密闭储藏阶段，也有一个或多个机械通风阶段，而密闭储藏阶段又可分为冬季外界环境气温低于粮堆温度和夏季外界环境气温高于粮堆温度两个阶段。夏季收获并入仓储存的粮食，由于入仓温度较高，在进行均温除湿熏蒸杀虫后可保存到秋季，在秋冬季节外界环境气温降低的情况下，粮堆内部温度较高，外界环境温度较低，粮仓墙壁及粮面附近处与粮堆内部产生温度梯度，继而产生如图 6.1 所示的冷热空气循环的对流微气流，从而加速粮堆内

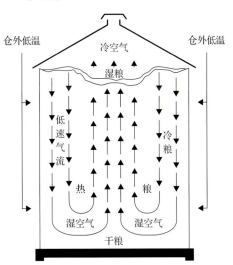

(a) 环境气温低于粮温时的气流分布

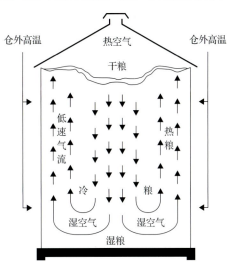

(b) 环境气温高于粮温时的气流分布

图 6.1　冷热空气循环的对流微气流

部水分的迁移，造成粮面处局部水分升高、粮堆底部局部水分减少的不均匀分布现象。

粮堆的温度和水分超过一定限度时，需要在秋冬季节选择合适的外界温湿度进行机械通风，对粮堆内部进行机械通风，以降低粮堆内部的温度和水分。在机械通风过程中，粮堆内部存在强烈的热湿迁移现象，其中对流传导起主要作用，粮粒与周围的空气不断地进行着热量和水分的交换。通风入口处，对流传热传质强烈，内部粮堆阻力以及温度梯度和水蒸气梯度的减小，会导致粮堆内部传热传质作用减弱，粮堆内部温度和水分将会和通风空气达到平衡状态。如图 6.2 所示，在通风过程中入口处粮堆先与通风空气达到热湿平衡，从而改变通风入口处粮堆的温度和水分。随着新的通风空气的补充，后面的粮堆不断地与后续通风空气达到平衡状态且逐渐向粮堆内部推进，故粮堆内部会形成温度和水分前沿，所以机械通风需要保证一定的通风时间来保证整个粮堆内部得到有效的降温降水。

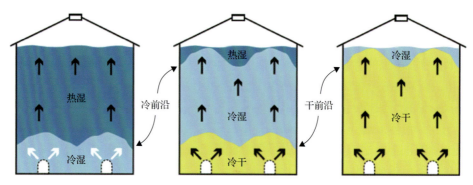

图 6.2　通风过程中粮堆内部变化图

机械通风后，又将粮仓进行密闭，保持粮堆的温度和水分并度过冬季。进入第二年的春夏季，随着仓外大气温度的逐渐升高，粮堆内温度较低而外界环境气温较高，粮堆总体呈现冷芯粮状态。同时，粮堆内温度比外界环境温度较低，同样会导致粮堆内部产生温度梯度，造成粮堆内部温度分布不均匀的同时也会产生如图6.1所示的微气流循环，从而使水分沿着微气流方向运动，进而造成粮堆内水分分布不均匀，故需要在下一个储粮周期中继续进行机械通风降温降水，从而保证储粮安全。

综上所述，对包含密闭储藏和机械通风阶段的一个储藏周期过程中的粮堆内部传热传质规律的研究具有重要的意义。

目前，国内外对为期一年的一个储藏周期的房式仓密闭储粮与机械通风相结合的研究相对较少。本书拟通过数值模拟计算及实验验证相结合的方法，以一个储藏周期内包含密闭储藏及通风过程的粮堆内热湿传递过程为研究对象，考虑稻谷等具有的吸湿与解吸湿及呼吸作用等生物性特征，对为期一年的房式仓粮堆内的温度和水分变化进行研究，探寻密闭储藏和机械通风过程中粮堆内部温度和水分的变化规律，以期获得绿色安全储粮的方法。研究的重点在于，对一个储藏周期过程中多场耦合作用下的粮堆内部热湿迁移过程进行数值模拟预测，然后结合相关的实仓测试数据，探究局地气候条件下粮堆内部热量的传递、水分的迁移以及微气流运动的规律，分析局地外界气候条件对粮堆内部温度和水分的影响，从而掌握密闭储藏和机械通风过程中粮堆内部的热量传递和水分迁移的特征。同时，基于虫霉演替与粮堆温度和水分的关系，开展储粮害虫和霉菌的演替的数值预测研究，从而得到粮食储藏过程中粮堆内部虫霉的分布规律，进而为预防和消除储粮发热霉变以及储粮调控技术提供理论支持。

### 6.1.2　研究内容和方法

本书采用数值模拟与实验相结合的方法，选取不同储粮生态区域的粮库中两个典型房式仓为研究对象，采用有限元法，对房式仓储藏稻谷时其内部温度和水分进行模拟预测；同时，开展实仓测试研究，采集粮情检测系统的温度数据，比较数值模拟结果与实验数据，并对粮堆的水分、微气流运动以及害虫和霉菌的生长规律进行模拟分析，通过数值模拟的结果来形象地描述粮堆内温度、水分和微气流的分布以及虫霉演替规律。本书主要研究内容包括以下几个方面：

(1)基于多孔介质流动与传热传质学理论、局部热平衡原理和多场耦合理论，建立粮堆内部空气流动、热量传递和水分迁移以及虫霉生长的数学模型。

(2)采用数值模拟与实验相结合的方法，对为期一年的储藏周期的房式仓内部粮堆温度和水分变化进行数值预测，同时与粮库的粮情检测数据进行比较，以期获得房式仓内部粮堆温度和水分变化以及空气流动的规律。

(3)分析为期一年的粮食储藏过程中密闭储藏的粮堆内部温度和水分的变化规律及其与仓外大气变化之间的关系，探究粮仓围护结构对温度的迟滞性作用。

(4)对粮食入仓后进行机械通风和不进行机械通风的储藏过程中粮堆内部温度和水分进行数值预测和比较研究，分析机械通风对储藏过程中粮堆温度和水分的影响。

(5)基于物理场与生物场的多场耦合理论，对粮食储藏过程中粮堆内部虫霉分布进行数值预测研究，分析粮食储藏过程中虫霉的演替规律。

## 6.2　粮堆内部热湿耦合传递和虫霉演替数学模型及验证

### 6.2.1　数学模型

#### 1. 密闭储藏(非通风情况下)仓储粮堆内部自然对流和热湿传递模型

粮食在密闭储藏条件下，其内部的自然对流和热湿传递方程主要基于多孔介质内部质量、动量和能量守恒关系而得到。其中，被大家普遍接受的是 Khankari 等[1]和王远成等[2]建立的控制方程，该控制方程的特点就是借助粮粒吸湿/解吸湿等温曲线(即平衡水分方程)建立描述粮堆内部水分迁移的方程。

动量方程：

$$\rho_a \frac{\partial u_j}{\partial t} = -\frac{\varphi \mu u_j}{K} - \frac{\partial p}{\partial x_i} + \delta_{ij} \rho_a g \beta (T - T_0)$$

(6.1)

能量方程：

$$\left(\rho_b c_b\right)\frac{\partial T}{\partial t}+\left(\rho_a c_a\right)u_j\frac{\partial T}{\partial x_j}=\frac{\partial}{\partial x_j}\left(k_b\frac{\partial T}{\partial x_j}\right)+\rho_b h_{fg}\frac{\partial W_d}{\partial t}+\rho_b q_h Y_{CO_2} \tag{6.2}$$

水分迁移方程：

$$\rho_b\frac{\partial W_d}{\partial t}+u_j\left(\frac{\sigma}{R_v T}\right)\frac{\partial W_d}{\partial x_j}=\frac{\partial}{\partial x_j}\left(D_M\frac{\partial W_d}{\partial x_j}\right)+\frac{\partial}{\partial x_j}\left(D_T\frac{\partial T}{\partial x_j}\right)-u_j\left(\frac{\omega}{R_v T}\right)\frac{\partial T}{\partial x_j}+\rho_b q_w Y_{CO_2}$$

$$\tag{6.3}$$

假设粮粒间空气和粮粒表面的蒸汽分压 $p_v$ 处于局部平衡状态[1]：

$$\frac{\partial p_s}{\partial x_j}=\left(\frac{\partial p_s}{\partial W_d}\bigg|_T\frac{\partial W_d}{\partial x_j}\right)+\left(\frac{\partial p_s}{\partial T}\bigg|_{W_d}\frac{\partial T}{\partial x_j}\right) \tag{6.4}$$

则

$$\sigma=\frac{\partial p_s}{\partial W_d}\bigg|_T,\qquad \omega=\frac{\partial p_s}{\partial T}\bigg|_{W_d} \tag{6.5}$$

$\sigma$ 和 $\omega$ 可以使用各种粮粒的平衡相对湿度关系(ERH)式确定。如果选用 Henderson 平衡水分关系式[1]：

$$\frac{p_s}{p_{sb}}=1-\mathrm{e}^{[-A(T+C)(100W_d)^N]} \tag{6.6}$$

式(6.1)~式(6.6)中，$K$ 为渗透率；$p$ 为压力；$u_j$ 为张量形式的达西速度；$x_j$ 为坐标；$\mu$ 为空气动力黏度；$\beta$ 为空气的体积膨胀系数，$\beta=-\dfrac{1}{\rho_{ref}}\left(\dfrac{\partial p_a}{\partial T}\right)_p$；$\rho_a$ 和 $\rho_b$ 分别为空气密度和粮堆容重；$c_a$ 和 $c_b$ 分别为空气比热容和粮堆比热容；$T$ 为温度；$W_d$ 为粮堆干基水分；$Y_{CO_2}$ 为粮堆呼吸 24h 的 $CO_2$ 释放率；$q_h$ 为呼吸过程释放的热量；$q_w$ 为呼吸过程中产生的水分；$A$、$C$ 和 $N$ 为各种作物的特定参数；基于温度梯度的水蒸气扩散系数 $D_T=D_{eff}\omega$，水蒸气在粮堆中的有效扩散系数 $D_{eff}=\dfrac{D_v\varepsilon}{\tau R_v}$，水蒸气扩散系数 $D_v=\dfrac{9.1\times10^{-9}\cdot T^{2.5}}{T+245.18}$；基于水分梯度的水蒸气扩散系数 $D_M=D_{eff}\sigma$，$\sigma$ 为一定温度下水分含量改变引起的分压变化量。

## 2. 通风过程中粮堆内部空气流动和传热传质模型

在通风条件下，粮堆内部的空气流动和热湿传递方程大多采用 Thorpe[3]建立的控制方程。通风时，粮堆内部空气流动的驱动力是风机提供的压力。该控制方程假设粮堆是连续性的、均匀分布、各向同性的多孔介质，而且粮堆内部满足局部热湿平衡原理。同时，考虑粮食颗粒的吸湿和解吸湿特性，并通过吸湿/解吸湿速率方程使得粮堆内部热湿传递相互耦合。由于通风时间相对较短，粮粒和虫霉呼吸作用所产生的热量和水分可以忽略不计。粮堆内部流动及热湿耦合传递的控制方程如下[3]。

动量方程：

$$\frac{\partial u}{\partial t} + (u \cdot \nabla)u = -\frac{\nabla p}{\rho_a} + \nabla \cdot \left(\frac{\mu}{\rho_a}\nabla u\right) - \frac{150\mu(1-\varepsilon)^2}{\varepsilon^3 d_p^2}u - \frac{1.75\rho_a(1-\varepsilon)}{\varepsilon^3 d_p}|u|u \tag{6.7}$$

能量方程：

$$\rho_b c_b \frac{\partial T}{\partial t} + c_a \nabla \cdot (\rho_a u T) = k_{\text{eff}}\nabla^2 T + h_{fg}(1-\varepsilon)\rho_b \frac{\partial W_w}{\partial t} \tag{6.8}$$

水分平衡方程：

$$\frac{\partial(\varepsilon\rho_a w)}{\partial t} + \nabla \cdot (\rho_a u w) = \nabla \cdot (\rho_a D_{\text{eff}}\nabla w) - (1-\varepsilon)\rho_b \frac{\partial W_w}{\partial t} \tag{6.9}$$

式 (6.7)～式 (6.9) 中，$\varepsilon$ 为孔隙率；$\rho_a$ 为空气密度；$\rho_b$ 为粮堆的容重；$d_p$ 为粮粒的等效直径；$u$ 为粮堆内部空气的表观速度或达西速度；$p$ 为压力；$t$ 为时间；$\nabla$ 为微分算子；$W_w$ 为粮堆湿基水分；$k_{\text{eff}}$ 为粮堆的有效导热系数；$\mu$ 为空气的动力黏度；$w$ 为粮粒间空气中的绝对含湿量；$D_{\text{eff}}$ 为湿空气在粮堆中的有效扩散系数；$h_{fg}$ 为粮堆的蒸发潜热。

值得注意的是，通过数量级分析方程 (6.8) 可以发现，方程 (6.8) 右边第二项不能忽略，即粮粒的吸湿/解吸湿热量不能忽略。这是因为在通风过程中，粮堆水分会因粮粒的解吸湿而降低，而解吸湿过程中势必消耗粮堆的热力学能量(蒸发潜热)，从而加速粮堆温度的降低。因此，在计算粮堆内部热量传递过程时，必须要考虑吸湿或解吸湿热量，否则会产生较大的误差，甚至产生谬误。

### 3. 虫霉发展和分布的预测模型

#### 1) 害虫种群数量预测模型

适用于多种储粮的害虫发育和生长模型已经被初步开发，并可用于害虫种群数量的预测和模拟。进一步将粮堆温度、水分分布与这些害虫种群数量模型相结合，可以预测粮堆内部害虫种群的数量[4]。

$$R_s = C_{c1}(T_{\text{web}} - C_{c2}) \tag{6.10}$$

$$T_{web} = -5.806 + 0.672T - 0.006T^2 + RH(0.061 + 0.004T + 0.000099T^2) + (-0.000033 \\ - 0.000005T - 0.0000001T^2)RH^2 \tag{6.11}$$

式中，$R_s$ 为害虫生长率；$T_{web}$ 为湿球温度（℃）；$C_{c1}$、$C_{c2}$ 为经验常数（谷蠹：$C_{c1}$=0.0435，$C_{c2}$=13.0；米象：$C_{c1}$=0.052，$C_{c2}$=9.0；玉米象：$C_{c1}$=0.018，$C_{c2}$=14.0）；RH 为相对湿度（小数级）；$T$ 为粮堆温度（℃）。

2）霉菌（孢子数）生长发展的预测模型

储粮中真菌的活性依赖很多因素，主要与粮堆温度、水分和气体浓度有关。为了简化问题，根据实验数据回归，得到粮堆中孢子数模型[5]。

$$FNC = \exp\left(0.068t_d + 0.013T + 72.92\frac{W_w}{100} - 1\right) \tag{6.12}$$

式中，FNC 为真菌孢子数（个/g）；$t_d$ 为时间（天）；$T$ 为温度（℃）；$W_w$ 为粮食湿基水分（%）。

3）稻谷黄变模型[6]

$$\frac{db}{dt} = k_h \tag{6.13}$$

$$k_h = \exp\left(71.87 - 25.32RH - \frac{25919.3}{T + 273.15} + \frac{10712.78RH}{T + 273.15}\right) \tag{6.14}$$

$$W = 85.1 - 3.36b \tag{6.15}$$

式中，$W$ 为稻谷白度。

### 6.2.2 数学模型的评价和验证研究

**1. 具有表面辐射的部分填充吸湿性多孔介质的封闭腔体内热湿耦合传递过程研究**

空气和多孔介质组成的封闭腔体内自然对流和热质传递在粮食（吸湿性多孔介质）储藏、太阳能集热器及地热利用等方面有着广泛的应用。许多研究者对方腔内充满空气或多孔介质的自然对流传热以及由空气和多孔介质组成的双区域系统内部的自然对流和热质传递进行了深入的探讨和研究[7]，然而这些研究很少涉及壁面热辐射对双区域内部的自然对流和热质传递的影响。实际上，壁面的辐射对双区域内部的自然对流和热质传递过程的影响是客观存在的，尤其是对于像粮食这样的吸湿性多孔介质中的热量传递和水分迁移影响较大且不能忽略，例如，由于气温的季节性变化，仓储粮堆内部发生热量传递和水分迁移，引起粮堆中局部温度和水分的升高，导致霉菌和害虫的生长，从而使得储藏中的粮食变得不安全。

根据热质传递原理，建立空气和吸湿性多孔介质组成的双区域系统内部的自然对流和热湿耦合传递的数学模型，基于有限元方法数值分析了表面热辐射对部分填充吸湿性多孔介质的壁面具有温差的封闭腔体内部自然对流流动及热湿耦合传递过程，探讨了表面发射率、瑞利数和 $Da$（达西数）等参数对封闭腔体内部自然对流流动及热湿耦合传递过程的影响。

1) 数学模型

为了调查壁面热辐射对部分填充吸湿性多孔介质的封闭腔体内部自然对流及热湿耦合传递的影响，选取上部为空气、下部为堆积的粮粒（吸湿性多孔介质）形成的矩形封闭腔体为研究对象。封闭腔体的两个侧壁各自保持恒定温度，并两者具有一定的温度差，上下壁面绝热。封闭腔体的高度为 $H_i$，宽度为 $W_i$，吸湿性多孔介质占整个方腔的一半，其中吸湿性多孔介质区域的高度为 $H_1$。如图 6.3 所示，$W_i = H_i = 0.1\text{m}$，$H_1 = 0.05\text{m}$。

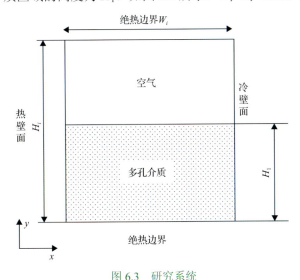

图 6.3　研究系统

假设方腔内部的空气是不可压缩的，除了密度外其他热物性参数为常数，且方腔内部由于存在温差而具有浮升力。方腔内谷物颗粒床是各向同性的均质多孔介质，并且认为粮粒与周围空气之间是局部热平衡的。

对于方腔上部流体区域，其自然对流方程和热平衡方程如下[7]。

连续方程：

$$\frac{\partial u_j}{\partial x_j} = 0 \tag{6.16}$$

动量方程：

$$\rho_a \frac{\partial u_i}{\partial t} + \rho_a u_j \frac{\partial u_i}{\partial x_j} = -\frac{\partial p}{\partial x_i} + \frac{\partial}{\partial x_j}\left(\mu \frac{\partial u_i}{\partial x_j}\right) + \rho_0 g[1 - \beta(T - T_0)] \tag{6.17}$$

热平衡方程：

$$\rho_a c_a \frac{\partial T}{\partial t} + \rho_a c_a u_j \frac{\partial T}{\partial x_j} = \frac{\partial}{\partial x_j}\left(k_a \frac{\partial T}{\partial x_j}\right) \tag{6.18}$$

对于方腔下部吸湿性多孔介质区域，其动量（自然对流）方程、热平衡方程和水分迁移方程如下[7]。

动量方程：

$$\rho_b \frac{\partial u_i}{\partial t} + \frac{\rho_b u_j}{\varphi} \frac{\partial u_i}{\partial x_j} = -\frac{\partial p}{\partial x_i} + \frac{\partial}{\partial x_j}\left(\mu \frac{\partial u_i}{\partial x_j}\right) + \rho_0 g[1 - \beta(T - T_0)] - \frac{\varphi \mu u_i}{K} \tag{6.19}$$

热平衡方程：

$$\rho_b c_b \frac{\partial T}{\partial t} + \rho c_b u_j \frac{\partial T}{\partial x_j} = \frac{\partial}{\partial x_j}\left(k_b \frac{\partial T}{\partial x_j}\right) + \rho_b h_{fg} \frac{\partial W_d}{\partial t} \tag{6.20}$$

水分迁移方程：

$$\rho_b \frac{\partial W_d}{\partial t} + u_j\left(\frac{\alpha}{R_v T}\right)\frac{\partial W_d}{\partial x_j} = \frac{\partial}{\partial x_j}\left(D_M \frac{\partial W_d}{\partial x_j}\right) + \frac{\partial}{\partial x_j}\left(D_T \frac{\partial T}{\partial x_j}\right) - u_j\left(\frac{\omega}{R_v T}\right)\frac{\partial T}{\partial x_j} \tag{6.21}$$

式(6.16)~式(6.21)中，$u_i$ 为空气的流动速度；$p$ 为空气的压强；$T$ 为温度；$\rho$ 为空气的密度；$\rho_0$ 为温度为 $T_0$ 时空气的密度；$T_0$ 为参考温度，$T_0 = (T_h + T_c)/2$；$\beta$ 为空气的体积膨胀系数；$c_a$、$k_a$ 和 $\mu$ 分别为空气的比热容、热导率和动力黏度；$k_b$、$\rho_b$ 和 $c_b$ 分别为吸湿性多孔介质的有效热导率、容重和比热容；$h_{fg}$ 为吸湿性多孔介质的吸湿或解吸湿热；$D_M$ 为水分梯度引起的水分扩散系数；$D_T$ 为温度梯度引起的水分扩散系数；$\alpha$ 为一定温度时水分导致的水蒸气分压；$\omega$ 为一定水分时温度导致的水蒸气分压；$R_v$ 为水蒸气的气体常数。

式(6.16)~式(6.21)的边界条件为：对于流动方程，壁面采用无滑移条件；对于热平衡方程，顶部和底面边界热流通量为零，左侧壁面温度为 $T_h$，右侧表面温度为 $T_c$；对于水分迁移方程，吸湿性多孔介质区域的壁面上水分通量为零，空气和多孔介质交界面上温度和水分保持连续。空气区域壁面和交界面的发射率和反射率分别为 $\varepsilon_i$ 和 $\rho_i$。需要注意的是，对于吸湿性多孔介质与纯流体交界面上的速度滑移问题，Brinkman[8]在达西方程基础上，通过保留黏性项在达西方程中，使得交界面两侧的速度和应力达到匹配，从而得到扩展的达西流模型。由于本书建立的模型中使用的是 Brinkman 建立的扩展达西流模型，所以速度或法向和切向应力在交界面上变成连续的了，Singh 等[9]的研究也证明了这一点。

方腔中空气是透明体且不参与辐射，多孔介质是不透明体，因此只有空气与多孔介质的交界面以及空气区域的壁面参与热辐射。

表面辐射换热方程：

$$Q_i = \frac{\varepsilon_i \left( E_{bi} - J_i \right)}{1 - \varepsilon_i} A_i \tag{6.22}$$

式中，$Q_i$ 为第 $i$ 表面的辐射换热量；$\varepsilon_i$、$E_{bi}$ 和 $A_i$ 分别为第 $i$ 表面的发射率、辐射强度和面积；$J_i$ 为第 $i$ 表面的有效辐射，$J_i = \varepsilon_i E_{bi} + \rho_i \sum\limits_{j=1}^{n} J_j F_{ij}$，其中，$\rho_i$ 为第 $i$ 表面的反射率，$F_{ij}$ 为第 $i$ 表面和第 $j$ 表面之间的角系数。

2）网格独立性测试

考虑到在方腔壁面以及交界面附近有相对较大的速度梯度和温度梯度，采用非均匀网格，即壁面和交界面附近采用较密集的网格，其他部分采用较稀疏的网格。网格无关性测试分五种情况，见表 6.1，其中，对流努塞特数（Nusselt number）$Nu_c = -\dfrac{1}{W_i} \displaystyle\int_0^{W_i} \dfrac{1}{(T_h - T_c)} \dfrac{\partial T}{\partial x} \mathrm{d}y$。

从表 6.1 可以看出，采用 $60 \times 60$ 的网格即可满足网格独立性要求。

**表 6.1　不同网格下部分填充多孔介质的方腔内部自然对流传热的平均 $Nu_c$**

| 网格数 | 热壁 | 冷壁 |
|---|---|---|
| $40 \times 40$ | 3.39(流体区)，0.780(多孔介质区) | 3.94(流体区)，0.60(多孔介质区) |
| $50 \times 50$ | 3.40(流体区)，0.781(多孔介质区) | 3.93(流体区)，0.598(多孔介质区) |
| $60 \times 60$ | 3.41(流体区)，0.782(多孔介质区) | 3.93(流体区)，0.597(多孔介质区) |
| $70 \times 70$ | 3.41(流体区)，0.782(多孔介质区) | 3.93(流体区)，0.597(多孔介质区) |
| $80 \times 80$ | 3.41(流体区)，0.782(多孔介质区) | 3.93(流体区)，0.597(多孔介质区) |

3）模型的验证

为了验证所建立的数学模型，对 Akiyama 等[10]和 Beckermann 等[11]研究的问题进行了数值模拟计算，并与其研究结果进行比较，结果如图 6.4 所示。图 6.4 给出了数值模拟结果与 Akiyama 等研究结果的比较，Akiyama 等对具有壁面热辐射的全部充斥空气的方腔内部自然对流和传热进行了数值模拟计算，从图中可以看出本书数值模拟结果与 Akiyama 等的研究结果完全相符。图 6.5 给出了与 Beckermann 等研究结果的无量纲温度 $\theta$ 的比较，Beckermann 等采用实验研究的方法对部分填充多孔介质的方腔内部的温度进行了实验测定。从图 6.5(a)可以看出，本书的模拟结果与 Beckermann 等测定结果基本一致，但从图 6.5(b)中可看出，两者之间略有偏差，其原因可能是热电偶测量精度不够以及壁面附近的多孔介质孔隙率由多孔介质到壁面产生跳跃而引起的。不难看出本书建立的数学模型是合理的，可以用于具有表面热辐射的部分填充多孔介质的方腔内部自然对流和传热传质问题的研究。

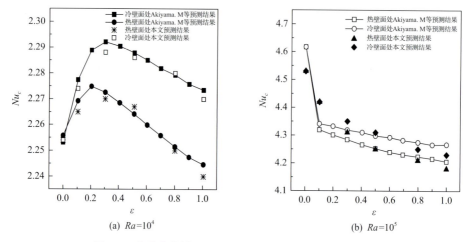

(a) $Ra=10^4$ (b) $Ra=10^5$

图 6.4 本书数值模拟结果与 Akiyama 等研究结果的比较

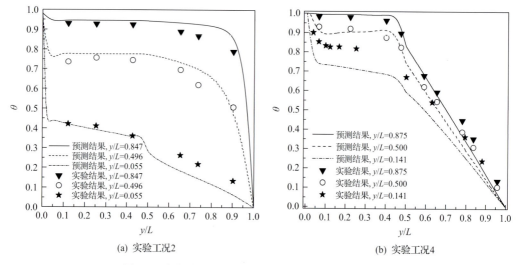

(a) 实验工况2 (b) 实验工况4

图 6.5 本书数值预测与 Beckermann 等实验结果的比较

4) 结果和分析

数值模拟对象如图 6.3 所示，方腔的左侧表面温度 $T_h$ 为 298.5K，右侧表面温度 $T_c$ 为 288.5K，方腔内部的初始温度 $T_0$ 为 293.5K，方腔的上下表面绝热，方腔下部的吸湿性多孔介质初始干基水分 $W_{g0}$ 为 0.1628。为了研究表面热辐射对方腔内部热湿耦合传递的影响，分别模拟了表面发射率为 0.0、0.3、0.5、0.8 和 1.0 时方腔内部的自然对流流场、温度场和水分场。图 6.6 和图 6.7 是瑞利数 $Ra$ 为 $10^6$、达西数 $Da$ 为 $5.78\times10^{-7}$、多孔介质与空气的热导率比 $R_k$ 为 5.31 时的流线、等温线和水分分布等值线。

图 6.6 为表面发射率为 0.8 时方腔内部的流线分布图。由图可以看出，由于冷热壁面温差的作用，在左侧热壁面附近空气向上运动而在右侧冷壁面附近空气下降，从而导致除了上部纯空气区域有循环的空气流动外，同时还在多孔介质区域也形成自然对流流动，并使得多孔介质内的空气以较低的速度向方腔的左上部移动。随着瑞利数的增大，方腔

内部的自然对流流动速度变大，并且方腔左上角和右下角的速度梯度逐步增大，从而影响到多孔介质内部的热量传递和水分迁移。

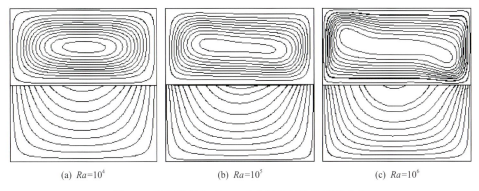

(a) $Ra=10^4$　　　　　(b) $Ra=10^5$　　　　　(c) $Ra=10^6$

图 6.6　表面发射率为 0.8 时方腔内部的流线分布图

图 6.7 为表面发射率 $\varepsilon_i$ 为 0.0、0.5 和 1.0 时方腔内部等温线和水分分布图。从图 6.7 可以看出，表面热辐射改变了方腔内部的温度以及多孔介质中的水分分布，方腔顶部和交界面的温度变化尤为明显。同时也可以看到，在辐射和自然对流的共同作用下多孔介

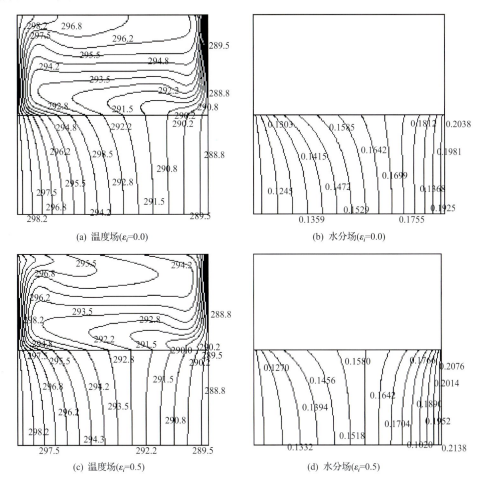

(a) 温度场($\varepsilon_i$=0.0)　　　　　(b) 水分场($\varepsilon_i$=0.0)

(c) 温度场($\varepsilon_i$=0.5)　　　　　(d) 水分场($\varepsilon_i$=0.5)

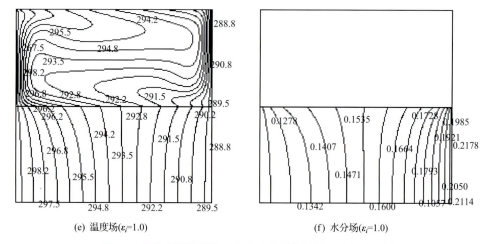

(e) 温度场($\varepsilon_i$=1.0)  (f) 水分场($\varepsilon_i$=1.0)

图 6.7  几种表面发射率时方腔内部的等温线和水分分布图

质内部的平均温度高于没有辐射的情况，而且随着表面发射率的升高，纯流体区域与多孔介质区域交界面的温度逐渐增大。

与没有热辐射（表面发射率为 0.0）相比，表面热辐射使得多孔介质上部的温度和水分线更加弯曲，这表明方腔内部热量传递和水分迁移由原来的扩散为主转为扩散和对流共同作用为主。随着表面发射率的增大，交界面上的热量传递增强，并导致多孔介质水分从左侧向右侧和右上部聚集。之所以发生水分向吸湿性多孔介质右上角和右侧面迁移与聚集，一方面在温度梯度的作用下，多孔介质中温度较高的区域中多孔介质孔隙中空气的水蒸气分压力随着温度的增加而增加，较冷区域中水蒸气分压力随着温度的降低而降低。于是，在多孔介质内部形成水蒸气压力梯度，使得水蒸气在多孔介质中从较暖区域向较冷区域传输扩散。另一方面，温度梯度又会导致多孔介质内空气的自然对流运动，促进了多孔介质内部水蒸气的扩散。同时，由于吸湿性多孔介质具有天然的吸湿和解吸湿特性，为了达到与周围空气中水蒸气的平衡，较暖区域的多孔介质失去水分，而较冷区域获得水分，导致水分在多孔介质的右上角和右侧壁面附近集聚，如图 6.7 所示。

图 6.8 给出了表面发射率对方腔壁面对流努塞特数 $Nu_c$ 和辐射努塞特数 $Nu_r$ 的影响。其中，$Nu_r = -\dfrac{1}{W_i}\displaystyle\int_0^{W_i} \dfrac{\varepsilon\sigma W_i}{(T_h - T_c)} q_r \mathrm{d}y$。由图 6.8(a) 可以看出，壁面热辐射对方腔内部上下两个区域冷热壁面传热的影响是不同的。相对而言，壁面热辐射对空气区域冷热壁面对流努塞特数的影响大于多孔介质区域。这是由于多孔介质区域的自然对流相对较弱且多孔介质是不透明体。

从图 6.8(a) 还可以看出，在方腔上部的纯流体区域，辐射作用导致热壁面上温度梯度增大，从而使得该壁面上的对流努塞特数略有升高；然而，由于热辐射与热力学温度的四次方成正比，热壁面与顶部绝热壁面的辐射换热要强于冷壁面与顶部绝热壁面之间的辐射换热，因此热壁面附近的温度梯度被减弱，而冷壁面附近的温度梯度相对增大，导致热壁面上的对流努塞特数小于冷壁面上的对流努塞特数。从图 6.8(b) 可以看出，随着表面发射率的增大，壁面上的辐射努塞特数 $Nu_r$ 都是增大的，而且与图 6.8(a) 相比辐射努塞特数远远大于对流努塞特数。这也说明表面热辐射对方腔内部对流传热影响不可忽略。

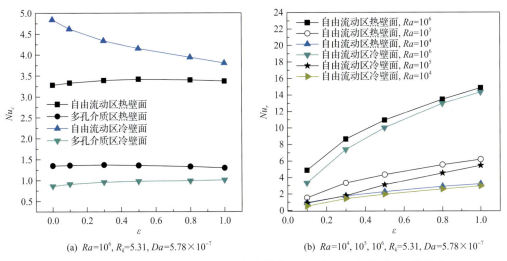

(a) $Ra=10^6$, $R_k=5.31$, $Da=5.78\times10^{-7}$　　　(b) $Ra=10^4$, $10^5$, $10^6$, $R_k=5.31$, $Da=5.78\times10^{-7}$

图 6.8　表面发射率对方腔壁面对流努塞特数 $Nu_c$ 和辐射努塞特数 $Nu_r$ 的影响

图 6.9 给出了几种达西数下平均对流努塞特数的变化情况。从图 6.9 可以看出，在给定的达西数的范围内，达西数改变对平均对流努塞特数的影响较小，只有当达西数为 $10^{-5}$ 时，即渗透率较高时，对流作用的增强才使得冷热壁面的平均对流努塞特数发生改变。图 6.10 给出了多孔介质与空气热导率比 $R_k$ 对冷热壁面的平均对流努塞特数的影响。从图 6.10 可以看出，在给定的热导率比的范围内，随着热导率比的增大，即吸湿性多孔介质热导率的增大，自由流动区(空气区域)热壁面上的平均对流努塞特数有所减小，自由流动区冷壁面上的平均对流努塞特数略有升高，但在多孔介质区域的冷热壁面上的平均对流努塞特数基本不变。

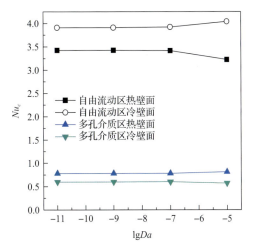

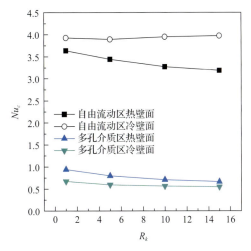

图 6.9　达西数对平均对流努塞特数的影响　　图 6.10　热导率比 $R_k$ 平均对流努塞特数的影响
$（R_k=5.31, \varepsilon_i=0.8, Ra=10^6）$　　　　　　$（\varepsilon_i=0.8, Ra=10^6, Da=5.78\times10^{-7}）$

5) 研究结论

本书采用数值模拟方法分析了具有表面热辐射的部分填充吸湿性多孔介质的封闭腔

体内部自然对流流动及热湿耦合传递规律，探讨了表面发射率、$Ra$、$Da$ 和热导率比对封闭腔体内部自然对流流动及热湿耦合传递过程的影响。

研究表明，壁面热辐射可以明显改变部分填充吸湿性多孔介质的方腔内部的温度场和水分场。当表面发射率为 0.1～0.3 时，随着表面发射率的增大，多孔介质内部的温度和水分变化明显。但随着表面发射率由 0.5 增大到 1.0，多孔介质内部的温度和水分变化幅度减小。与没有壁面热辐射相比，壁面热辐射的作用可以提高多孔介质内部的温度，而且随着表面发射率的增大，多孔介质内部的水分逐步向其右上角聚集。随着 $Ra$ 的增大，腔体内表面的对流努塞特数逐渐增大，而且腔体内部热湿传递逐步增强。$Da$、多孔介质与空气的热导率比对方腔内部多孔介质的热量传递和水分迁移影响较小。

## 2. 数学模型的实验验证

为了验证建立的数学模型的可靠性，依托国家粮食和物资储备局科学研究院，依据一维热质自然对流扩散原理而建立的小型模拟仓，进行稻谷恒定温差密闭储粮模拟实验。如图 6.11

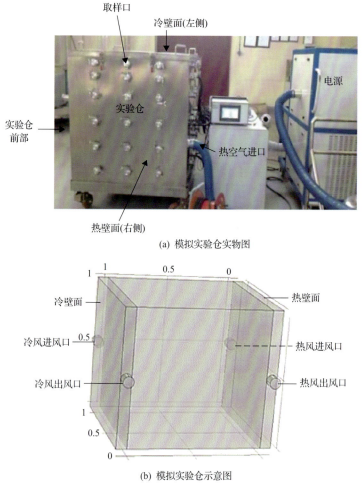

(a) 模拟实验仓实物图

(b) 模拟实验仓示意图

图 6.11　实验仓系统图及简化模型

所示，模拟实验仓外壁的长度、宽度、高度分别为 1.2m、1.07m、1.1m，腔体内部为1m³ 的正方体。模拟实验仓的上下壁面和左右壁面为绝热层，前后两面分别为冷热壁面，冷壁面和热壁面都具有 64mm 厚度的空气夹层通道，通过恒温恒湿空调对空气夹层进行调温，以保证冷热壁面的温差，冷热壁面温度分别为 38.5℃ 和 15℃，温控误差在0.5℃范围内[12]。

为了保证精确的粮情检测，本实验台采用粮情检测系统监测温度，该系统包括传感器模块、数据采集模块和无线收发模块。实验仓内在每个平行于冷热壁面方向中心切面的不同切面上都装有均分平面的 25 个测温点，切面间距为 20mm。每个测温点都配有温湿度传感器，温湿度测试精度分别为±0.5℃和±0.3%。

取小型模拟实验仓中平行于冷热壁面方向的中心切面上温湿度的实验结果与该立面的数值模拟结果进行比较，如图 6.12 所示虚线所在的立面。

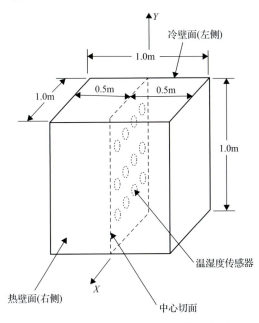

图 6.12　实验仓简化模型和网格示意图

在模拟过程中，认为边界是无滑移边界，且是不可渗透的。实验主要研究稻谷自然储藏中粮堆内部温度和水分的变化规律，模拟实验仓中稻谷的初始温度为 23.4℃，水分为 13.2%。实验时保持热壁面温度恒定为 38.5℃，冷壁面温度恒定为 15.0℃，其余面均为绝热壁面，自然储藏 192h。

图 6.13 和图 6.14 分别为数值模拟的中心立面的温度和水分变化图。从图 6.13 可以看出，随着时间的增加，粮堆内部热壁面附近粮食温度逐渐升高，冷壁面附近粮食温度逐渐降低，但热壁面上部区域附近粮食温度传递速率比下部区域较快，冷壁面下部区域粮食温度传递速率比上部区域较快，导致实验仓形成上部粮食温度较高、下部粮食温度较低的不均匀温度分布规律。分析其原因，主要是在粮仓内形成了顺时针方向运动的自然对流运动，使得热壁面的热量沿着水平方向向右扩散以外，同时还要沿

着垂直方向向上输运热量，冷壁面附近的粮温分布也是同样的道理。从图 6.14 可以看出，随着时间的增加，由于粮堆内部自然对流的作用，热壁面附近粮食水分不断降低，冷壁面附近粮食水分不断升高，但热壁面上部粮食水分降低速度较慢，下部水分降低速度较快，冷壁面上部水分升高较快，下部水分升高较慢，仓内粮食水分向仓顶聚集，从而形成储粮的"结顶"现象。

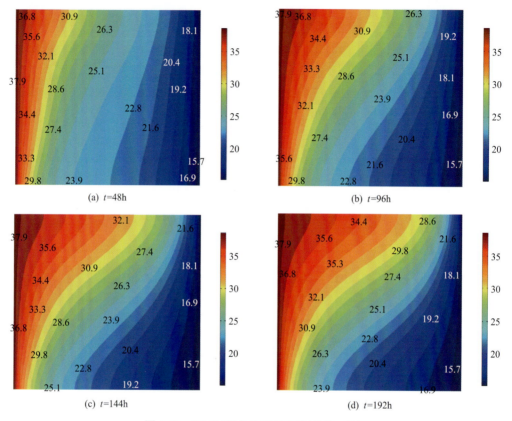

图 6.13　不同时刻中垂面温度场(单位：℃)

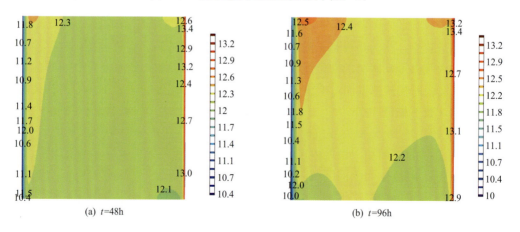

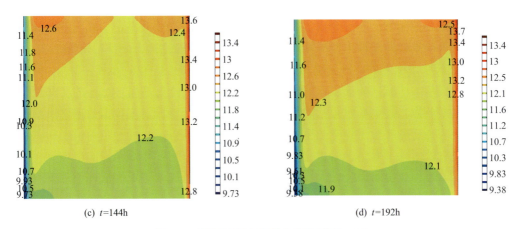

(c) $t$=144h    (d) $t$=192h

图 6.14　不同时刻中垂面水分场(单位：%)

　　图 6.15 给出了不同时刻中垂面上的自然对流速度场。从图 6.15 可以看出，在恒定温差环境中，实验仓内部产生顺时针旋转气流，热壁面附近气流速度较大，冷壁面附近速度较小，随着时间的增加，旋转气流逐渐影响整个实验仓，其中实验仓壁面附近速度较大，但内部气流速度较小。

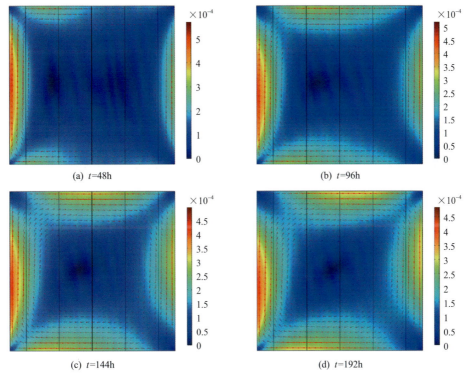

(a) $t$=48h    (b) $t$=96h

(c) $t$=144h    (d) $t$=192h

图 6.15　不同时刻中垂面速度场(单位：m/s)

　　通过对图 6.15 综合分析可以得出，在恒定温差环境中，实验仓内部会产生受温差驱动的顺时针旋转气流，其影响粮仓内温度的传递并在实验仓内形成不均匀的喇叭状温度分布规律，进而导致仓顶温度大于仓底温度，同时也证明在小型实验仓内，微气流对温度的传递有重要的影响。实验仓内水分在仓顶壁面附近处显著升高，仓底附近降低，这是由于粮仓内部水分的迁移主要受微气流的驱动作用，而其变化大小与温度梯度有关。

图 6.16 为中垂面上的实验结果与数值模拟结果的比较。从图 6.16 可以看出，模拟数据与实测数据基本一致，验证了该模型的准确性。其中，距离热面 10cm 的实测数据和模拟数据基本一致，其他面模拟数据与实测数据变化趋势相同，但模拟数据比实测数据较小，这是因为实际实验过程中热壁面与冷壁面温度不能保持相同稳定的温度和温差，导致仓内微气流运动不稳定进而影响温度的传递，同时采用 25 个测温点的平均值表示整个面的实际温度，也会带来一定误差，从而导致模拟温度比实测温度低，但从整体上分析，该模型是较为准确、合理的。

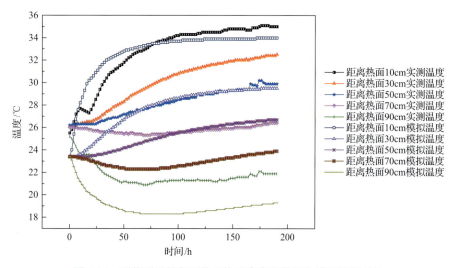

图 6.16　预热面平行各面的平均温度实测数据与模拟数据对比

# 6.3　房式仓储藏稻谷过程中温度和水分变化的数值模拟和实仓验证研究

本节主要采用数值模拟方法，以当地的气象参数为条件，模拟预测杭州地区某粮仓和宿州地区某房式仓近一年仓储稻谷密闭储藏及通风过程的温度和水分的变化规律，并且与实测粮堆的温度数据进行比较；同时，以杭州地区某粮仓储藏稻谷为研究对象，对入仓后进行机械通风和假定不进行机械通风的储藏过程进行模拟预测对比研究。

在数值预测中，为了简化模拟计算，将粮仓分为三大区域，其中稻谷粮堆假定为多孔介质，粮仓上部空气区域为气体区域，粮仓墙壁假定为固体区域。同时，为了使模拟条件更加接近真实情况，同时考虑外界太阳辐射及房式仓墙壁热阻对仓内粮堆温度的影响，将模拟结果与粮情检测系统采集的粮温数据进行对比，分析得出密闭储藏及其间进行机械通风过程中的温度和水分变化规律，获得粮堆内部温度和水分分布图，预测粮堆内部易产生发热霉变的位置，同时探究粮堆内部微气流的变化情况及对温度和水分的影响，为储粮生态系统调控提供理论依据和技术参考。

### 6.3.1 物理模型和模拟条件

数值模拟选取杭州某粮库储粮仓和宿州某房式仓储藏稻谷作为研究对象，取房式仓中心位置南北方向切面进行研究，粮仓的尺寸见表 6.2。其中，杭州地区某粮仓(图 6.17)的装粮高度为 5m，跨度为 18m，檐高为 7.5m，窗户高度为 1m，粮仓墙壁厚度为 0.5m，屋顶厚度为 0.25m。宿州地区某粮仓的装粮高度为 6m，跨度为 23m，檐高为 8.0m，窗户高度为 1m，粮仓墙壁厚度为 0.37m，屋顶厚度为 0.25m。图 6.18 为杭州地区某粮仓的几何模型示意图，物理模型尺寸设定与实际粮仓一致，模拟区域放在笛卡儿坐标系中，其中 $x$ 轴为南北跨度方向，$y$ 轴为高度方向。宿州地区粮仓模拟简化模型与之相似。

**表 6.2　粮仓参数表**

| 地区 | 装粮高度/m | 跨度/m | 墙壁厚度/m | 屋顶厚度/m |
| --- | --- | --- | --- | --- |
| 杭州 | 5 | 18 | 0.5 | 0.25 |
| 宿州 | 6 | 23 | 0.37 | 0.25 |

图 6.17　杭州地区某粮仓

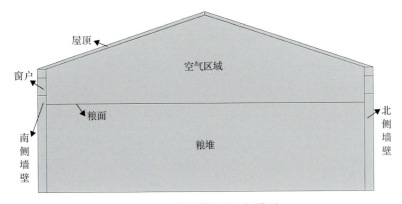

图 6.18　数值模拟的几何模型

图 6.19 为求解区域网格图。为提高计算精度及准确率，分别对粮堆内部与墙面接触面和粮堆与空气接触面进行加密，粮堆与南墙以及空气交界面部位加密的网格图，如图 6.20 所示。

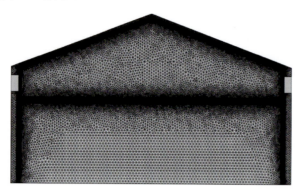

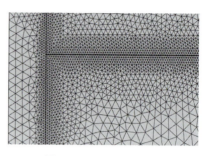

图 6.19　求解区域网格图　　　　　　　图 6.20　局部加密区域

本书利用 COMSOL 软件，并运用有限元方法求解微分方程，在模拟过程中，具体又分为密闭储藏过程和机械通风过程。为了简化计算，在密闭储藏过程中，假定墙壁是无滑移边界条件且不可渗透，窗户的保温与隔热性与墙壁相同，地面采用绝热条件，墙壁外侧温度为当地逐日平均温度(图 6.21)，其中南墙与屋顶分别考虑太阳辐射的作用。在机械通风过程中，杭州地区的粮仓采用横向通风，为简化计算，设定南侧墙体与粮堆交界面为进风口，北侧墙体与粮堆交界面为出风口；由于粮面上覆膜，所以粮面为不可渗透边界条件；宿州地区某粮仓为下行通风，为简化计算，窗户设为进风口，粮堆底面设为出风口。机械通风过程中，进风口温湿度采用当地气象局提供的逐日温湿度条件，如图 6.21 和图 6.22 所示。出口采用自然出流边界条件，模拟工况如表 6.3 所示，其中两地区日均温湿度条件数据均从当地气象局数据采集系统获取。

### 6.3.2　模拟结果与实测结果的对比与分析

本书主要是探究杭州与宿州两地自然储藏密闭粮仓粮堆内部的温度、水分和微气流的变化情况，以及机械通风阶段的粮堆内部温度水分变化情况，其中因地域性差异，两个

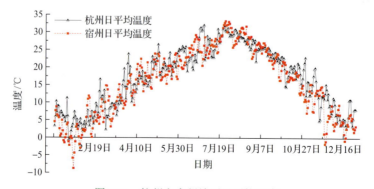

图 6.21　杭州和宿州地区日平均温度

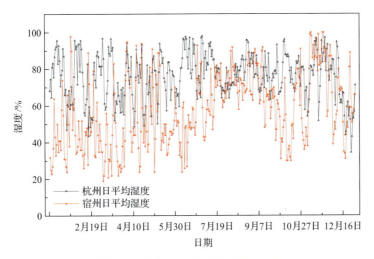

图 6.22　杭州和宿州地区日平均湿度

**表 6.3　稻谷粮仓的通风**

| 地区 | 通风形式 | 说明 |
|---|---|---|
| 杭州 | 冬季夜晚横向通风 | 2015 年 12 月 15 日到 2016 年 1 月 5 日，夜间间歇式机械通风，其通风空气温湿度如图 6.21 和图 6.22 所示，累积通风 140h，单位通风量为 10.3m³/(h·t) |
| 宿州 | 连续垂直下行通风 | 2016 年 11 月 8～11 日，连续式机械通风，通风空气的温度与湿度为该地区当日平均温湿度，累积通风 72h，单位通风量为 14.3m³/(h·t) |

粮仓的机械通风方式和通风总时间不同。如表 6.4 所示，杭州地区粮仓模拟以 2015 年 10 月 1 日粮情系统检测的温湿度为初始条件，时间跨度为 2015 年 10 月 1 日至 2016 年 12 月 14 日，其中 2015 年 12 月 15 日至 2016 年 1 月 5 日为分阶段夜间机械通风阶段，其余时间为自然储藏阶段。宿州地区粮仓模拟以 2016 年 2 月 1 日粮情系统检测的温湿度为初始条件，时间跨度为 2016 年 2 月 1 日至 2016 年 12 月 1 日，其中 2016 年 11 月 8 日至 2016 年 11 月 11 日为机械通风阶段，其余时间为自然储藏阶段[13]。

**表 6.4　储藏周期的不同阶段日期分布**

| 地区 | 自然储藏阶段 | 机械通风阶段 |
|---|---|---|
| 杭州 | 2015 年 10 月 1 日至 2015 年 12 月 14 日<br>2016 年 1 月 6 日至 2016 年 12 月 14 日 | 2015 年 12 月 15 日至 2016 年 1 月 5 日 |
| 宿州 | 2016 年 2 月 1 日至 2016 年 11 月 7 日<br>2016 年 11 月 12 日至 2016 年 12 月 1 日 | 2016 年 11 月 8 日至 2016 年 11 月 11 日 |

### 1. 杭州地区粮仓数值模拟与实验对比研究

#### 1）通风前自然储藏阶段

以粮情系统探测的 2015 年 10 月 1 日的温度和水分条件为初始条件，模拟 2015 年 10 月 1 日到 2015 年 12 月 14 日自然储藏条件下的粮堆内部温度、水分和微气流变化情况。

　　由图 6.23 可知,粮堆内部温度成 U 形不对称分布,其中最高温度位于粮面下方 0.5～2m 处,为 23.4℃,最低温度位于北墙接触面附近,为 10℃。粮堆南侧墙壁处稻谷温度梯度比北侧墙壁较小,主要是因为受太阳辐射的影响,导致南侧墙壁处稻谷温度比北侧墙壁稍高。中上部粮层温度较高且呈带状分布主要是由于探测点较少模拟受到条件限制,也有可能是因为上一周期通风时间较短,稻谷温度前沿没有越过粮堆以达到整体的降温效果。由图 6.24 可知,粮面处及粮堆与南北墙接触面上部稻谷水分升高,主要原因是粮仓微气流和温差导致的水蒸气压力梯度的影响,进而导致水分的迁移而减少。由图 6.25 可知,在粮堆内部南北墙界面处产生受温度梯度影响的竖直向下的旋转微气流,速度数量级为 $10^{-4}$m/s。由图 6.25 也可知,温度梯度的存在导致粮堆墙壁处附近粮食颗粒间产生自然对流,其加速了稻谷温度的传递和水分的迁移,进而导致粮堆内部温度成 U 形分布和粮面处水分升高。

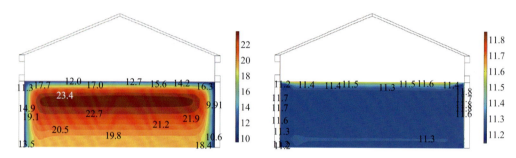

图 6.23　2015 年 12 月 14 日温度分布图(单位:℃)　图 6.24　2015 年 12 月 14 日水分分布图(单位:℃)

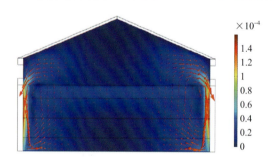

图 6.25　2015 年 12 月 14 日粮仓内微气流速度分布图(单位：m/s)

### 2) 横向机械通风阶段

　　以自然储藏(密闭储藏)阶段模拟(2015 年 12 月 14 日)的温湿度为初始条件,模拟 2015 年 12 月 15 日到 2016 年 1 月 5 日杭州地区粮仓夜间横向机械通风过程中粮堆内温度和水分的变化情况。

　　图 6.26～图 6.29 为横向机械通风阶段不同时期粮堆内温度分布图,其显示在横向机械通风过程中,粮堆内部温度存在温度前沿,随着通风时间的增加,粮堆沿跨度方向由北向南逐渐降温,进风口侧温度不断降低,出风口侧温度先升高后降低,由于机械通风前,粮堆内部温度分布不均匀,机械通风开始时,稻谷温度前沿为弧形,随着通风时间的增加,稻谷温度前沿逐渐接近竖直。由图 6.29 可知,横向机械通风后,粮堆内部稻谷

温度分布较为均匀，水平方向稍有不同是由于在较长机械通风的不同时期通风温度是随着外界环境气温变化的。从通风整体效果来看，机械通风有效地降低了粮堆内温度，且通风后稻谷温度差值在 1.5℃ 范围内，且横向通风能有效地防止通风后粮堆内部垂直方向温度梯度的产生。

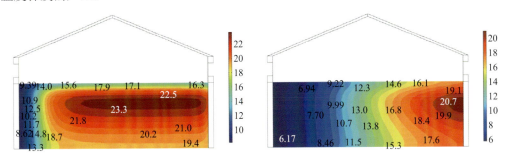

图 6.26　2015 年 12 月 16 日温度分布图(单位:℃)　图 6.27　2015 年 12 月 22 日温度分布图(单位:℃)

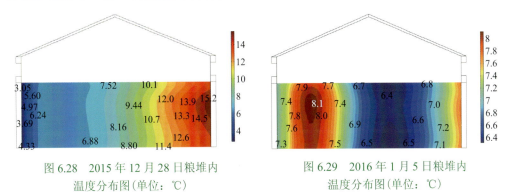

图 6.28　2015 年 12 月 28 日粮堆内温度分布图(单位：℃)　　图 6.29　2016 年 1 月 5 日粮堆内温度分布图(单位：℃)

由图 6.30～图 6.33 可知，在横向机械通风过程中，粮堆内部存在剧烈的热湿耦合作用，从而导致进风口侧粮堆内水分降低，同时在横向机械通风过程中，粮堆内水分也存在水分前沿问题，相对于温度前沿，水分前沿在通风过程中落后于温度前沿，也说明在机械通风过程中，粮堆内温度变化要快于水分变化。机械通风后，粮堆内部水分分布趋于均匀，但由于机械通风时剧烈的热湿耦合作用，南墙进风口处稻谷水分降低，粮面覆膜处稻谷水分稍高。

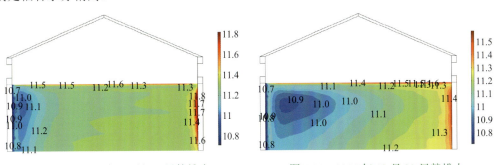

图 6.30　2015 年 12 月 16 日粮堆内水分分布图(单位：%)　　图 6.31　2015 年 12 月 22 日粮堆内水分分布图(单位：%)

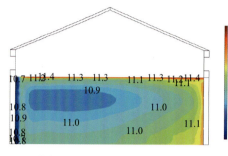

图 6.32　2015 年 12 月 28 日粮堆内
水分分布图(单位：%)

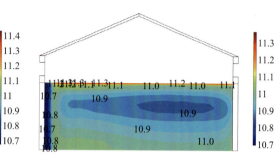

图 6.33　2016 年 1 月 5 日粮堆内
水分分布图(单位：%)

### 3) 通风后密闭储藏阶段

以机械通风后的模拟结果(2016 年 1 月 5 日)作为初始条件，模拟 2016 年 1 月 6 日到 12 月 1 日储藏期间粮堆内部温度、水分和微气流的变化情况。

由图 6.34 可知，粮堆内部最高温度位于南墙粮面处附近，为 15.4℃；最低温度为粮堆底部，为 9.4℃；粮堆内部温度呈现不均匀分布，主要原因是外界环境温度影响墙壁处和粮面附近处的温度，由于粮食颗粒的热惰性，其对粮堆内部的影响较小。比较南北侧墙壁附近处的温度可以发现，太阳辐射对温度有着显著的影响。对比图 6.29 可以发现，粮堆中心处稻谷温度缓慢升高且逐渐趋向均匀，这主要是粮堆内部存在较强的热量传递和呼吸作用使得粮堆温度逐渐升高。由图 6.35 可知，粮堆内部北墙与粮面交界处稻谷水分最高，为 11.2%，在南墙底部附近稻谷水分最低，为 10.3%。对比图 6.33 和图 6.35 的粮堆内部水分分布图可知粮堆内部水分变化较小，可以证明机械通风能有效地降低粮堆内部水分的迁移，原因是机械通风可以降低粮堆内部温度梯度，进而降低粮堆内部微气流运动和粮堆内部水分的迁移，同时也说明粮堆内部水分的迁移是一个缓慢的过程。由图 6.36 可知，粮堆内部南北墙附近处有竖直向上的旋转微气流，其中南墙因受太阳辐射的影响微气流速度较大，但速度数量级为 $10^{-5}$m/s，其充分证明了机械通风可以有效地抑制粮堆内部微气流的产生，且温差是影响粮堆内部微气流的重要因素。

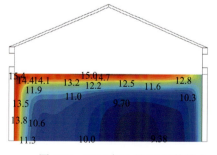

图 6.34　2016 年 4 月 25 日粮堆内
温度分布图(单位：℃)

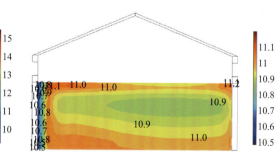

图 6.35　2016 年 4 月 25 日粮堆内
水分分布图(单位：%)

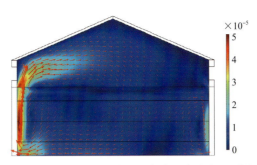

图 6.36　2016 年 4 月 25 日粮仓内微气流速度分布图(单位：m/s)

由图 6.37 可知，粮堆内部最高温度位于南墙粮面处附近，为 36.9℃，最低温度为粮堆底部，稻谷温度为 13.0℃。对比图 6.34 可以发现，表示温度梯度的色带范围变化较小，表明由于粮食的热惰性，外界环境温度的影响范围主要是位于墙壁 3m 内和粮面下 2m 内，其对粮堆内部温度的影响是缓慢而长期的过程。温度的 U 形不均匀分布主要是由于微气流对热量传递的加速作用。由图 6.38 可知，水分在粮面以下 0.5m 的南北方向 1/4～3/4 跨度处水分升高，这是由于粮堆内部水分受内部旋转微气流的驱动不断迁移，且夏季微气流速度较大，其水分迁移也较快。同时，由于夏季粮面处温度也较高，故粮面下方 0.5m 的南北方向四分之一至四分之三跨度处粮食易产生霉变，影响储粮安全。由图 6.39 可知，在夏季密闭储藏阶段，粮堆内部南北墙界面处产生受温度梯度影响的竖直向上的旋转微气流，速度数量级为 $10^{-4}$m/s，南墙附近处微气流速度大于北墙附近处微气流速度，主要是由于南侧受太阳辐射的影响加大了南墙处粮堆的温度梯度。

图 6.37　2016 年 8 月 15 日粮堆内温度分布图(单位：℃)　　图 6.38　2016 年 8 月 15 日粮堆内水分分布图(单位：%)

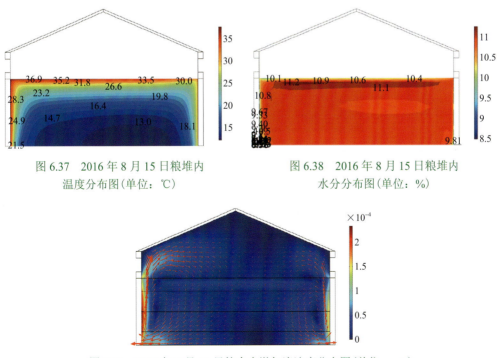

图 6.39　2016 年 8 月 15 日粮仓内微气流速度分布图(单位：m/s)

由图 6.40 可知,冬季粮堆内部会在南墙与粮面 0.5～1m 处附近产生高温奇点,温度为 25.6℃,其主要是由于外界环境的周期性变化以及太阳辐射和微气流的共同作用,与粮食的热惰性也有关,其温度不能较快地传递出去,进而产生了温度奇点。最低温度位于粮堆底部,为 16.5℃。对比图 6.37 可知,在一个储藏周期较长时间的密闭储藏过程中,粮堆内的呼吸作用是不能忽视的条件。由图 6.41 可知,粮面处稻谷水分较高,且南北墙底部附近稻谷水分也较为偏高,原因是水分迁移方向与微气流旋转方向有关,冬季墙壁处微气流方向竖直向下。同时,横向通风使得南侧墙壁附近水分降低,能有效减少冬季南侧墙壁与粮面处温度奇点处粮食的霉变率。由图 6.42 可知,在冬季密闭储藏阶段,粮堆内部南北墙界面处产生受温度梯度影响的竖直向下的旋转微气流,速度数量级为 $10^{-4}$m/s,南墙处微气流速度较小,同样也是受太阳辐射的影响,导致温度梯度较北墙处较小。

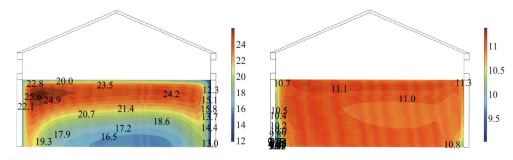

图 6.40　12 月 1 日粮堆内温度分布图(单位:℃)　图 6.41　12 月 1 日粮堆内水分分布图(单位:%)

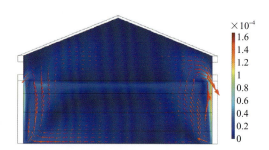

图 6.42　12 月 1 日粮仓内微气流速度分布图(单位:m/s)

### 4) 数值模拟温度与实测温度对比

由于技术条件的限制,粮情检测系统主要探测粮堆内部温度数据,对粮堆内部的水分探测点较少,故本书主要使用实测温度数据与数值模拟温度数据进行对比研究。图 6.43～图 6.47 为杭州大运河粮库稻谷储藏近一年周期(密闭储藏加横向机械通风阶段)内的模拟温度与实测温度对比图,其中第一层为上部粮层,即距粮面 0～1m 厚度处粮层,第二层为中上部粮层,即距离粮面 1～2.5m 厚度处粮层,第三层为下部粮层,即距离地面 1～2.5m 处粮层,第四层为底部粮层,即距离地面 0～1m 处粮层。

图 6.43～图 6.46 是各个粮层的平均温度的实测数据和模拟数据的对比情况。从图 6.43～图 6.46 可以看出,粮堆中各层实测温度数据和模拟温度数据变化趋势基本相同,误差基本保持在 2～3℃,说明模拟温度和实测温度较为吻合。

图 6.43　第一层粮层实测温度与模拟温度对比图

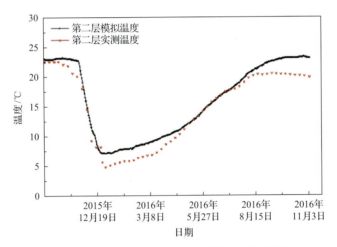

图 6.44　第二层粮层实测温度与模拟温度对比图

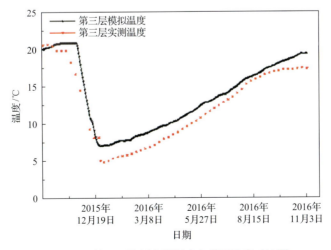

图 6.45　第三层粮层实测温度与模拟温度对比图

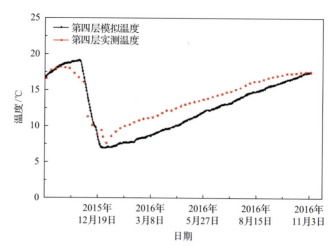

图 6.46 第四层粮层实测温度与模拟温度对比图

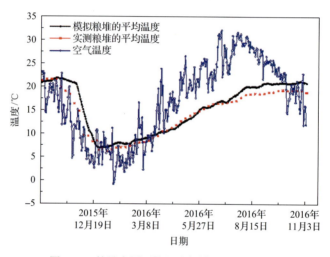

图 6.47 粮堆实测平均温度与模拟温度对比图

由图 6.47 可知，从粮堆整体平均温度对比可以发现，模拟结果与实测结果吻合较好，验证了该模型的正确性，同时通过粮堆内部平均温度和外界环境温度对比可发现粮堆内平均温度变化趋势落后于外界环境温度。因此，粮仓墙壁对外界环境温度具有温度迟滞性作用。

### 2. 宿州地区粮仓数值模拟与实验对比研究

#### 1) 通风前密闭储藏阶段

以 2016 年 2 月 1 日的温度和水分条件为初始条件，模拟 2016 年 2 月 1 日到 2016 年 11 月 7 日密闭储藏过程中的粮堆内部温度、水分和微气流的变化情况。

由图 6.48 可知，粮堆内部最高温度在南墙与粮面交界处附近，此处稻谷温度为 25.0℃，最低温度在粮堆底部 2m 处，此处稻谷温度为 8.14℃。其呈现较小的 U 形弧状分布，主要是由于微气流速度较小，对热量传递的加速驱动作用较小，同时也证明了外界环境温度对粮堆温度的影响是缓慢的。由图 6.49 可知，粮面处及粮堆与南北墙接触面上部稻谷水分较高，原因是受到粮堆内部微气流的驱动作用。由图 6.50 可知，粮堆内部南北墙附近处会产生竖直向上的旋转微气流，速度数量级为 $10^{-4}$m/s。

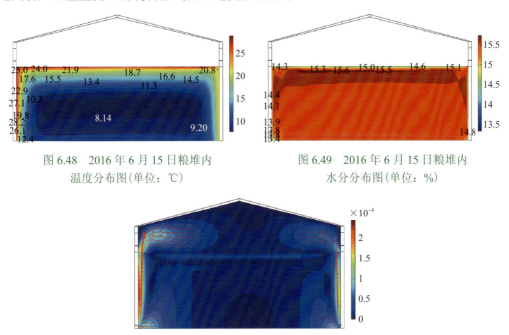

图 6.48　2016 年 6 月 15 日粮堆内温度分布图(单位：℃)　　　图 6.49　2016 年 6 月 15 日粮堆内水分分布图(单位：%)

图 6.50　2016 年 6 月 15 日粮仓内微气流速度分布图(单位：m/s)

由图 6.51 可知，粮堆内部最高温度位于南墙与粮堆交界面上部，此处稻谷温度为 32.8℃，最低温度位于粮堆底部，此处稻谷温度为 10.5℃。从图 6.51 中可以看出，南侧壁面处温度比北侧墙壁温度高，证明太阳辐射对粮堆墙壁附近温度有显著的影响，同时粮面处附近温度较低是由于粮仓上部空气区域在夏季阶段开启恒温空调，并保持空气恒温在 20℃，其表明夏季使用恒温空调能有效降低大部分粮面处温度。由图 6.52 可知，水分在粮面以下 0.5m 的南北方向四分之一至四分之三跨度处稻谷水分较高，南北墙面下部附近稻谷水分降低，对比图 6.38 可以发现，夏季使用恒温空调对粮面处稻谷水分的聚集影响较小，其也有效证明了粮堆内部水分迁移主要受微气流的影响。由图 6.53 可知，在夏季，粮堆内部南北墙附近处会产生竖直向上的旋转微气流，速度数量级为 $10^{-4}$m/s，其中南墙附近受太阳辐射的影响，温差较高，故其微气流速度越大。

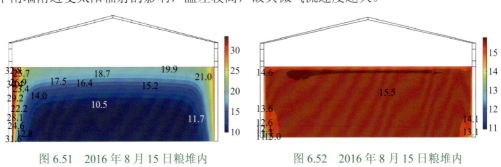

图 6.51　2016 年 8 月 15 日粮堆内温度分布图(单位：℃)　　　图 6.52　2016 年 8 月 15 日粮堆内水分分布图(单位：%)

图 6.53　2016 年 8 月 15 日粮仓内微气流速度分布图(单位：m/s)

由图 6.54 可知，冬季粮堆内部会在南墙与粮面 0.5～1m 处附近产生高温奇点，稻谷温度为 22.5℃，最低温度位于粮堆底部，为 12.7℃。通过与图 6.23 对比可以发现，虽然外界环境温度和房式仓跨度有差异，但房式仓粮堆内部在冬季产生温度奇点的位置相似，对房式仓粮堆应加强此位置的检查，保证储粮安全。由图 6.55 可知，粮堆南墙和粮面交界处稻谷水分最高，为 16.1%，南墙底部附近稻谷水分最低，为 12.9%，这主要是受粮堆内部微气流长时间的驱动作用导致的。由图 6.56 可知，南北墙附近的旋转微气流与夏季相比较为减弱，南墙附近由于太阳辐射作用的影响，气流方向在墙壁处竖直向上，但北侧墙壁处微气流运动较为复杂，墙壁处附近存在竖直向下的旋转微气流，而稍内侧微气流则与墙壁处附近气流速度方向相反。

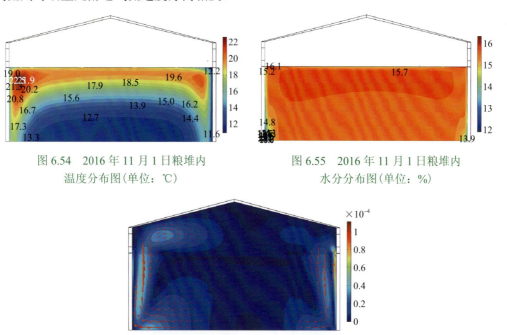

图 6.54　2016 年 11 月 1 日粮堆内
温度分布图(单位：℃)

图 6.55　2016 年 11 月 1 日粮堆内
水分分布图(单位：%)

图 6.56　2016 年 11 月 1 日粮仓内微气流速度分布图(单位：m/s)

### 2) 垂直(下行)机械通风阶段

以上一步密闭储藏阶段模拟的温度和水分(2016 年 11 月 7 日)为初始条件，模拟 2016 年 11 月 8 日到 2016 年 11 月 11 日宿州地区粮仓垂直(下行)机械通风过程中粮堆内温度和水分的变化情况。

图 6.57 和图 6.59 为冬季垂直(下行)机械通风阶段粮堆内温度分布图,其显示在垂直(下行)机械通风阶段,粮堆内温度同样会产生温度前沿问题。由图 6.59 可知,在进行机械通风后,粮堆内温度分布相对均匀,但通过与图 6.29 横向机械通风后粮堆温度分布图对比,可以发现横向机械通风较垂直(上行)机械通风能更有利于消除粮堆内部垂直方向上的温度梯度,且更有利于防止通风后密闭储藏阶段粮堆内部温度分布不均匀。图 6.58 和图 6.60 为机械通风阶段粮堆内水分分布图,其显示垂直(下行)机械通风过程中,粮堆内部水分也存在水分前沿问题,粮面处稻谷水分较低是垂直(下行)机械通风过程中,粮面处粮食颗粒存在剧烈的吸湿与解吸湿作用,导致稻谷水分进一步降低。

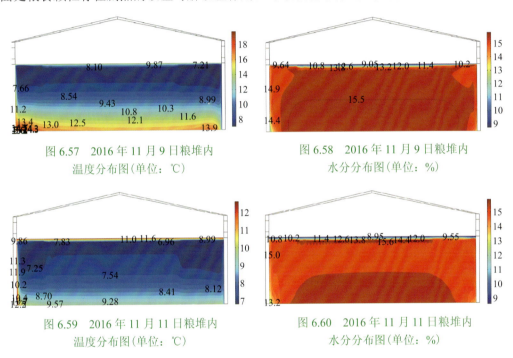

图 6.57　2016 年 11 月 9 日粮堆内
温度分布图(单位:℃)

图 6.58　2016 年 11 月 9 日粮堆内
水分分布图(单位:%)

图 6.59　2016 年 11 月 11 日粮堆内
温度分布图(单位:℃)

图 6.60　2016 年 11 月 11 日粮堆内
水分分布图(单位:%)

### 3)机械通风后密闭储藏阶段

以机械通风阶段模拟的温度和水分(2016 年 11 月 11 日)为初始条件,模拟 2016 年 11 月 12 日到 2016 年 12 月 1 日宿州地区粮仓密闭储藏过程中粮堆内温度和水分的变化情况。

由图 6.61 可知,粮堆内部温度最高为粮堆南墙上侧,为 13.3℃,最低温度位于距离粮堆底部 1m 处,为 8.22℃,对比图 6.59 可以发现,房式仓自然储藏粮堆短时间内受外界环境影响较小,外界环境对粮堆的影响是一个缓慢而长期的过程。由图 6.62 可知,粮堆内中心处水分较高,为 15.5%,且其受粮堆内部微气流的影响。由图 6.63 可知,机械通风后,粮堆内部微气流显著降低,数量级为 $10^{-5}$ m/s,同时受太阳辐射的影响南墙附近产生竖直向上的旋转微气流,北墙附近产生竖直向下的旋转微气流。

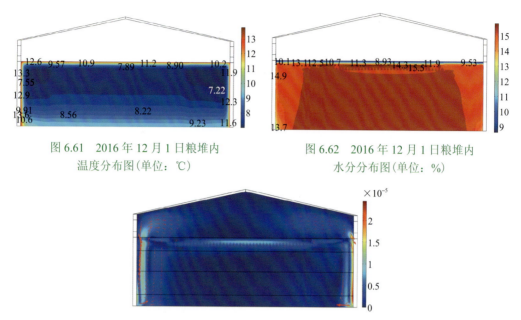

图 6.61　2016 年 12 月 1 日粮堆内
温度分布图(单位：℃)

图 6.62　2016 年 12 月 1 日粮堆内
水分分布图(单位：%)

图 6.63　2016 年 12 月 1 日粮仓内微气流速度分布图(单位：m/s)

4) 数值模拟温度与实测温度对比

图 6.64 是宿州地区粮仓稻谷模拟的粮堆平均温度与实测平均温度对比图。由图 6.64
可知，从粮堆整体平均温度对比可以发现，模拟结果与实测结果比较吻合，也验证了该
模型的正确性，同时也可以看出粮仓墙壁对外界温度存在迟滞性作用。

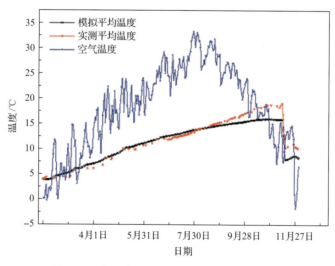

图 6.64　粮堆实测平均温度与模拟温度对比图

通过以上研究可以发现，在密闭储藏阶段，外界环境主要影响粮堆内部靠近墙壁
0.0～3.0m 以及粮面以下 1m 处的粮食颗粒温度，南墙由于太阳辐射作用比北墙处温度较
高，由于粮食本身的热惰性，外界环境对粮堆内部的影响是缓慢而长期的过程。

在夏季时，粮面下方 0.5m 的南北方向四分之一至四分之三跨度处温度和水分较高，粮食极易产生霉变，需重点监控该位置的水分，在冬季时，南墙与粮面处附近容易产生温度奇点，危害储粮安全。粮堆内部温度受粮食自身呼吸作用的影响，会加剧粮堆温度的升高，虽然呼吸作用对温度的影响是缓慢而长期的过程，但对于长时间密闭储藏其是不可忽略的。

在粮食储藏过程中，由于受仓外大气温度变化的影响，粮堆局部温度和水分过高，故需要选取合适的气候条件进行机械通风。机械通风能有效降低粮堆内部的温度梯度，进而降低粮堆内部微气流速度，减低粮堆内部水分的迁移速率，保证储粮安全。在机械通风过程中存在剧烈的热湿耦合作用，其会导致进风口位置粮堆水分进一步降低，而粮堆内部会存在温度前沿和水分前沿，其中温度前沿比水分前沿推进较快，其主要原因是粮食颗粒本身的特性决定其较容易与颗粒孔隙中的空气进行热量的传递，而水分迁移相对较慢。通过对比横向机械通风和垂直(下行)机械通风，可以发现横向机械通风比垂直(下行)机械通风能更有效降低竖直方向的温度梯度，进而降低粮堆内部中心处微气流的产生，减少粮堆内部的水分迁移。

粮堆内部微气流的产生主要是由于粮堆内部存在温度梯度。微气流主要产生于粮堆与壁面交界处温度梯度较大的区域，温度梯度越大，微气流速度越大，其方向也与温度梯度方向有关，而粮堆内水分的迁移也主要受微气流的影响。

### 6.3.3　长期储藏粮食时通风降温效果的数值模拟分析

房式仓储藏粮食周期一般都较长，有时三年才轮换一次。为保证安全储粮，避免粮温和水分升高，需要进行机械通风。机械通风是降低粮温、防止粮食霉变的重要手段。通常情况下，收购的稻谷在 9～11 月份入仓储存，入仓时稻谷的温度和水分均较高，需要在秋冬季节选择合适的气候条件进行机械通风来降低粮仓内稻谷的温度和水分，以保证下一年储粮安全。因为房式仓储粮数量大，价值较高，在实际中难以进行入仓后不进行机械通风的破坏性实验，所以采用模拟方法来预测稻谷入仓后不进行机械通风，监测储藏一年过程中粮堆内部温度、水分及微气流的变化情况。

选取某粮仓的储藏稻谷为研究对象，稻谷入仓时初始粮温为 30℃，水分含量为 14%。数值预测分为两种情况，一是假设从当年的 9 月 1 日入仓到次年 8 月份储藏期间进行一次机械竖向通风，机械通风的时间假设为 11 月 25 日至 11 月 30 日，机械通风方式为垂直(上行)机械通风，通风时取当地大气的温湿度作为入口条件，机械通风量为 15m³/(h·t)；二是不进行机械通风，一直是密闭储藏的情况；针对这两种情况，开展储藏期间储粮温度及水分变化顾虑的数值预测分析，并考察通风对储粮温度及水分的改变情况。数值模拟的大气条件如图 6.21 和图 6.22 所示。

图 6.65～图 6.76 分别为不进行机械通风和进行机械通风时粮堆内部温度、水分和微气流速度的分布图。

图 6.65、图 6.67、图 6.69 分别为不进行机械通风从当年 9 月 1 日储存到 12 月 1 日粮堆内部温度、水分和微气流速度的分布图。从图中可以看出，粮堆内部温度为不均匀的 U 形分布，南墙附近的温度梯度比北墙附近小，粮面处水分较高，同时由图 6.69 可知粮堆内部墙壁处存在着旋转微气流，粮堆内部的微气流加速了粮堆内部温度与水分的迁

移,其方向与微气流的方向有关。

图6.66、图6.68、图6.70分别为从11月25日至11月30日进行机械通风后12月1日的粮堆内部温度、水分和微气流速度的分布图。从图中可以看出,粮堆下部温度比上部温度低且低于机械通风时的温度,粮堆下部水分变化较大,这是由于在机械通风过程中,粮食颗粒存在剧烈的吸湿与解吸湿作用而改变了粮堆的水分。同时,可以看出机械通风后粮堆内部温度分布较为均匀,与外界环境的温度梯度减小,导致如图6.70所示的粮堆内部微弱气流速度以及影响范围的减小,这说明机械通风是降低粮堆内部温度和水分的有效途径。

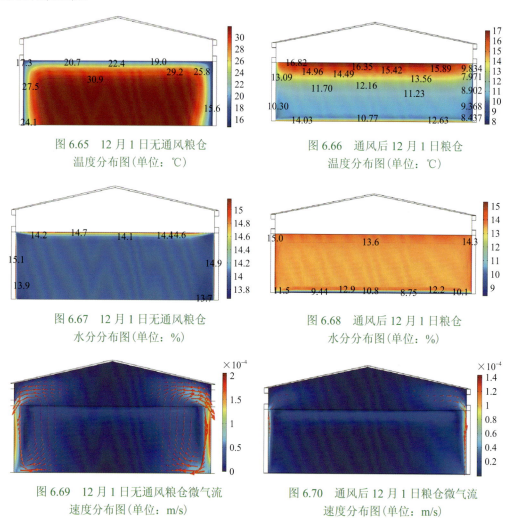

图6.65　12月1日无通风粮仓温度分布图(单位:℃)

图6.66　通风后12月1日粮仓温度分布图(单位:℃)

图6.67　12月1日无通风粮仓水分分布图(单位:%)

图6.68　通风后12月1日粮仓水分分布图(单位:%)

图6.69　12月1日无通风粮仓微气流速度分布图(单位:m/s)

图6.70　通风后12月1日粮仓微气流速度分布图(单位:m/s)

图6.71、图6.73、图6.75分别为不进行机械通风储藏到次年6月份粮堆内部温度、水分和微气流速度的分布图。由图6.71可知,粮堆内温度呈现分三区域分布,中间粮堆温度较高为热芯粮状态,其温度远远超过了粮食储藏安全温度,而两侧粮堆内温度相对较低。从图6.75可以看出,不进行机械通风降温的粮仓在密闭储藏过程中,粮堆内部微

气流由于温度的三区域状态分布而形成波及整个粮堆范围的两个旋转微气流，从而导致图 6.73 所示粮堆顶部四分之一及四分之三跨度距离处水分明显升高，出现水分结顶现象，危害储粮安全。

　　图 6.72、图 6.74、图 6.76 分别为 11 月份机械通风后进行储藏到次年 6 月份的粮堆内部温度、水分和微气流速度的分布图。通过对比可以发现，经过机械通风后的密闭储藏粮堆，其内部温度分布为典型的 U 形冷芯粮状态，粮堆内部温度较低，粮堆内部水分较为均匀，但由于次年春夏季气温的升高导致两侧墙壁以及粮面附近水分较高。

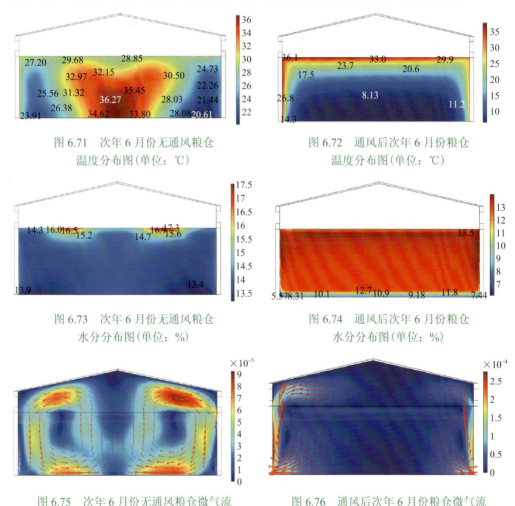

图 6.71　次年 6 月份无通风粮仓温度分布图(单位：℃)

图 6.72　通风后次年 6 月份粮仓温度分布图(单位：℃)

图 6.73　次年 6 月份无通风粮仓水分分布图(单位：%)

图 6.74　通风后次年 6 月份粮仓水分分布图(单位：%)

图 6.75　次年 6 月份无通风粮仓微气流速度分布图(单位：m/s)

图 6.76　通风后次年 6 月份粮仓微气流速度分布图(单位：m/s)

　　通过对比分析可以发现，外界环境温度主要影响粮堆内部墙壁面和粮面附近处的温度与水分，而且长期储藏且不通风时，粮堆内部温度受粮食颗粒呼吸作用的影响会逐渐升高。若适时对粮堆进行降温通风，不但可以降低局部高温和水分，而且可以减小粮堆内部微气流的大小及范围，从而降低粮堆内部温度与水分的迁移，故机械通风是保证安全储粮的主要技术手段。

# 6.4 仓储稻谷多场耦合传递过程的模拟研究

储粮生态系统是一个封闭或半封闭生态系统，主要由粮仓围护结构、粮堆、物理和生物因子四部分组成。该系统不仅涉及粮仓内部各种生物因子(虫霉等)、非生物因子(温湿度、水分和气体浓度等)，还受到仓外的局地大气环境(风速、大气温湿度和太阳辐射等)的影响。一般来说，储粮生态系统的各种物理、化学和生物现象都不是单独存在的，各种生物和非生物因素及其参量之间相互耦合、相互影响。

生物和非生物因子的耦合关系，一方面，粮堆的温湿度和水分影响到粮堆的自呼吸，以及虫霉的生长和演替；另一方面，粮堆的自呼吸作用、虫霉的发生和发展都会产生热量和水分，又会影响到粮堆内部的热湿迁移。因此，储粮生态系统中粮堆温度和水分与粮堆自呼吸、虫霉的演替是紧密相关的，它们相互作用，相互影响。

目前，许多研究人员主要集中于局地气候条件对粮堆内部温度、水分的影响进行研究，而对于储粮生态系统中生物场的研究相对较少。因此，采用数值模拟方法，开展基于粮堆温湿度(水分)的害虫、霉菌(真菌孢子数)和稻谷黄变的数值模拟研究，探究储粮生态系统生物场的发生发展规律，对于保证储粮安全、防止储粮的劣变有着重要的现实意义[14]。

## 6.4.1 虫霉演替和稻谷黄变的预测模型

### 1) 米象种群数量的数值预测

式(6.10)和式(6.11)是基于实验数据回归而得到的害虫生长率模型，在已知害虫初始分布(虫口密度)条件下，将粮堆温度、水分分布与害虫种群数量模型相结合，可以预测粮堆内部害虫种群的数量。也就是，根据获得的温度场和水分场，计算出粮堆内部的害虫生长率，进而得到粮堆内部害虫种群数量。由于害虫种类较多，这里以米象作为研究对象，开展数值模拟研究工作。

### 2) 真菌孢子数生长发展的数值预测

有害生物的活动是造成储粮发热的重要因素，尤其是微生物的作用是导致发热的重要因素。在储藏过程中，储粮真菌逐步取代田间真菌起主导作用，在湿度为 70%～90%时，储藏真菌即开始繁殖，特别是以曲霉和青霉为代表的霉菌活动，在粮堆发热过程中产生了大量的热量，据测定，霉菌的呼吸强度比粮堆自身的呼吸强度高上百倍乃至上万倍。在常温下，当粮食水分在 13%～14%时，粮食和微生物的自呼吸都很微弱，但当粮食水分较高时，微生物的呼吸强度要比粮食高得多。

储粮中真菌的生长活动依赖于很多因素，但主要与粮堆温度、水分和气体浓度有关。为了简化问题，根据实验数据回归，得到了粮堆中真菌孢子数模型。该研究基于实验数据回归得到的真菌数量模型，开展真菌演替的数值模拟研究。真菌数量模型见式(6.12)。

3) 稻谷黄变的数值预测

稻谷在储存过程中会发生颜色的变化，逐渐由白色变成黄色，这个过程称为稻米的黄变，从而形成黄粒米。稻米的黄变是由稻米中某些成分在一定的条件下发生化学反应，或者是大米粒中微生物繁殖生长引起的。通常，稻谷收获期间如遇高温多雨或未能及时脱粒干燥，湿谷堆积在一起，米质容易变黄，胚乳呈黄色，形成黄粒米。储藏中如通风时机掌握不当或通风后温度不均，引起稻谷发热也会出现黄粒米。而且，稻谷的水分越高，发热次数越多，出现黄粒米就越多，储存年限越久黄粒米就越多，黄粒米直接影响粮食的色泽、气味及食用品质。

为了研究稻米的黄变规律，取稻米的色度值作为研究对象，探究粮食储藏过程中稻米色度的变化，进而获得稻米黄变的大小，其预测模型见式(6.13)～式(6.15)。

## 6.4.2　虫霉演替和稻谷黄变的模拟结果

### 1. 虫害和霉菌(孢子数)生长的数值预测结果及分析

虫害生长率数值预测以杭州地区某粮仓储藏稻谷为研究对象，图 6.77 为稻谷入仓后储藏 75 天(2015 年 12 月 14 日)害虫生长率的分布图。由式(6.10)和式(6.11)可知，害虫生长率和湿球温度有关，而湿球温度又与粮温和相对湿度关联，尤其是与粮温关系密切。结合图 6.23 可以看出，储藏至 75 天时，害虫生长率分布与温度场分布相似，在温度较高的地方害虫生长率较大，为 0.34～0.38，而底层生长率大致为 0.21，且靠近墙面附近区域，由于粮温较低，害虫生长率也较小。

由式(6.12)可知，霉菌数量与储藏时间、粮堆粮温和水分都有关系，尤其是与粮堆水分关系更密切。结合图 6.23 和图 6.24 可知，粮仓是一个热芯粮的状态，中间温度高、四周边界温度低，靠近南北墙的区域和粮层表面区域的水分相对较高。从图 6.78 可以看

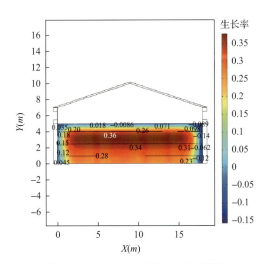

图 6.77　第 75 天害虫生长率分布图

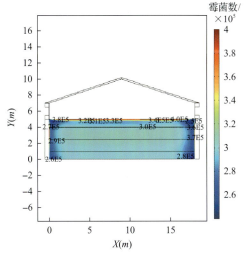

图 6.78　第 75 天霉菌数量分布图(单位：个)

出,储藏至 75 天时霉菌分布在粮食中心区域的数量为 $3 \times 10^5$ 个,靠近墙壁附近的为 $2.8 \times 10^5$ 个左右。但是经研究发现霉菌数量在 $10^6$ 个以下属于安全可控范围之内,所以 75 天过程中不会爆发霉菌灾害。

图 6.79 为稻谷储藏 75 天后进行降温通风后的害虫生长率分布图。由于虫害生长率受温度影响较大,结合图 6.29 和图 6.33 可知,通风后害虫生长率为负值,也就是说仓内环境已经完全不适宜虫害的生长,说明害虫不再繁衍生长,此时结合温度图可知粮温已经整体降到 4℃ 左右,有效地抑制了虫害的生长。

图 6.80 为通风后霉菌数量分布图。可以看出,通风后的霉菌数量增长至 $5 \times 10^5 \sim 1 \times 10^6$ 个,霉菌数量最大的区域在靠近北墙和粮面的角落里,这主要是由于霉菌的生长不仅与粮温有关,更主要的是与水分有关,同时还与储藏时间有关。因此,控制粮堆的水分是抑制霉菌生长的关键所在。

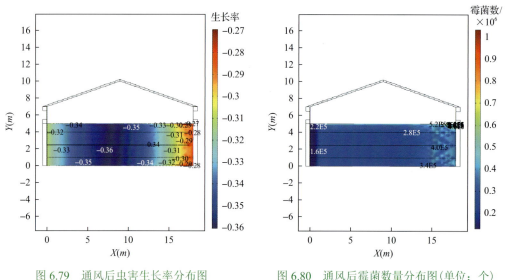

图 6.79  通风后虫害生长率分布图  图 6.80  通风后霉菌数量分布图(单位:个)

## 2. 稻谷黄变值的数值预测结果及分析

图 6.81 为储藏过程中的黄变值分布图。由式(6.13)～式(6.15)可知,稻谷的黄变与粮堆中温度和湿度有直接关系,粮堆内部的湿度与水分是正相关的。图 6.81 中靠近仓壁附近的区域黄变情况比中心区域略微严重,可能是由于该区域的水分含量较大,而且霉菌生长较快。分析其原因,主要是由于稻谷的黄变不仅与温度有关,而且与水分有关系。稻谷黄变是稻谷在储藏过程中受到温湿度和霉菌的影响使色素沉积而导致的,其中由霉菌导致的黄变的粮食会产生毒素,食用后会影响人体健康,所以有效控制温湿度对黄变进行调控有非常重要的意义。

图 6.82 为通风后稻谷的黄变值分布图。可以看出,图 6.82 中靠近南墙和北墙附近的区域的黄变情况比中心区域略高一点。分析其原因,主要是由于通风不仅使粮堆温度降

低，同时粮堆中的水分分布也发生改变。从图 6.29 和图 6.33 可以看出，通风后温度前沿已经迁移至北墙附近，水分前沿其实也聚集在南墙进风口附近。因此，通风后粮仓中靠近南墙和北墙附近的区域的黄变值比中心区域略高。

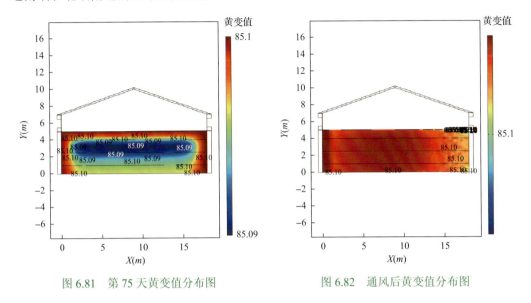

图 6.81　第 75 天黄变值分布图　　　　图 6.82　通风后黄变值分布图

## 参 考 文 献

[1] Khankari K K, Patankar S V, Morey R V. A mathematical model for natural convection moisture migration in stored grain[J]. Transaction of the ASAE, 1995, 38(6): 1777-1787.

[2] 王远成, 亓伟, 张中涛. 圆筒仓内自然对流对粮堆热湿传递的影响研究[J]. 水动力学研究与进展 A 辑, 2014, 29(4): 487-496.

[3] Thorpe G R. The application of computational fluid dynamics codes to simulate heat and moisture transfer in stored grains[J]. Journal of Stored Products Research, 2008, 44(1): 21-31.

[4] Desmarchelier J M. The relationship between wet-bulb temperature and the intrinsic rate of increase of eight species of stored-product Coleoptera[J]. Journal of Stored Products Research, 1988, 24(2): 107-113.

[5] 张海洋, 欧阳毅, 祁智慧, 等. 稻谷储存水分和温度对真菌生长和稻谷主要品质的影响[J]. 粮油食品科技, 2017, 25(2): 39-43.

[6] Prachayawarakorn S, Choteboon C, Soponronnarit S. Simultaneous momentum, heat and mass transfer with color change during paddy storage in silo[J]. Drying Technology, 2005, 23(1-2): 205-223.

[7] Wang Y C, Yang K M, Zhang Z T, et al. Natural convection heat and moisture transfer with thermal radiation in a cavity partially filled with hygroscopic porous medium[J]. Drying Technology, 2016, 34(3): 275-286.

[8] Brinkman H C. A calculation of the viscous force exerted by a flowing fluid on a dense swarm of particles[J]. Flow, Turbulence and Combustion, 1947, 1(1): 27-34.

[9] Singh A K, Thorpe G R. Natural convection in a confined fluid overlying a porous layer—A study of different models[J]. Indian Journal of Pure and Applied Mathematics, 1995, 26: 81-95.

[10] Akiyama M, Chong Q P. Numerical analysis of natural convection with surface radiation in a square enclosure[J]. Numerical Heat Transfer, Part A: Applications, 1997, 32(4): 419-433.

[11] Beckermann C, Ramadhyani S, Viskanta R. Natural convection flow and heat transfer between a fluid layer and a porous layer inside a rectangular enclosure[J]. Journal of Heat Transfer, 1987,109（2）: 363-370.

[12] 尹君. 小麦粮堆多场耦合模型及结露预测研究[D]. 长春: 吉林大学, 2015.

[13] 潘钰. 房式仓粮堆自然储藏和机械通风过程中热湿耦合问题的研究[D]. 济南: 山东建筑大学, 2017.

[14] 鲁子枫. 仓储稻谷粮堆双区域多尺度多场热湿传递的模拟研究[D]. 济南: 山东建筑大学, 2019.

# 第7章

# 储粮通风模式及其数值模拟方法

## 7.1　储粮通风的目的

经过长期的实践和理论研究，普遍认为 15℃以下的温度是粮食低温储藏的理想温度，在这样的温度环境下，可以有效地限制粮堆中生物体的生命活动，延缓储粮品质的劣变速度。除了温度以外，粮食的水分也是影响粮食储藏品质变化的重要因素之一，水分高的粮食在相同的温度下更容易劣变，因此通常把粮食的安全水分规定在 12%～12.5%。

基于此，储粮通风的目的是借助机械通风系统强制地把粮堆外部具有一定温度和湿度的空气送入粮堆内部，使粮堆内部的湿热空气与粮堆外部的冷空气进行热质交换，从而改变粮堆内部的温度和湿度，调整粮食中的温度和水分，使得储粮的温度和水分低于安全温度和水分，以保障粮食的安全储存。另外，适当地控制粮堆的温度和水分，还可以抑制粮堆中虫害、霉菌的生长和繁育，降低储粮品质的劣变速度，从而达到安全储粮的目的。

就仓机械通风作为储粮生态系统热湿调控的方法之一，在粮食储藏中具有降温效果显著、费用较低等特点，在确保储粮安全方面发挥着至关重要的作用[1]。

## 7.2　储粮通风系统和通风模式

### 7.2.1　储粮通风的功能

#### 1. 控制温度通风

利用机械通风系统对整仓或局部粮堆进行通风降温，从而达到控制储粮发热霉变、抑制储粮虫害、延缓储粮陈化、劣变的目的[2]。根据降温通风的目的不同又可细分为以下几个方面。

(1)整仓降温通风：对整个粮仓内的粮食进行降温通风，从而使得整个粮仓的粮温达到安全储粮的温度。

(2)局部降温通风：对粮仓内温度较高的某个局部位置粮食进行降温通风，从而使得局部较高的粮温降下来，以达到安全储粮的目的。

(3)维持通风：利用极低风量进行通风，以维持粮堆温度，防止或消除水分转移，避免粮温分层和水蒸气结露。

### 2. 控制水分通风

通过机械通风降低储粮的水分，控制储粮水分处于安全水分范围，防止储粮霉变和劣变，提高储粮稳定性，保证储粮安全；或者保持储粮水分基本不变，在保障安全储粮的同时减少储粮水分损失。控制水分通风分为以下几种形式。

(1)自然降水通风：利用自然界的大气对粮堆进行通风降水，使整个粮仓内的粮食水分降低到安全水分。

(2)干燥降水通风：利用加热后的空气对粮堆进行通风降水，使整个粮仓内的粮食水分得以快速降低，从而达到粮食储藏的安全水分。

(3)局部降水通风：对粮仓内水分较高的某个局部位置的粮食进行通风干燥，从而使得局部水分较高的粮食水分降下来。

(4)保水通风：在保障安全储粮的前提下，利用通风系统使用合理的通风策略来保持储粮水分不变，减少粮食水分的储藏损失。

### 3. 调质通风

选择合适的空气温湿度进行通风，从而调节储粮的水分，改善储粮加工性能。调质通风分为以下几种形式。

(1)自然空气加湿通风：利用自然界中具有一定湿度的空气对粮堆进行加湿通风，适当地提高储粮的水分，以适应加工要求。

(2)人工加湿通风：通过人工的方法对空气进行加湿处理，并利用加湿的空气对粮堆进行通风，适当地提高储粮的水分，以适应加工要求。

### 4. 环流熏蒸通风

利用低速气流将杀虫剂均匀地送入粮堆并使之均匀分布，从而实现储粮的熏蒸杀虫。

### 5. 环流均温通风

在夏秋季表层粮温较高时，对粮堆进行循环通风，利用冬季蓄冷形成的粮堆冷芯中的冷量来冷却粮堆中高温处的粮食，从而均化粮堆内部温度。

### 6. 仓内排积热通风

利用干燥的冷空气对粮堆上部的空气进行置换通风，从而排除粮堆内的部分热量和湿量。

## 7.2.2 通风系统组成和通风模式

储粮通风系统通常由以下几部分组成：粮堆内部风笼、粮堆外部通风道、通风机(轴流风机或离心风机)、进出风口(包括可调节开启度的窗户),有时还有覆盖粮堆顶层的薄膜等。

根据储粮通风工艺中气流流向不同,可以将储粮通风分为竖向通风、横向(水平)通风和环流通风三种模式,其中,竖向通风模式又分为下行式通风模式和上行式通风模式[3]。各种通风模式分述如下。

### 1. 下行式通风

通风道敷设在地面,空气由通风窗入口进入粮食表面,进入粮堆后从上向下穿过粮层,从下部的通风口流出,粮堆内气流分布比较均匀。下行式通风分为通风窗压入式和通风口吸出式两种,如图 7.1 所示。

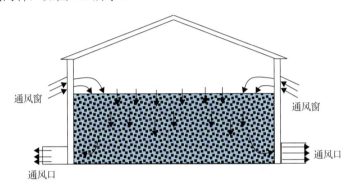

图 7.1　下行式通风模式示意图

对于通风口吸出式,它有以下优点:

(1)在通风口吸出式的通风中,由于进入粮堆的空气没有受到风机旋转加热,所以进入粮堆的空气与周围环境的温度相同。

(2)由于下行通风时底部通风管和地面靠近热风出口,所以水蒸气不会在管道或地面凝结,也不会在粮堆中凝结。

但是,下行气流也存在以下缺点。

(1)通风口吸出式下行通风时,由于气流与周围环境具有相同的湿度,所以粮堆可能会在不需要加湿的情况下而被加湿。

(2)由于太阳的辐射作用,在某些时候顶部和粮堆上表面的温度高于周围环境的温度,气流进入粮仓顶部时会被加热,从而导致粮食的过度干燥。

### 2. 上行式通风

通风道敷设在地面,空气由通风入口进入地上笼,气流穿过通风笼孔隙,进入粮堆后从下向上穿过粮层,从上部的排风口流出,粮堆内气流分布比较均匀。上行式通风分为通风窗吸出式和通风口压入式两种,如图 7.2 所示。

对于上行压入式通风,它有以下优点:

(1)通风口压入式通风时,电机和风机的热量可以减小吹入粮堆内部的空气的相对湿度，因此减小了粮食被潮湿空气加湿的危险。

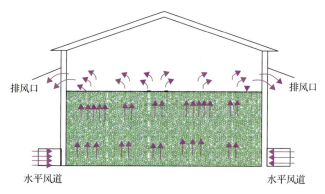

图 7.2　上行式通风模式示意图

（2）在较浅的粮仓内，强制流动的气流通过较长的地面通风管道时，要比吸出式能够产生更均匀的气流分布。

但是，上行气流也存在一定的缺点。

（1）通风口压入式通风时，当空气通过风机时，空气温度有所升高，这样就减小了空气的相对湿度，可能造成粮食的过度干燥。

（2）当具有一定温湿度的空气离开粮堆顶部表面时，可能会在墙壁和屋顶结露，凝结的水滴落到粮粒上就会引起粮食的霉变。

## 3. 横向（水平）通风

把两组通风笼沿高度方向垂直安装在粮仓跨度方向的两个内墙上，气流由粮仓另一侧进风口进入通风笼，然后水平穿过粮堆，并经由另一侧的通风笼而被吸出，从而实现了沿着粮仓跨度方向的水平通风，如图 7.3 所示。

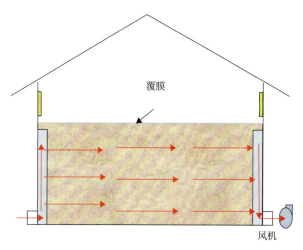

图 7.3　横向（水平）通风模式示意图

#### 4. 环流通风

利用仓外的风机和管道，对粮堆进行循环通风的过程，称为环流通风。环流通风系统既可以实现循环均温，也可以实现循环熏蒸，如图 7.4 所示。

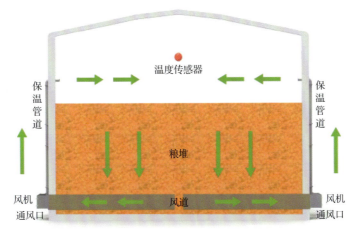

(a) 循环均温模式

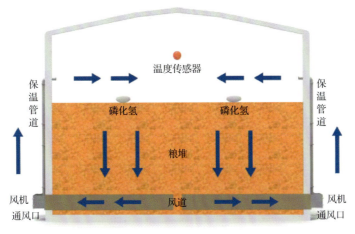

(b) 循环熏蒸模式

图 7.4　循环均温和循环熏蒸示意图

### 7.2.3　通风笼(槽)布置形式及技术参数

#### 1. 通风笼(槽)布置形式

我国现有的房式仓粮库中，地上笼通风网布局主要有 U 形和圭字形，其中 U 形又分为一机两道、一机三道和一机四道。浅圆仓通风主要有十字形、人字形、方形和一字形及梳状通风槽，如图 7.5～图 7.7 所示。无论采用何种组合方式，原则上都要保证尽可能使气流通过粮堆时的路程相同，以避免气流的短路。若有一个路径明显比其他路径短，那么绝大多数的气流就会沿着这个路径流过粮堆，从而造成气流的短路。

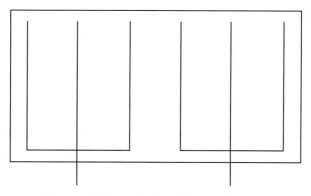

图 7.5　房式仓 U 形一机三道通风网络示意图

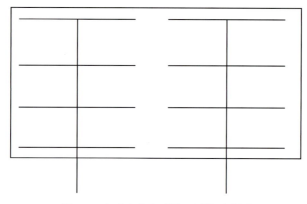

图 7.6　房式仓圭字形通风网络示意图

　　房式仓 U 形通风风道具有气流分布均匀、空气流动阻力小的特点，但是，它也会在粮仓的四个角落处形成通风死角，从而造成粮仓四个角落处的粮温和湿度不均匀分布。圭字形通风风道具有气流分布更加均匀、空气流动阻力小的特点，而且它不会在粮仓的四个角落处形成通风死角，从而使粮仓内部的粮温和湿度比较均匀。

　　由于浅圆仓中十字形、人字形和方形通风槽的途径比较大，且其通风均匀性相对较差，所以近年来国内开发了梳状通风槽，它大大提高了浅圆仓的通风均匀性。

### 2. 通风笼（槽）开孔率和途径比

　　通风笼（槽）的开孔率是指孔板中孔隙面积与孔板面积之比，一般为 30%～40%。实际上，在通风笼长度方向上孔隙率是不同的，沿着空气流动方向分三段设置孔隙率，即孔隙率 30%、35%、40% 各占三分之一长度。

　　储粮通风网络中，相邻两根管道的间隔一般按空气流动的途径比来确定。途径比是指气流在粮堆内流动的最长路程与最短路程之比（图 7.8），即

$$\Delta \approx \frac{H + L/2}{H} = 1 + \frac{L}{2H} \tag{7.1}$$

式中，$\Delta$ 为途径比；$L$ 为两条风道之间的间距；$H$ 为粮堆的高度。

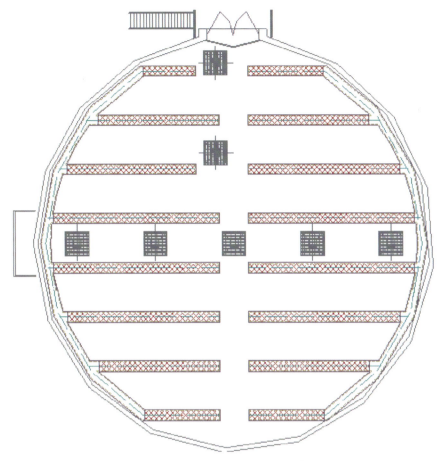

图 7.7　浅圆仓梳状通风槽布置示意图

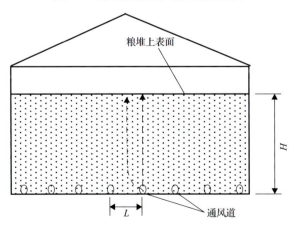

图 7.8　房式仓中通风系统的气流路径(立面图)

空气离开通风道进入粮堆，是以放射状在粮堆中扩散，因此从同一点出发的流体质点所走过的路程是不一样的，路程长的路径上的空气流量相对于路程短的路径上的空气流量要小，即空气流路径长一些，该路径上的粮堆的通风效果下降。为了确保整个粮堆内部温度分布均匀，在储粮通风系统的设计中，要求管道位置布置合理，间距合适。通常要求途径比不超过 1.5，而且通风管道距最近壁面的距离不要超过粮堆高度的 1/2[3]。实际上，由于粮食入仓时产生的自然分级作用，在粮仓的四角和内壁附近会形成杂质聚集区，此处粮堆的孔隙率变小，影响了通风空气的流动，通风过程中形成通风死角，因此通风管道距最近壁面的距离最好在 1～2m。

### 3. 单位通风量(吨粮通风量)

在粮食霉变之前选择合适的通风量来降低其温度是储粮通风的主要目的。在选择通风量时，应该考虑通风目的、粮种和水分、粮仓的形式和大小、当地的气候条件等因素。例如，较高的粮仓储存小麦时的通风量，应该比储存玉米时大一些。这是因为小麦的颗粒小于玉米，其内部的孔隙率相对较小，气流通过其中时阻力相对较大，所以通风量和压力要选择大一些。相对于圆筒仓来说，房式仓由于在储存粮食时，其内部的空气流动不均匀性更大，这时要选择相对较大的单位通风量[3]。

粮堆的总通风量是指整个粮堆在单位时间内的通风量，可按式(7.2)进行计算：

$$Q' = q \cdot G \tag{7.2}$$

式中，$q$ 为每吨粮食每小时的通风量($m^3/(h \cdot t)$)；$G$ 为粮食的总质量(t)。

如果通风粮堆的过流面积为 $A$、粮堆高度为 $H$、粮食容重为 $\rho_b$，粮堆的总通风量为

$$Q' = q \cdot A \cdot H \cdot \rho_b \tag{7.3}$$

不同水分和温度的粮食，根据通风目的(降温通风、降水通风)不同，每吨粮食每小时的单位通风量 $q$ 的大小也不相同，为了提高通风过程中粮粒与通风空气热湿交换的强度，降水通风的单位通风量一般要比降温通风的单位通风量大，具体选择标准如表 7.1 和表 7.2 所示。

**表 7.1　冷却降温通风时的单位通风量**

| 项目 | 南方地/($m^3/(h \cdot t)$) | 北方地/($m^3/(h \cdot t)$) |
| --- | --- | --- |
| 房式仓 | 3～16 | 3～7 |
| 圆筒仓 | 3～7 | 1.5～4 |

**表 7.2　干燥降水通风时的单位通风量**

| 粮食水分/% | 14 | 16 | 18 | 20 |
| --- | --- | --- | --- | --- |
| 最小通风量/($m^3/(h \cdot t)$) | 25 | 30 | 40 | 60 |

国外用于干燥降水的通风，其单位通风量的选取是按照粮食的种类、粮食含水量的多少以及粮堆的高度来确定的，推荐使用的参数如表 7.3 所示。

表 7.3　国外用于干燥降水通风时的单位通风量

| 粮食种类 | 含水量/% | 粮堆高度/m | 最低通风量/(m³/(h·t)) |
|---|---|---|---|
| 玉米 | 25 | 1.5 | 330 |
| | 20 | 1.8 | 200 |
| | 18 | 2.4 | 130 |
| | 16 | 4.8 | 65 |
| 小麦 | 20 | 1.32 | 200 |
| | 18 | 1.83 | 130 |
| | 16 | 2.44 | 65 |
| 大豆 | 25 | 1.3 | 330 |
| | 20 | 1.8 | 260 |
| | 18 | 2.4 | 200 |
| | 16 | 3.1 | 130 |
| 稻谷 | 25 | 1.3 | 260 |
| | 20 | 1.8 | 200 |
| | 18 | 2.4 | 130 |
| | 16 | 3.1 | 65 |

### 4. 表观风速

表观风速是指穿过粮堆气流的名义风速,其大小为气流流出粮堆表面时的风速,即

$$u_{表观} = Q'/A = Q' \cdot H/V = Q' \cdot \rho_b/G = q \cdot H \cdot \rho_b \tag{7.4}$$

式中,$V$ 为粮堆的体积($m^3$),安全储粮通风的粮堆表面的表观风速一般为 0.01～0.10m/s。

### 5. 粮层阻力

粮层阻力是指气流通过 1m 粮层时的压力损失(静压损失)。显然,它与粮食种类、粮堆的孔隙率、粮层高度以及通过粮层时的风速有关,可以按照下列经验公式计算:

$$\Delta p/H = 9.8\beta u_{表观}^{b} \tag{7.5}$$

式中,$\Delta p$ 为粮层的阻力(Pa);$H$ 为粮堆的高度(m);$\beta$、$b$ 为与粮食品种有关的实验系数,可按表 7.4 选取。

表 7.4　与粮食品种有关的实验系数 $\beta$、$b$

| 参数 | 玉米 | 大米 | 大豆 | 花生 | 小麦 | 大麦 | 稻谷 |
|---|---|---|---|---|---|---|---|
| $\beta$ | 414.04 | 1014.13 | 287.51 | 280.41 | 618.40 | 534.71 | 484.17 |
| $b$ | 1.484 | 1.269 | 1.384 | 1.481 | 1.321 | 1.273 | 1.334 |

### 6. 风机全压

风机全压等于粮层阻力、风道阻力、分配器阻力之和,考虑到安全系数,实际风机

的全压应为

$$\Delta P = 1.2(\Delta p + H_{风道} + H_{分配})$$ (7.6)

通常情况下,风道阻力不超过 100Pa,即 $H_{风道} \leqslant 100Pa$,实际计算中可以取为 100Pa。分配器阻力是指分配器中的气流流动时产生的沿程阻力和局部阻力。通常情况下,分配器阻力不超过 50Pa,即 $H_{分配} \leqslant 50Pa$,实际计算中可以取为 50Pa。

### 7. 通风单位能耗

降温通风单位能耗指通风时每吨粮食温度降低 1℃所需要的电量,用 $E_t$ 表示,单位为千瓦小时每吨每摄氏度(kW·h/(t·℃)),其值越小,效率越高;按照式(7.7)计算:

$$E_t = \frac{\sum W_t}{(\overline{T_1} - \overline{T_2})G}$$ (7.7)

式中,$\overline{T_1}$ 为通风前整个粮堆的平均温度;$\overline{T_2}$ 为通风后整个粮堆的平均温度;$G$ 为每个廒间装粮总吨数;$W_t$ 为通风过程中总耗电量。

### 8. 通风温度均匀性评价

$$U_{ni} = 100\% - \frac{\sqrt{\frac{1}{n-1}\sum_{i=1}^{n}(T_i - \overline{T})^2}}{\overline{T}} \times 100\%$$ (7.8)

式中,$T_i$ 为各个测点粮温(℃);$\overline{T}$ 为整个粮堆的平均温度(℃);$n$ 为测温点数量。

## 7.3  粮堆内部流动及热湿传递原理

粮堆是由粮食颗粒堆积而成的,因此粮堆属于典型的多孔介质。储粮机械通风的过程实质是粮堆内部的粮粒与空气气流进行热湿交换的过程,即多孔介质内部对流传热传质的过程。

### 7.3.1  粮堆内部热湿传递特点

多孔介质内部对流传热传质过程具有以下几个特点。

(1)多孔介质内部对流传热传质过程具有多尺度、多场耦合的特征。物理(热、湿、水和气体)和生物(虫霉)因子之间具有相互耦合作用,而且与局地气候条件、仓型结构、粮种等因素也相互影响和作用。

(2)粮堆内部对流传热传质过程既有热量传递又有水分的迁移,两者相互耦合,表现为既有热湿效应,又有湿热效应,是双向耦合的过程。

(3) 多孔介质内部对流传热传质过程与粮粒的物理性质、含湿组分和状态等关系密切，所以该过程涉及不可逆热力学、流体力学、传热传质学等学科及其交叉学科。

### 7.3.2 多孔介质内部热湿传递的描述方法

粮堆是由具有吸湿性的粮食颗粒堆积而成的，因此粮堆属于典型的吸湿性多孔介质。虽然多孔介质中基于孔隙尺度的流体流动和传热传质是非常不规则的，但包含足够多孔空间的平均物理量却以一定的规律随空间和时间变化。在对多孔介质宏观流动和传热传质的研究中，物理量被定义为表征单元体积（REV）尺度中物理量的平均值。REV 的选取应遵循以下原则：一是应使其尺度远大于孔的尺度，以保证平均结果与 REV 的大小无关；二是应远小于宏观流动区域的尺度，以保证能够反映出宏观流动的变化规律。目前工程上大多采用的是宏观描述的方法，宏观方法通过研究基于 REV 的平均物理量的变化规律来研究多孔介质中的流动和传热传质[4]。

早期用于描述多孔介质宏观流动和传热传质的传统控制方程是从实验结果中整理得到的经验方程。近年来，许多学者从经典的流体力学方程和传热传质的控制方程出发，利用 REV 的概念进行空间平均，并结合适当的封闭方程，得到多孔介质中宏观流动和传热传质满足的控制方程。

多孔介质中流体流动和传热传质的数值模拟研究是指从多孔介质宏观流动和热质传递所遵循的控制方程出发，利用有限差分法或有限元法模拟得到多孔介质中的流动和传热传质规律，并对模拟结果进行分析，得到所需的结果[5]。

在控制方程的数值求解中采用欧拉方法，即对固定在空间的多孔介质微元体积进行焓和质量的平衡分析。粮堆中气流与粮粒之间的热交换可以用堆积床（充填床）的多孔介质对流换热和对流传质模型来描述。

### 7.3.3 粮堆内部流动及热湿传递控制方程

基于多孔介质传热传质的理论，粮堆中气流与粮粒之间的热质交换可以采用多孔介质堆积床的对流换热和对流传质模型来描述。

依据多孔介质局部热平衡原理，采用流体力学中描述流体流动的欧拉方法，建立粮堆内部表征单元体积内部的流动、焓和质量平衡关系式，即流动方程、水分迁移方程和对流传热方程[6-8]。

#### 1. 粮堆内部气体流动方程

通风时，粮堆内部空气流动的驱动力是风机提供的压力。粮堆内部强迫对流运动方程为达西-布林克曼-福希海默（Darcy-Brinkmann-Forchheimer，DBF）方程[6-8]，即

$$\frac{\partial u}{\partial t} + \frac{1}{\varepsilon}(u \cdot \Delta u) = -\frac{\nabla p}{\rho_a} + \nabla \cdot \left(\frac{\mu}{\rho_a} \nabla u\right) - \frac{150\mu(1-\varepsilon)^2}{\varepsilon^3 d_p^2} u - \frac{1.75\rho_a(1-\varepsilon)}{\varepsilon^3 d_p}|u|u \quad (7.9)$$

式 (7.9) 描述的是通风时粮堆内部强迫对流流动及其阻力的矢量形式的动量方程，其

中方程右边第三项为黏性阻力，右边第四项为惯性阻力，这两项是基于 Ergun 方程得到的。式(7.9)中，$\varepsilon$ 为孔隙率，当 $\varepsilon=1$ 时为空气区域流动方程，即 N-S 方程，当 $\varepsilon \neq 1$ 时为粮堆区域流动方程，即 DBF 方程；$\rho_a$ 为空气密度，$d_p$ 为粮粒的等效直径，$u$ 为粮堆内部空气的表观速度或达西速度，$p$ 为压力，$t$ 为时间，$\nabla$ 为微分算子，$\mu$ 为空气的动力黏度。

### 2. 水分迁移方程

粮堆是一种具有吸湿和解吸湿特征的多孔介质，粮粒的水分通过吸湿和解吸湿作用，不断与粮粒周围空隙中的空气进行水蒸气的交换，从而引起粮堆水分的改变和迁移，这种水蒸气的交换遵从质量守恒定律[7,8]。据此，可得

$$
\frac{\partial\left(\varepsilon_s \rho_b W_w\right)}{\partial t} + \frac{\partial\left(\varepsilon \rho_a W_w\right)}{\partial t} \\
= \nabla \cdot\left(\rho_a D_{\mathrm{eff}} \nabla w\right) - \nabla \cdot\left(\rho_a w u\right) \tag{7.10}
$$

写成标准的对流扩散方程形式如下：

$$
\frac{\partial\left(\varepsilon \rho_a W_w\right)}{\partial t} + \nabla \cdot\left(\rho_a w u\right) \\
= \nabla \cdot\left(\rho_a D_{\mathrm{eff}} \nabla w\right) - (1-\varepsilon) \rho_b \frac{\partial W_w}{\partial t} \tag{7.11}
$$

其中

$$
\frac{\partial w}{\partial t} = k(W_w - W_e) \tag{7.12}
$$

$$
W_e = -\frac{1}{B} \ln\left(-\frac{T+C}{A} \ln \mathrm{RH}\right) \tag{7.13}
$$

式(7.12)为仿照牛顿冷却公式形式的吸湿/解吸湿速率方程，俗称干燥速率方程。式(7.10)~式(7.13)中，$\varepsilon_s$ 为粮粒的体积分率($\varepsilon_s = 1 - \varepsilon$)；$\varepsilon$ 为孔隙率；$\rho_a$ 为空气密度；$\rho_b$ 为粮堆的容重；$u$ 为粮堆内部空气的表观速度或达西速度；$t$ 为时间；$\nabla$ 为微分算子；$W_w$ 为粮堆湿基水分；$W_e$ 为粮堆平衡水分；$w$ 为粮粒间空气中的绝对含湿量；$D_{\mathrm{eff}}$ 为湿空气在粮堆中的有效扩散系数；$k$ 为吸湿/解吸湿经验常数；RH 为相对湿度。

### 3. 对流传热方程

依据能量守恒定律和局部热平衡假说[7,8]，对流传热方程可写为

$$
\frac{\partial\left(\rho_s \varepsilon_s H^*\right)}{\partial t} + \frac{\partial\left(\rho_a \varepsilon I\right)}{\partial t} = k_{\mathrm{eff}} \nabla^2 T - \nabla \cdot\left(\rho_a \varepsilon I \cdot u\right) \tag{7.14}
$$

式中，$H^*$ 为粮堆的比焓；$I$ 为粮粒间湿空气的比焓；$k_{\text{eff}}$ 为粮堆的有效导热系数。

粮堆的比焓 $H^*$ 定义为

$$H^* = h_s^0 + c_b\left(T - T^0\right) + H_W + w\left[h_w^0 + c_w\left(T - T^0\right)\right] \tag{7.15}$$

式中，$h_s^0$ 和 $h_w^0$ 为标准焓，由标准温度 $T^0$ 决定，它们不需要计算出来，因为当能量守恒方程平衡时它们都不在结果中出现；$H_W$ 为粮堆吸湿的总热量；$c_b$ 和 $c_w$ 分别为粮堆和水的比热。

水蒸气的焓 $h_w$ 的表达式为

$$h_w = h_w^0 + c_w\left(T - T^0\right) + h_v \tag{7.16}$$

式中，$h_v$ 为水在温度 $T$ 时的汽化潜热。

将式 (7.14) 展开可得

$$\rho_s \varepsilon_s \frac{\partial H^*}{\partial t} + \frac{\partial\left(\rho_a \varepsilon h\right)}{\partial t} + \nabla \cdot \left(\rho_a \varepsilon h u\right) = k_{\text{eff}} \nabla^2 T \tag{7.17}$$

式 (7.17) 中一些项可以用以下公式表示

$$\frac{\partial H^*}{\partial t} = \frac{\partial H^*}{\partial W_w}\frac{\partial W_w}{\partial t} + \frac{\partial H^*}{\partial T}\frac{\partial T}{\partial t} \tag{7.18}$$

$$\frac{\partial H^*}{\partial W_w} = \frac{\partial H_W}{\partial W_w} + h_w^0 + c_w\left(T - T^0\right) \tag{7.19}$$

$$\frac{\partial H^*}{\partial T} = c_g + \frac{\partial H_W}{\partial T} + c_w W_w \tag{7.20}$$

$$\frac{\partial h_w}{\partial t} = c_w \frac{\partial T}{\partial t} + \frac{\partial h_v}{\partial T}\frac{\partial T}{\partial t} \tag{7.21}$$

$$\nabla h_w = c_w \nabla T + \frac{\partial h_v}{\partial T}\nabla T \tag{7.22}$$

$$\frac{\partial h_a}{\partial t} = c_a \frac{\partial T}{\partial t} \tag{7.23}$$

$$\nabla h_a = c_a \nabla T \tag{7.24}$$

颗粒间空气的焓是干空气的焓及水蒸气的焓之和，所以有

$$\rho_a \varepsilon h = \rho_a \varepsilon \left\{ h_a^0 + c_a\left(T - T^0\right) + w\left[h_w^0 + c_w\left(T - T^0\right) + h_v\right]\right\} \tag{7.25}$$

将式 (7.18) ～式 (7.25) 代入式 (7.17)，整理得到

$$\rho_b \varepsilon_s \left( c_g + \frac{\partial H_W}{\partial T} + c_w W_w \right) \frac{\partial T}{\partial t} + \rho_b \varepsilon_s \left[ \frac{\partial H_W}{\partial W_w} + h_w^0 + c_w \left( T - T^0 \right) \right] \frac{\partial W_w}{\partial t}$$

$$- \rho_b \varepsilon_s \left[ h_w^0 + c_w \left( T - T^0 \right) + h_v \right] \frac{\partial W_w}{\partial t} + \rho_a c_a \varepsilon \frac{\partial T}{\partial t} + \rho_a c_a \varepsilon v_a \cdot \nabla T$$

$$+ \rho_a w c_w \varepsilon \frac{\partial T}{\partial t} + \rho_a w c_a \varepsilon v_a \cdot \nabla T + \rho_a w \varepsilon \frac{\partial h_v}{\partial T} \frac{\partial T}{\partial t}$$

$$+ \rho_a w \varepsilon \frac{\partial h_v}{\partial T} v_i \cdot \nabla T = k_{\mathrm{eff}} \nabla^2 T \tag{7.26}$$

进一步整理，可以得到

$$\rho_b \varepsilon_s \left( c_g + \frac{\partial H_W}{\partial T} + c_w W_w \right) \frac{\partial T}{\partial t} + \rho_b \varepsilon_s \left( \frac{\partial H_W}{\partial W_w} - h_v \right) \frac{\partial W_w}{\partial t}$$

$$+ \rho_a c_a \varepsilon \frac{\partial T}{\partial t} + \rho_a c_a \varepsilon v_a \cdot \nabla T + \rho_a w c_w \varepsilon \frac{\partial T}{\partial t} + \rho_a w c_w \varepsilon v_a \cdot \nabla T$$

$$+ \rho_a w \varepsilon \frac{\partial h_v}{\partial T} \frac{\partial T}{\partial t} + \rho_a w \varepsilon \frac{\partial h_v}{\partial T} v_a \cdot \nabla T = k_{\mathrm{eff}} \nabla^2 T \tag{7.27}$$

上述方程还可以进一步简化，将粮粒表面上水的吸附热 $h_{fg}$ 定义为

$$h_{fg} = h_v - h_w \tag{7.28}$$

式中，$h_w$ 为水蒸气的吸附热(焓)，为负值。

吸附热是使每千克水转变为水蒸气所提供的热量。在湿润过程中，粮粒能量减少的原因是它们有能力将水分子吸附在表面，随着粮粒变得越来越湿，粮粒的吸附能力就越弱，这个特征通过焓的变化可以反映出来。

$H_W$ 是粮堆吸湿的总热量，为

$$H_W = \int_0^{W_w} h_w \mathrm{d} W_w \tag{7.29}$$

这是当谷物吸收水分时减少的总能量。水的汽化潜热与固体的含湿量是相互独立的，因此有

$$H_W - h_v W_w = \int_0^{W_w} \left( h_w - h_v \right) \mathrm{d} W_w \tag{7.30}$$

或者

$$H_W - h_v W_w = -\int_0^{W_w} h_{fg} \mathrm{d} W_w \tag{7.31}$$

对式(7.29)求导，得

$$\frac{\partial H_W}{\partial W_w} = h_w \tag{7.32}$$

对式 (7.31) 求导，得

$$\frac{\partial H_W}{\partial W_w} - h_v = -h_{fg} \tag{7.33}$$

把式 (7.23) 代入式 (7.27)，合并同类项，整理得

$$\rho_b \varepsilon_s \left( c_g + \frac{\partial H_W}{\partial T} + c_w W_w \right) \frac{\partial T}{\partial t} + \rho_a \varepsilon \left( c_a + w c_w + w \frac{\partial h_v}{\partial T} \right) \frac{\partial T}{\partial t}$$

$$+ \rho_a \varepsilon v_a \left( c_a + w c_w + w \frac{\partial h_v}{\partial T} \right) \cdot \nabla T = k_{\text{eff}} \nabla^2 T + \rho_b \varepsilon_s h_{fg} \frac{\partial W_w}{\partial t} \tag{7.34}$$

## 7.4　粮堆内部流动及热湿传递数值模拟方法

粮堆内部流动及热湿传递数值模拟通常需要在商用 CFD 软件上进行，由于商用 CFD 软件嵌套了标准的流动和传热传质的计算模块，所以需要将上述方程进行处理[9,10]。

### 7.4.1　流动方程的处理

在商用 CFD 软件 (FLUENT) 中，多孔介质内部流动模型采用经验公式定义多孔介质上的流动阻力。从本质上说，多孔介质内部流动模型就是在动量方程中增加了一个代表动量消耗的源项。因此，多孔介质内部流动模型需要满足下面的限制条件。

(1) 因为多孔介质的体积在模型中没有体现，在默认情况下，CFD 软件在多孔介质内部使用基于体积流量的名义速度来保证速度矢量在通过多孔介质时的连续性。如果希望更精确地进行计算，也可以让商用 CFD 软件在多孔介质内部使用真实速度。

(2) 多孔介质对流动的影响仅仅是近似的，通风过程中多孔介质内部流动状态为层流。

式 (7.9) 是一个描述流体在空气区域和多孔介质中的流动方程，在空气区域可以简化为 Navier-Stokes 方程，而在粮堆区域 (多孔介质区域)，在流动方程中增加一个动量源项可以模拟多孔介质的流动。商用 CFD 软件通过向动量方程增加一个动量源项 $S_i$ 来描述多孔介质中空气流动的阻力。动量源项由两部分组成：一部分是黏性损失项，即式 (7.9) 等号右端的第一项；另一部分是惯性损失项，即式 (7.9) 等号右端的第二项。它采取的通用形式为

$$S_i = -\left( \sum_{j=1}^{3} D_{ij} \mu u_j + \sum_{j=1}^{3} C_{ij} \frac{\rho_a}{2} |u| u_j \right), \quad i = 1, 2, 3 \tag{7.35}$$

式中，$S_i$ 为第 $i$ 个 ($x$、$y$ 或 $z$ 方向) 动量方程中的源项；$\mu$ 为空气分子间的黏性；$u_j$ 代表在三维空间的速度分量；$D_{ij}$ 和 $C_{ij}$ 为给定系数矩阵。

在简单、均匀的多孔介质中，还可以使用下面的数学模型：

$$S_i = -\left( \frac{\mu}{\alpha} u_i + C_2 \frac{1}{2} \rho u_i^2 \right) \tag{7.36}$$

式中，$\alpha$ 代表多孔介质的渗透性参数；$C_2$ 为惯性阻力因子。即式 (7.35) 中 $D_{ij}$ 和 $C_{ij}$ 分别定义为由 $1/\alpha$ 和 $C_2$ 为对角单元的对角矩阵。

商用 CFD 软件中还可以用速度的指数律作为源项的模型，即

$$S_i = -C_0 |u|^{C_1} = -C_0 |u|^{(C_1-1)} u_i \tag{7.37}$$

式中，$C_0$ 和 $C_1$ 为用户自定义的经验常数，其中压力降是各向同性的，$C_0$ 的单位为国际单位制。

### 7.4.2　水分迁移方程的处理

商用 CFD 软件中，水分迁移方程的源项为

$$S_w = -(1-\varepsilon)\rho_b \frac{\partial W_w}{\partial t} \tag{7.38}$$

式中，$\partial W_w / \partial t$ 由式 (7.12) 获得，该式又称为干燥速率方程。

式 (7.12) 中 $W_e$ 可以由式 (7.13) 求得。但是，水分迁移方程的待求解变量为 $w$，而不是粮堆的水分 $W_w$。

在模拟粮堆的水分迁移过程中，在时间步长后，可以采用 $(p-1)$ 次时间步的值来计算第 $p$ 次时间步值，即计算出粮食水分含量 $W_p$：

$$W_p = W_{p-1} + \frac{\partial W_w}{\partial t} \Delta t \tag{7.39}$$

式中，$\Delta t$ 为积分步长；$W_p$ 为每个迭代步长时网格节点上的水分值。

### 7.4.3　对流传热方程的处理

在对流传热方程 (7.34) 中，源项用 $S_h$ 表示，即式 (7.34) 中在右侧带有源项 $\rho_b \varepsilon_s h_{fg} \partial W_w / \partial t$，这样就把这个方程变成商用 CFD 软件中广泛认可的形式，也就是由瞬态项、对流项、扩散项和源项组成的输运方程，即

$$S_h = -h_{fg}(1-\varepsilon)\rho_b \frac{\partial W_w}{\partial t} \tag{7.40}$$

式中，$h_{fg}$ 为粮粒表面上水的吸附热。

研究表明，吸附热与水的汽化潜热 $h_v$ 的比率为

$$\frac{h_{fg}}{h_v} = 1 + \frac{p_{\text{sat}}}{\text{RH}} \frac{\mathrm{d}T}{\mathrm{d}p_{\text{sat}}} \frac{\mathrm{dRH}}{\mathrm{d}T} \tag{7.41}$$

$$\frac{\mathrm{d}T}{\mathrm{d}p_{\text{sat}}} = \left(\frac{T + 273.15}{p_{\text{sat}}}\right)\bigg/\left(\frac{6800}{T + 273.15} - 5\right) \tag{7.42}$$

$$\frac{\mathrm{d}\text{RH}}{\mathrm{d}T} = \frac{A \cdot \text{RH}}{(T + C)^2}\exp(-BW_e) \tag{7.43}$$

## 参 考 文 献

[1] 王远成, 段海峰, 张来林. 就仓通风时粮堆内部热湿耦合传递过程的数值预测[J]. 河南工业大学学报, 2009, 30(6): 75-79.

[2] 国家粮食局粮食行政管理司, 程传秀. 储粮新技术教程[M]. 北京: 中国商业出版社, 2001.

[3] 王若兰. 粮油储藏学[M]. 北京: 中国轻工业出版社, 2009.

[4] Bear J. 多孔介质流体动力学[M]. 李竞生, 陈崇希, 译. 北京: 中国建筑工业出版社, 1983.

[5] 林瑞泰. 多孔介质传热传质引论[M]. 北京: 科学出版社, 1995.

[6] Thorpe G R, Whitaker S. Local mass and thermal equilibria in ventilated grain bulks, Part I: The development of heat and mass conservation equations[J]. Journal of Stored Products Research, 1992, 28(1): 15-27.

[7] Thorpe G R, Whitaker S. Local mass and thermal equilibria in ventilated grain bulks, Part II: The development of constraints[J]. Journal of Stored Products Research, 1992, 28(1): 29-54.

[8] Wang Y C, Duan H F, Zhang H, et al. Modeling on heat and mass transfer in stored wheat during forced cooling ventilation[J]. Journal of Thermal Science, 2010, 19(2): 167-172.

[9] 段海峰. 冷却干燥通风过程中粮堆内热湿耦合传递规律的研究[D]. 济南: 山东建筑大学, 2010.

[10] 丁德强. 太阳能-热泵联合干燥粮食系统及传热传质的研究[D]. 济南: 山东建筑大学, 2011.

# 第 8 章

# 不同通风模式房式仓粮堆温度和水分的数值模拟研究

就仓机械通风在粮食储藏中具有降温效果显著、费用较低等特点，在确保储粮安全方面，发挥着至关重要的作用。由于新收获入仓的小麦温度和水分较高，粮情处于不稳定状态，必须采取机械通风技术进行处理，使粮堆内部的湿热空气与粮堆外部的冷空气进行热质交换，从而改变粮堆内部的温度和湿度，降低(调整)粮食中的温度和水分，以保障粮食的安全储存[1]。

本章基于数值模拟方法，并结合相关的实验验证，对几种通风模式下仓储粮堆热湿耦合传递规律进行探究，且分析通风过程中粮堆内部流动以及温度和水分的变化规律，研究结果为储粮生态系统的调控奠定了理论基础。

## 8.1 就仓冷却干燥(竖向)通风过程中温度和水分变化的模拟与分析

### 8.1.1 物理模型的建立与网格划分

以某房式仓为研究对象，粮仓长度为 30m，高度为 12.5m，宽度为 27m，装粮高度为 6m。由于粮仓的长度远大于跨度和粮堆的高度，且通风方向为高度方向，所以长度方向上的温度梯度远小于跨度和高度方向。因此，选取粮仓跨度方向的二维(2D)模型作为数值模拟对象，如图 8.1 所示。

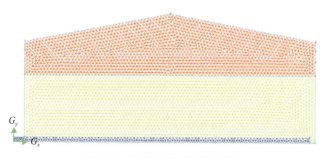

图 8.1 物理模型及网格划分图

借助 GAMBIT 软件建立粮仓的物理模型并进行网格划分,图中黄色区域表示稻谷粮堆,红色区域和蓝色区域分别对应粮仓顶部空气区和进风空气区,如图 8.1 所示。由于粮仓模型求解区域的复杂性,划分的网格不能全为结构化网格,所以部分采用非结构化网格划分。

### 8.1.2　热湿传递过程的假设和数学模型

假设粮堆是连续性的、均匀分布的多孔介质,粮堆内部满足局部热平衡原理[2-4],考虑粮食颗粒的吸湿和解吸湿特性,忽略粮食的呼吸作用和虫霉生长产生的热量与水分。粮堆内部流动及热湿耦合传递的控制方程见式(7.9)、式(7.11)和式(7.34)。

### 8.1.3　数值模拟工况及参数

数值模拟储粮品种为中晚籼稻,粮堆的初始平均温度为 30℃,湿基水分为 15%,初始平衡相对湿度为 78%。进风空气温度为 20℃,进风相对湿度为 68%,吨粮通风量为 25m³/(h·t)。稻谷粮堆的容重为 600kg/m³,孔隙率取 0.6,比热容为 1600J/(kg·K),导热系数为 0.11W/(m·K)。

冷却干燥通风过程为达到干燥目的,将进风空气相对湿度设置为低于粮堆初始相对湿度 10%。将进风空气 68%的相对湿度值和 20℃的温度值代入露点温度公式,由露点温度公式计算的露点温度为 13.9℃,低于粮堆的初始温度,因此不会发生结露现象。

### 8.1.4　模拟结果与分析

#### 1. 通风过程中的温度场分布

图 8.2 为竖向通风 7 天粮堆内部的温度分布图,图中 $X$ 轴和 $Y$ 轴坐标分别为宽度方向和高度方向的尺寸。由图 8.2 可见,通风初始阶段温度的下降速率较快,通风 5 天之后,粮堆各处的温度分布基本不变。通风 1 天粮堆的降温速率为 5.3℃/天,通风 2 天粮堆的降温速率为 3.9℃/天,通风 3 天粮堆的降温速率为 2.6℃/天,通风 5 天粮堆的降温速率为 1.6℃/天,通风 7 天粮堆的降温速率为 1.1℃/天,由此可知竖向通风时的降温速率逐天递减。当粮堆内部温度降低至某一定值时,增加机械通风时间,粮堆内部的温度不再发生变化。

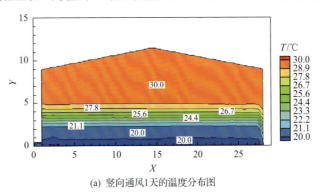

(a) 竖向通风1天的温度分布图

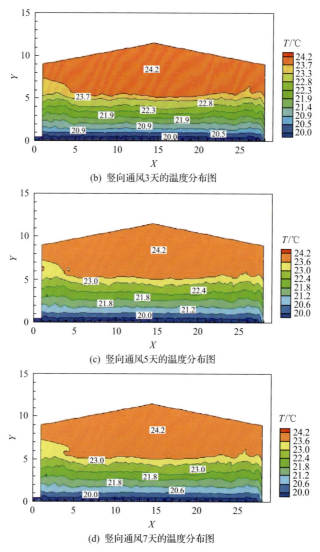

(b) 竖向通风3天的温度分布图

(c) 竖向通风5天的温度分布图

(d) 竖向通风7天的温度分布图

图 8.2　冷却干燥通风过程中粮堆内部的温度分布图

## 2. 通风过程中的水分场分布

图 8.3 为竖向通风 7 天粮堆内部的水分分布图。由图 8.3 可知，粮堆内部的水分值并非处处相同，基本的分布规律是沿垂直方向水分值差异较明显。这是因为送入粮堆的进风空气的相对湿度很低，机械通风使得粮堆很快达到干燥降湿的效果。在进风口附近的粮层最先与进风空气进行水分交换，因此水分丢失的速度较快，下降幅度较大。分析其原因，主要是粮堆蒸汽分压与温度呈正比关系，通风初期粮堆的蒸汽分压高于进风空气的蒸汽分压，水分的传递过程是沿着蒸汽分压从高到低方向进行，因此是由粮堆向周围的空气方向传递水蒸气，粮堆内部发生解吸湿过程。

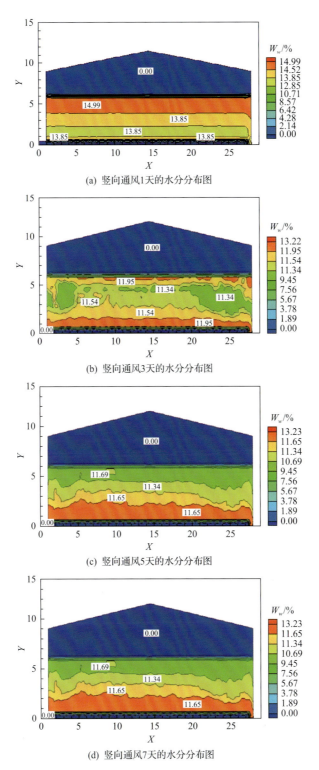

(a) 竖向通风1天的水分分布图

(b) 竖向通风3天的水分分布图

(c) 竖向通风5天的水分分布图

(d) 竖向通风7天的水分分布图

图 8.3　冷却干燥通风过程中粮堆内部的水分分布图

图 8.4 为竖向通风 25 天的温度变化曲线和水分变化曲线，其中五条曲线分别表示距进风口 1.0m、2.1m、3.8m、5.5m 高粮层以及粮堆的平均温度和水分分布曲线。从图中可以看出，通风开始阶段，各层粮温和水分下降很快，通风进口处的粮温和水分下降最快，随着通风时间的推移，通风 2.5 天后各粮层温度及平均温度曲线保持水平，温度值不再发生改变，通风 12.5 天后粮堆各层水分及平均水分曲线保持平直，水分值不再发生改变。同时，由图 8.4 还可以看出，通风过程中水分的变化曲线明显滞后于温度的变化曲线，说明通风过程中粮堆温度前沿移动速度远远大于水分迁移速度。因此，冷却干燥通风过程中，距离进风口越近的粮层，温度和水分的下降幅度越大，通风 2.5 天内粮堆水分下降幅度不大，主要进行的是粮堆的冷却过程。通风 2.5～12.5 天，粮堆的温度基本保持稳定，机械通风使得粮堆平均水分由 15%干燥至 12.0%。通风 12.5 天之后的机械通风过程，对粮温和水分的影响甚微，增加通风能耗的同时无法实现通风的预期效果，12.5 天之后属于无效通风时间。

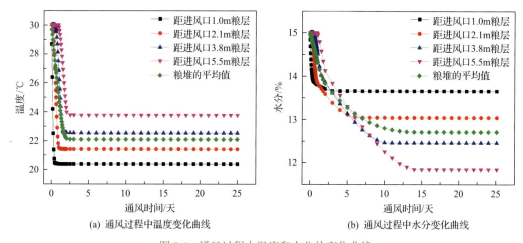

(a) 通风过程中温度变化曲线　　　　　　　(b) 通风过程中水分变化曲线

图 8.4　通风过程中温度和水分的变化曲线

同时，由图 8.4(a) 还可以看出，由于粮堆导热系数较小，粮层之间存在着热阻，沿着通风空气的流动方向，各层粮堆存在一定的温度梯度，而且温度梯度是消除不掉的。所以，通风 3 天后，尽管各个粮层温度不再改变，但是沿着通风空气流动方向，各个粮层的粮温依次升高。同时，由图 8.4(b) 可以看出，在通风 3 天后，沿着通风方向各个粮层的水分是逐渐降低的，尽管各个粮层温度保持不变，而粮温较高的粮层，其内部的空气的湿度会降低，粮粒解吸湿作用增强，该粮层的水分下降更多。因此，不难看出，在一定的通风量前提下，要降低粮堆水分，通风时间必须加长。

### 8.1.5　研究结论

(1)选取合适的通风空气温湿度，就仓冷却干燥(竖向)通风可以有效地降低粮堆的水分，但是降水幅度受进风空气温湿度的影响，降水幅度不能太大。

(2)对粮堆进行竖向通风时，粮堆内部同时发生冷却和干燥两个过程，通风前期冷却速率远高于干燥速率，通风 2.5 天后粮堆温度基本不变，但是粮堆水分仍然不断降低，

2.5 天后粮堆内部主要进行的是干燥过程，超过 12.5 天后粮堆水分不再改变。

(3)冷却干燥通风过程中，由于粮堆内部热湿前沿移动速度的不同，通风降水的时间要大于降温的时间。但是超过一定时间后，粮堆水分不再改变，通风对粮堆温度和水分的影响甚微，若继续通风则属于无效通风时间。

## 8.2　就仓加热干燥(垂直)通风过程中温度和水分变化的模拟与分析

粮食就仓干燥通风是粮食干燥的主要形式之一，粮食就仓干燥过程实质上是利用自然(太阳能空气加热器)或人工热源(空气源热泵)而产生的高温低湿的空气与粮堆进行热湿交换，从而降低粮堆的水分[5]。该研究采用数值模拟与实验研究相结合的方法，针对太阳能/热泵联合就仓干燥粮食的热风随时间变化的情况，采用综合温度和空气绝对湿度作为通风入口的瞬态边界条件，对粮食干燥过程中粮食内部温度和水分的变化进行数值模拟和实验研究，得到粮食就仓干燥通风过程中粮堆内部热湿耦合传递规律和干燥特征[6]。

### 8.2.1　实验系统和工况

如图 8.5 所示，实验粮仓模型尺寸为 1.0m×2.0m×0.8m(宽度×长度×高度)，实验粮仓材质为厚度为 2cm 的木板。三维计算区域的网格划分如图 8.6 所示。实验粮仓大致分为三部分，底部风道高度为 0.15m，底部开有两个直径为 0.05m 的进风口；中部填充小麦，厚度为 0.3m，粮食的底部装设有木质孔板以保证空气从底部进入，木板上铺设细网以防止粮食漏入底部风道中；上部两侧各开有三个直径为 0.05m 的排风口以使空气流出，实验粮仓顶部两侧各开有采样孔便于检测粮食水分。采用太阳能/热泵联合干燥系统加热干燥介质，即空气，其实验系统图如图 8.7 所示。实验中热泵采用的是格力空调 A2 系列风管送风式空调机组，机组型号是 FG2.6H/A2。太阳能空气集热器采用与德州皇明太阳能集团有限公司共同开发研制的真空管太阳能空气集热器，朝向为正南方向，安装倾斜角度为 45°[7]。

图 8.5　实验粮仓模型

图 8.6　实验粮仓网格划分示意图

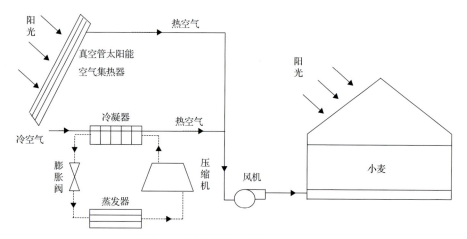

图 8.7 太阳能/热泵联合干燥系统图

实验粮仓储藏小麦的初始温度为 20℃，初始干基水分为 0.1765（湿基水分为 0.149），送风速度为 1.5m/s。小麦的容重 $\rho_b$ 为 800kg/m$^3$，比热容 $c_p$ 为 1871J/(kg·K)，导热系数 $\lambda$ 为 0.159W/(m·K)，小麦的孔隙率 $\varepsilon$ 为 0.4。数值模拟进风条件为变化的送风温度和湿度，其中送风温度以室外综合温度形式描述。

实验工况进行时间为 2011 年 12 月 5 日 9:00～2011 年 12 月 26 日 16:00。由于实验时间在冬季，室外空气温度比较低，但是白天太阳辐射强度比较好，采用太阳能空气集热器独立加热送风的形式，其他时间由于太阳辐射强度减弱或者是夜间没有太阳且湿度比较大，这时采用热泵独立加热送风的形式[7]。

### 8.2.2 数学模型和数值模拟方法

粮堆内部流动及热湿耦合传递的控制方程见式(7.9)、式(7.11)和式(7.34)。数值模拟中，进风口采用入口速度的进口边界条件，排风口采用自由出流边界条件，实验粮仓外壁的大气综合温度采用壁面边界条件。模拟时送风温度和空气绝对湿度采用经过太阳能空气集热器与热泵出风后的混合空气瞬态温度和湿度作为边界条件，即送风温度按照太阳能/热泵联合干燥系统的实测温度输入，如图 8.8 所示。图 8.9 为利用数值模拟方法

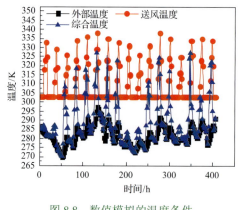

图 8.8 数值模拟的温度条件

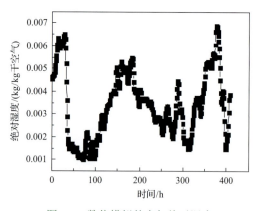

图 8.9 数值模拟的空气绝对湿度

得到的就仓干燥通风时进口空气的绝对湿度。实际情况中的送风温度及空气相对湿度是不断变化的，但是如果每一时刻的值都输入，则工作量大且无法实时采集，所以采用每小时的平均值来代替，由于 1h 内空气温湿度变化不大，且粮食的比热容较大，精度可以满足要求。初始时间步长是 $\Delta t = 0.5s$，待计算稳定后取 $\Delta t = 10s$。离散格式时间导数采取一阶迎风格式，空间导数采用一阶迎风格式，压力速度耦合采用 Simple 算法，松弛因子采用欠松弛技术。

### 8.2.3　模拟结果与分析

通风 12h 粮仓内部绝对温度场(距离进风口的 $X$ 方向 0.1m、0.3m、0.5m、0.9m 立面处)的剖面图如图 8.10 所示。由图可以看出，实验粮仓上部区域的空气温度较低，这是因为外部综合温度低，粮仓向外部传热，此时只有底部粮食的温度略有上升，空气流过粮食后温度迅速下降。图 8.11 为 $Z$ 方向 0.5m(其中一个送风口)处的绝对温度场。由图可以更明显地看出，通风空气温度对粮仓内温度场的影响，空气在入口处温度最高，进入粮食层与粮食很快达到热平衡。分析其原因，主要是粮食升温及水分蒸发需要的热量全部来自空气，从而导致空气温度迅速降低，当空气与粮食达到热湿平衡后，温度不再降低，空气离开粮食层后由于外部温度较低，将热量传递给外部环境。

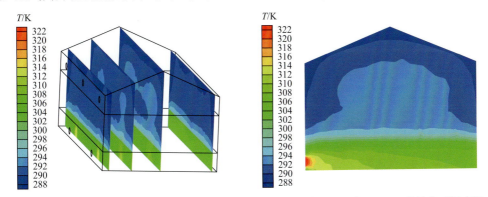

图 8.10　通风 12h 粮仓内部绝对温度场的剖面图　　图 8.11　通风 12h 时 $Z$=0.5m 处的绝对温度场

图 8.12 为通风 150h 时 $Z$=0.5m 处的绝对温度场。从图 8.12 中可以看出，送风口处的温度低于风道内的温度且不是初始送风温度 303K(30℃)，这说明送风温度开始降低，可见模型中关于送风温度是变化的设定是有效的，此时粮食平均温度为 295K(22℃)。图 8.13 为通风 150h 时 $Z$=0.5m 处小麦干基水分分布，此时小麦的平均水分为 0.136(湿基水分为 0.12)，同时由图 8.13 也可以看出，尽管粮堆的平均湿基水分达到 0.12，但是可以发现粮食水分分层严重，下部粮食过干，而上部还未达到干燥要求。

图 8.14 为通风 482h 时实验粮仓内部 $X$ 方向各个面的小麦干基水分剖面图。从图 8.14 中可以看出，此时小麦的最大干基水分是 0.12，而且左右两个壁面处上层的小麦水分比中间处上层的小麦水分高，这主要是因为壁面处流速较低，造成该区域对流干燥速率降低。图 8.15 为通风 482h 时 $Z$=0.5m 处的小麦干基水分分布。由图 8.15 可以看出，小麦

的水分由底层向高层逐渐升高，图中局部小麦干基水分为 0.06 是由于受送风口的影响，图中底层小麦的干基水分已经远远低于 0.12，处于过干状态。

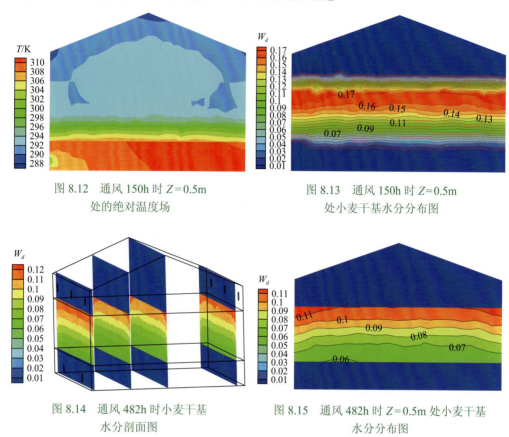

图 8.12  通风 150h 时 $Z=0.5$m 处的绝对温度场

图 8.13  通风 150h 时 $Z=0.5$m 处小麦干基水分分布图

图 8.14  通风 482h 时小麦干基水分剖面图

图 8.15  通风 482h 时 $Z=0.5$m 处小麦干基水分分布图

图 8.16 为小麦干燥过程中平均温度和平均水分的变化情况。由图可以发现，干燥开

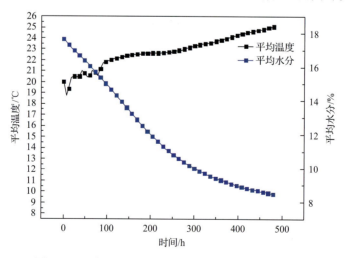

图 8.16  小麦干燥过程中平均温度和平均水分变化曲线

始的前几个小时平均温度曲线是下降的，即总的得热量小于失热量。当干燥进行一段时间，且随着输入干燥空气的绝对湿度的增加，干燥过程中的蒸发吸热作用减弱，粮食开始逐渐升温。平均温度曲线在 30～100h 有一段振荡平稳期，此时粮食的平均温度变化不大，温度的波动是由输入的送风温度及外部的综合温度变化引起的，粮食的平均温度也随着发生波动，此时粮食的得热与失热基本平衡。这一阶段过后粮食的平均温度开始逐渐上升，此时粮食的得热大于失热，主要是因为此时干燥速率较低，绝大多数的热量都用来使粮食升温。

粮食的平均水分曲线呈一直下降的趋势，但是它的下降速率却是不同的，即干燥速率是不同的，在第一阶段内平均水分曲线的下降速率较大且基本相同，从温度开始缓慢上升开始平均水分下降曲线的下降速率也开始减小，呈现降率干燥。

图 8.17 为小麦平均温度模拟值与实验值(测温系统监测)对比。从图中可以看出，在开始前 100h 内实验结果与模拟结果吻合较好，但是 100h 后实验结果相对于模拟结果的曲线开始偏离，且最后模拟结果比实验结果高。实验结果与模拟结果的总趋势是基本相同的，而且图中实验结果与模拟结果的最大差值约为 1℃，满足工程上的要求。误差产生的原因是温度测量时有误差，而且模拟过程中使用的小麦的有效导热系数、小麦的比热容都是定值，实际情况中小麦的有效导热系数与小麦的含水率和温度都有关，小麦的比热容也与小麦的含水率有关，而且这些物性参数是变化的。

图 8.18 为小麦平均水分模拟值与实验值(取样化验)对比。从图中可以发现，前 200h 实验结果与模拟结果相差不大，200h 后实验结果开始偏离模拟结果，差值最大约为 1%，模拟结果显示通风 150h 后达到平均水分为 0.136。实验结果偏离模拟结果的原因是模拟过程中空气流过小麦干燥假设瞬间完成，而实际情形中空气流过小麦颗粒内部并没有马上达到热湿平衡，即实际干燥过程比模拟过程进行得慢。另外，小麦从实验粮仓中取出测量含水量时，由于温度的降低，与其接触的空气相对湿度变大，小麦会吸湿，这样就使实验结果比模拟结果偏大。

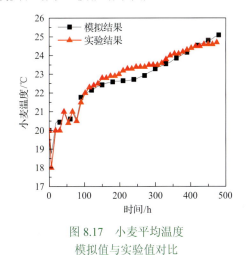

图 8.17　小麦平均温度
模拟值与实验值对比

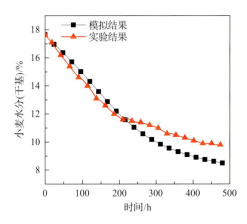

图 8.18　小麦平均水分模拟值与
实验值对比

### 8.2.4　研究结论

本节模拟了太阳能/热泵联合干燥系统条件下小麦的干燥情况，模拟过程中采用瞬态进风空气的温湿度边界条件，力求反映真实的实验工况。

(1)模拟结果显示通风 150h 后小麦达到安全水分，平均水分为 0.136，实验结果在 135h 达到平均水分 0.136，干燥450h 后实验测得的小麦水分为 0.105 左右，而模拟结果为水分 0.086 左右，对比发现模拟结果与实验结果基本吻合。因此，所建立的吸湿性多孔介质传热传质模型是合理的。

(2)干燥通风过程中，粮堆中明显存在一个干燥前沿(带)，此前沿的水分高于其他区域，为一个高湿区。而且，此前沿也不断沿着流动方向移出粮堆。因此，通风过程中，只有保证通风时间超过一定的时间，才能使得水分前沿移出粮堆。

## 8.3　通风方向对稻谷降水效果影响的数值模拟研究

本节以中储粮成都粮食储藏科学研究院完成的垂直向上通风(正向通风)的实验工况为研究对象，采用数值模拟方法，对实验工况进行完整的数值模拟，分析在垂直向上的机械通风过程中粮食温度和水分的变化规律，并比较分析实验数据与计算机模拟结果，检验模型的准确性和可靠性。同时，模拟预测同样的通风条件下垂直向下(反向通风)通风时实验粮仓内部稻谷温度和水分的变化规律，探究垂直向上和垂直向下通风时的降水效果差异，并从理论上分析其原因[8]。

### 8.3.1　实验装置和实验工况

实验粮仓的长度、宽度、高度分别为 1.5m、1.0m 和 1.8m，底部为全开孔地板，顶部为出风口，实验台如图 8.19 所示。粮堆的高度为 1.6m，进风口直径为 110mm，全开孔地板开孔率为 25%，出风口直径为 250mm。通风机的型号为 CF-11 No.1.5，风机最高风压为 912Pa，最大风量为 800m³/h，实测风压、风量分别为 550Pa 和 330m³/h。采用自动通风控制系统进行通风控制，当环境湿度低于 75%时进行通风，高于 75%时停止通风，2006 年 8 月 10 日开始通风，8 月 31 日结束通风，共通风 169.1h，耗电 28.7kW·h。

通风降水实验的粮食种类为杂交籼稻，质量为 1350kg，初始平均湿基水分为 18.5%。为了测定粮食水分，采用埋袋取样方法进行水分检测，即事先在粮堆内部一定的位置预埋 200g 袋装稻谷，预埋袋为网状编织袋，以保证通风透气性能，通风期间快速取出预埋袋粮食，并进行水分测定，测定粮食水分变化情况如表 8.1 所示。采用粮情系统自动记录粮温，仓内对角线上布置测温线 3 根(底部处挂在地板的挂钩上)，共布置测温点 8 层，每层 9 个测温点，每层测温点间的距离为 20cm，第 1 层为最底层，距底板约 20cm，1～7 层埋入粮堆内，8 层位于粮层表面。实验过程中，每 10min 自动采集一次温度数据。实测温度变化数据如表 8.2 所示。

(a) 实验粮仓实物图

全开孔
地板

(b) 风机及自动通风控制系统

(c) 测温电缆及埋袋位置

(d) 出风口

图 8.19　垂直向上通风实验装置图

表 8.1　实测粮食水分变化表　　　　　　　　　　（单位：%）

| 时间 | 1(下)层 | 2(中下)层 | 3(中)层 | 4(中上)层 | 5(上)层 | 全仓平均 |
| --- | --- | --- | --- | --- | --- | --- |
| 原始样 | 19.3 | 18.4 | 19.4 | 19.4 | 16.1 | 18.5 |
| 通风 12.0h | 15.7 | 17.8 | 18.6 | 19.0 | 16.3 | 17.5 |
| 通风 47.7h | 13.6 | 17.4 | 18.1 | 18.6 | 16.6 | 16.9 |
| 通风 97.3h | 11.1 | 12.2 | 14.0 | 17.0 | 16.7 | 14.2 |
| 通风 131.1h | 10.7 | 10.9 | 11.7 | 14.7 | 16.7 | 12.9 |
| 通风 169.1h | 10.8 | 11.0 | 11.2 | 11.6 | 12.3 | 11.4 |

注：1 层为最底层，5 层为最上层，底层埋袋位于全开孔地板上，其他各层间距约 30cm。

表 8.2　实测粮食温度变化表

| 粮层 | 通风 12.0h | 通风 47.7h | 通风 97.3h | 通风 131.1h | 通风 169.1h |
| --- | --- | --- | --- | --- | --- |
| 1 层粮温/℃ | 28.9 | 30.3 | 29.3 | 27.8 | 31.7 |
| 2 层粮温/℃ | 26.9 | 30.3 | 28.1 | 28.3 | 31.5 |
| 3 层粮温/℃ | 26.8 | 28.5 | 27.4 | 28.6 | 31.4 |
| 4 层粮温/℃ | 26.5 | 25.8 | 26.5 | 28.7 | 31.3 |
| 5 层粮温/℃ | 26.5 | 25.3 | 25.2 | 28.8 | 31.3 |
| 6 层粮温/℃ | 26.6 | 25.3 | 22.7 | 28.6 | 31.4 |
| 7 层粮温/℃ | 27.0 | 25.5 | 20.4 | 27.0 | 31.2 |
| 8 层粮温/℃ | 28.1 | 26.2 | 20.8 | 25.4 | 30.7 |

注：8 层为最底层，1 层为最上层（粮面层），各层间距约 20cm。

### 8.3.2 数学模型和数值方法

假设粮堆是连续性的、均匀分布的多孔介质，粮堆内部满足局部热湿平衡原理，考虑粮食颗粒的吸湿和解吸湿特性，忽略粮食的呼吸作用和虫霉生长产生的热量与水分。粮堆内部流动及热湿耦合传递的控制方程见式(7.9)、式(7.11)和式(7.34)。

对数学模型进行有限体积的离散，采用二阶迎风格式，计算质量守恒方程、粮堆内部空气流动的 DBF 方程、水汽迁移方程、对流传热方程和干燥速率方程时采用欠松弛因子的方法可使计算快速准确，对压力和速度的耦合采用 SIMLPE 算法，并采用亚松弛方法实现控制迭代。

按照实验中分为 5 层测试稻谷水分的原则，对稻谷的初始温度和水分同步进行 5 层分布的设置处理，通风开始时实验粮仓内稻谷的初始温度和水分见表 8.3。入口风量为 330m³/h，进口温度为随着时间变化的环境温度，进风相对湿度为随着时间变化的环境湿度，如图 8.20 所示。由图可以看出，本次模拟边界条件(通风条件)是不断变化的，即进风口的温湿度是不断变化的。

表 8.3　初始粮温和水分

| 初始条件 | 下层 | 中下层 | 中层 | 中上层 | 上层 |
|---|---|---|---|---|---|
| 温度/℃ | 34.2 | 34.8 | 34.5 | 34.2 | 33.2 |
| 水分/% | 19.3 | 18.4 | 19.4 | 19.4 | 16.1 |

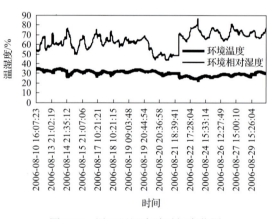

图 8.20　通风温湿度随时间变化图

### 8.3.3 模拟结果与分析

#### 1. 垂直向上通风过程中粮堆温度变化的模拟结果及分析

图 8.21 为实验工况的垂直向上通风过程中稻谷的温度变化的数值模拟和实测结果。由图 8.21(a)～图 8.21(e)可知，在通风一段时间后，粮食各层温度的实测值和模拟值的变化趋势几乎一致，各层温度值的最大误差在 2℃以内，整个粮堆温度的平均误差为

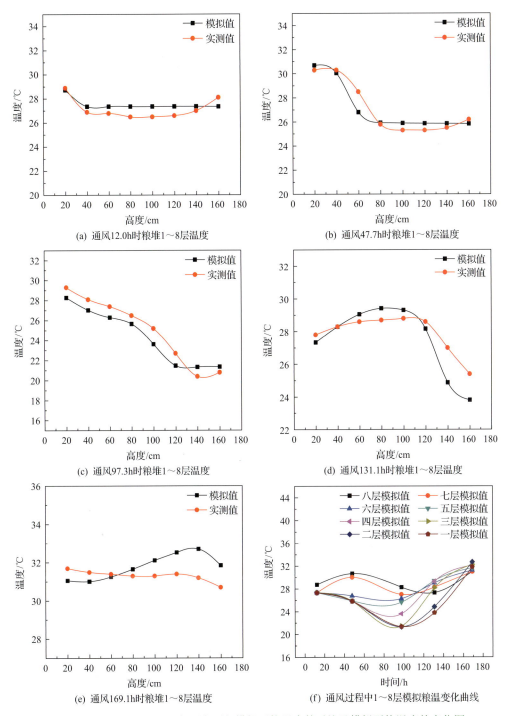

(a) 通风12.0h时粮堆1~8层温度

(b) 通风47.7h时粮堆1~8层温度

(c) 通风97.3h时粮堆1~8层温度

(d) 通风131.1h时粮堆1~8层温度

(e) 通风169.1h时粮堆1~8层温度

(f) 通风过程中1~8层模拟粮温变化曲线

图 8.21　垂直向上通风时各层实测与模拟平均温度的对比及模拟平均温度的变化图

0.7℃。由图 8.21(a) 和图 8.21(b) 可以看出,由于通风气流温度是不断变化的,通风口附近的粮温随着通风温度的改变而变化剧烈,上部粮温变化相对缓慢。分析其原因在于,垂直向上机械通风过程中,由于粮堆中存在热阻,热量在粮堆各层中的传递有迟滞效应,这也是通风结束时，粮堆中各层之间有温度梯度的原因。以图8.21(b)为例，当外界空气温度升高时，在距离入风口较近位置的粮层温度升高，而距入风口位置较远处的粮层温度没有受到影响，粮温变化较小。

图8.21(f)为实验工况的垂直向上通风过程中模拟的各层粮温分布图。由图可以看出，1~8层从下至上的粮温是随着通风风温而变化的。通风时间为12.0时，各层温度普遍降低至28℃左右。当通风时间为47.7h时，除了最上面两层粮层温度为30℃，下面粮层温度皆降低至25℃左右。当通风时间为97.3h时，温度降低十分显著，自上至下，温度在28~21℃变化。当通风时间为131.1h时，各层温度又有所回升。当通风时间为169.1h时，通风气流温度升高导致各粮层温度又重新达到30℃以上，但此时各层间温度梯度已经变得很小。

分析数值模拟温度产生误差的原因，主要是粮堆的导热系数和比热容在数值模拟中设置为常物性参数，而且壁面温度设置为绝热条件。

### 2. 垂直向上通风过程中粮堆水分变化的模拟结果及分析

图8.22为垂直向上通风过程中稻谷水分变化的模拟结果和实测结果。由图8.22可以看出，由于通风过程存在控湿措施，即始终保持通风气流的湿度小于75%。此时，通风气流的湿度始终小于粮堆内部的平衡相对湿度，根据解吸湿理论，粮堆内部的水分是逐渐降低的，尤其是在通风47.7h内，通风口附近稻谷水分下降最为明显，上部区域稻谷水分变化缓慢。随着通风的不断进行，上部的水分最终也降低下来。由图8.22(a)~图8.22(e)可知，粮食各层水分实测值与模拟值的变化趋势也基本一致，各层水分值的最大误差在2%以内，整个粮堆水分的平均误差约为1.1%。图8.22(f)为通风过程中各层模拟水分的变化图，可以看出，在通风过程中，各层水分总体趋势都是逐步下降的，但水分锋面迁移较温度锋面移动慢。通风初始阶段，粮堆底部，即靠近通风口处的水分首先降低；随着通风时间的不断增加，上面各层粮堆的水分也开始降低，但相对于温度变化而言，水分变化的过程较为缓慢。具体地说，当通风时间达到12.0h时，仅有最下面两

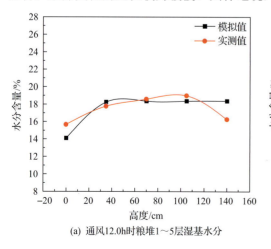

(a) 通风12.0h时粮堆1~5层湿基水分

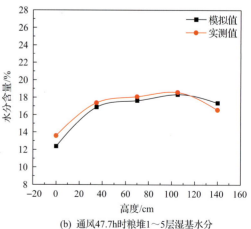

(b) 通风47.7h时粮堆1~5层湿基水分

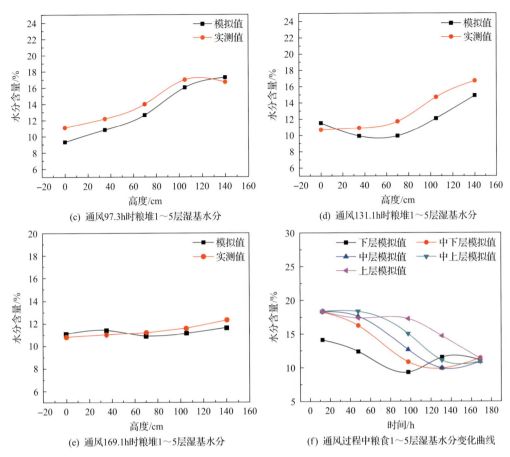

图 8.22　垂直向上通风时各层实测与模拟值平均水分的对比及模拟水分平均变化图

层的水分含量变化比较明显，其他粮层水分含量的变化非常小。当通风时间为 47.7h 时，中下层的水分含量也有明显降低，且与最下层的水分含量相差不大，但中层及其以上的水分含量仍变化不明显。当通风时间为 97.3h 时，而下层及中下层的水分含量已经显著降至 10%左右，中层和中上层的水分含量也明显降低，此时只有最上层粮堆的水分含量还没有显著降低。当通风时间达到 131.1h 时，五个粮层的水分含量都有了很显著的降低，但最上层仍然有着较高的水分含量。当通风时间达到 169.1h 时，所有粮层的水分都已经降低至较为一致的水平。

　　通过以上分析和比较可以看出，采用数值模拟方法可以有效地反映通风过程在粮堆内部温度和水分的变化规律。数值模拟结果与实测数据之所以有误差，主要是稻谷的孔隙率、平衡水分、粮粒孔隙的迂曲度、水蒸气扩散系数以及吸湿/解吸湿速率常数的取值，国内目前还没有可靠的数据，数值模拟中都是参考国外的数据而设定的，因此在模拟水分迁移的过程中，必然会出现一定的误差。

### 3. 垂直向下通风与垂直向上通风模拟预测结果的对比分析

　　为了比较不同通风方向的降水效果，这里采用与实验工况(垂直向上通风)相同的初始条件和边界条件，即稻谷初始温度、初始水分、通风气流的温、湿度和通风量与垂直向上通风时相同，模拟垂直向下通风过程中实验粮仓内稻谷的温度和水分变化规律。图 8.23 和图 8.24 分别为垂直向上通风和垂直向下通风时的流场分布图。

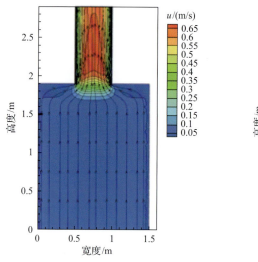

图 8.23　垂直向上通风的流场分布图　　　图 8.24　垂直向下通风的流场分布图

　　图 8.25 和图 8.26 分别为垂直向上通风与垂直向下通风效果的平均温度和平均水分的数值模拟结果的比较。由图 8.25 和图 8.26 可以看出，相同的粮堆初始温度和水分、相同的通风条件，采用两种不同的通风方向时，最终粮温非常接近，但最终的水分则不相同，即尽管两种通风方向下降温效果完全相同，但降水效果却不一样。相对于垂直向上通风而言，垂直向下通风时，更有利于降水。分析原因，主要是由于沿着粮层温度梯度方向通风(从粮层温度低处向温度高处通风)可有效提高出口温度，从而增大出口的含湿量，提高降水速率。

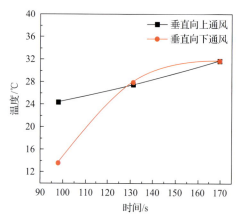

图 8.25　垂直向上通风和垂直向下通风时粮堆平均温度的比较

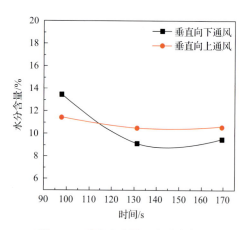

图 8.26　垂直向上通风和垂直向下通风时粮堆平均水分的比较

这种现象，可以从理论上进行分析。根据热力学原理，进出口气流含湿量 $w_{\text{in}}$、$w_{\text{out}}$ 与进出口气流温度 $T$ 和相对湿度 RH 成正比，即

$$w = 0.622 \cdot \text{RH} \cdot p_{sb} / (B - \text{RH} \cdot p_{sb}) \tag{8.1}$$

式中，$B$ 为大气压；$p_{sb}$ 为饱和蒸汽分压。

通风过程中粮堆水分的变化量为

$$\Delta M = \rho q_f (w_{\text{out}} - w_{\text{in}}) \tag{8.2}$$

式中，$\rho$ 为空气密度；$q_f$ 为通风量。在通风量一定的情况下，$(w_{\text{out}} - w_{\text{in}})$ 越大，则 $\Delta M$ 越大。当进仓气流温度和相对湿度一定时，即 $w_{\text{in}}$ 相同时，$w_{\text{out}}$ 越大，$\Delta M$ 也就越大。所以，提高出仓气流温度和相对湿度可以加快粮食水分的降低。因此，沿着粮层温度梯度方向通风(从粮层温度低处向温度高处通风)，可以有效提高降水率。从表 8.3 可以看出，实验粮仓内部上层粮温低于底层的粮温，垂直向上通风是逆温度梯度的通风，而垂直向下通风则是沿着温度梯度方向的通风。因此，垂直向下通风更有利于降水。

### 8.3.4　研究结论

本节采用数值模拟方法，对高水分稻谷的就仓降水通风实验工况进行数值仿真研究，不仅分析了粮堆内温度和水分在竖向通风过程中的变化规律，还与实测值进行对比分析，验证了该模型的准确性和可靠性。同时，探究垂直向上通风和垂直向下通风时的降水效果。研究结论如下：

(1)竖向通风过程中，粮堆各层温度和水分的实测值与模拟值的变化趋势几乎一致，而且各层之间的实测值和模拟值的平均误差在 0.7℃和 1.1%以内，数值模拟方法可以有效和形象地反映通风过程中粮堆内部的传热传质规律。

(2)就仓通风时，控制通风空气的湿度，使其小于粮堆内部平衡湿度，可以实现就仓通风降水，从而达到降低储粮水分的目的。

(3)相比较而言，在通风条件相同时，沿着粮堆温度梯度方向通风，降水效果更加明显。

## 8.4　通风量对储粮通风效果影响的数值预测研究

### 8.4.1　研究对象、边界条件及模拟工况

本节基于多孔介质传热传质、计算流体动力学理论，采用数值模拟方法，保持送风条件中的温湿度不变，改变通风量大小，探究垂直向上通风时吨粮通风量分别为 5m³/(h·t)、10m³/(h·t)、25m³/(h·t)时，沿着通风空气流动方向，高度分别为 0.3m、2.1m、3.7m 和 5.5m 四个粮层的温度和水分含量随时间的变化情况，分析不同通风量对粮堆各层温度和水分含量的影响[9]。

选取的研究对象为房式仓,粮仓跨度为21m,高度为10m,装粮高度为6m。通风模式为垂直上行式通风,通风笼的开孔率为35%左右。通风时,仓外大气通过通风笼由下而上穿过粮堆,并由窗户排出仓外。在垂直方向上选取四个水平截面来监测通风过程中的粮温和水分等参数的变化,四个水平截面的高度分别为0.3m、2.1m、3.7m和5.5m。为简化问题,本节选择粮仓跨度方向的二维模型开展数值模拟预测,如图8.27所示。

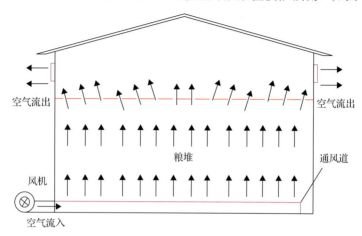

图8.27　粮仓通风系统示意图

粮堆内部流动及热湿耦合传递的控制方程见式(7.9)、式(7.11)和式(7.34)。边界条件见表8.4。表8.5为模拟工况的参数,其中,粮食初始温度为30℃,初始水分(湿基)为12.75%,初始平衡相对湿度为63.8%,通风温度为22℃,通风温差为8℃,进风相对湿度为65%,分别用吨粮通风量为5m³/(h·t)、10m³/(h·t)、25m³/(h·t)。

**表8.4　边界条件及区域设置**

| 入口边界 | 出口边界 | 壁面、地面 | 通风笼与粮堆接触面 | 粮堆 | 空气区域 |
|---|---|---|---|---|---|
| velocity-inlet | outflow | wall | interior | porous | air |

**表8.5　不同工况下的参数**

| 工况类型 | 粮食初始温度/℃ | 粮食初始水分(湿基)/% | 进风温度/℃ | 进风相对湿度/% | 吨粮通风量/(m³/(h·t)) |
|---|---|---|---|---|---|
| | 30 | 12.75 | 22 | 65 | 5 |
| 不同吨粮通风量 | 30 | 12.75 | 22 | 65 | 10 |
| | 30 | 12.75 | 22 | 65 | 25 |

### 8.4.2　模拟结果与分析

#### 1. 不同通风量下粮堆温度的变化

图8.28给出了三种通风量时各个粮层粮堆温度随时间的变化情况。由图8.28可以看出,随着通风时间的延长,从总体来看各个粮层的温度显著降低,进风口粮温下降最快,通风时间达到40h时,各层粮堆平均温度不再下降。

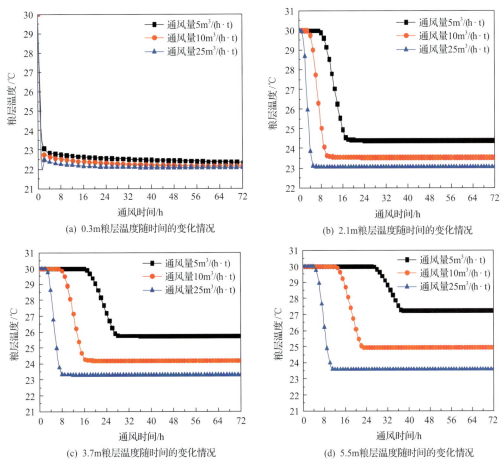

(a) 0.3m粮层温度随时间的变化情况　　　(b) 2.1m粮层温度随时间的变化情况

(c) 3.7m粮层温度随时间的变化情况　　　(d) 5.5m粮层温度随时间的变化情况

图 8.28　三种通风量时各个粮层粮堆温度随时间的变化情况

　　具体到各个粮层，由图 8.28 可以发现，各层粮温变化规律都不相同。由图 8.28(a) 可以看出，通风量为 5m³/(h·t) 时，0.3m 处粮仓的粮温迅速下降，通风 2h 后由 30℃降到 23℃，平均降温 3.5℃/h；通风量为 10m³/(h·t) 时，通风 2h 后从初始的 30℃降到 22.7℃，平均降温 3.65℃/h；通风量为 25m³/(h·t) 时，通风 2h 后从 30℃降到 22.5℃，平均降温 3.75℃/h。

　　由图 8.28(b) 可以看出，对于 2.1m 的粮层，通风量为 5m³/(h·t) 时，通风 2h 后开始降温，通风 5h 左右达到稳定，从初始的粮温 30℃降到 23℃，平均降温 1.4℃/h；通风量为 10m³/(h·t) 时，从通风 4h 后开始降温，到通风 10h 时达到稳定，从初始的 30℃降到 23.5℃，平均降温 0.65℃/h；通风量为 25m³/(h·t) 时，在通风 1h 后开始降温到通风 6h 后达到稳定，从初始的 30℃降到 23.1℃，平均降温 1.15℃/h。

　　由图 8.28(c) 可以看出，对于 3.7m 的粮层，通风量为 5m³/(h·t) 时，从通风 16h 后开始降温，到通风 28h 左右达到稳定，从初始的粮温 30℃降到 25.8℃，平均降温 0.15℃/h；通风量为 10m³/(h·t) 时，从通风 7h 后开始降温，到通风 17h 时达到稳定，从初始的 30℃降到 24.2℃，平均降温 0.34℃/h；通风量为 25m³/(h·t) 时，在通风 2h 后开始降温到通风 8h

后达到稳定，从初始的 30℃ 降到 23.3℃，平均降温 0.84℃/h。

由图 8.28(d)可以看出，对于 5.5m 的粮层，通风量为 5m³/(h·t) 时，从通风 27h 后开始降温，到通风 38h 左右达到稳定，从初始的 30℃ 降到 27.2℃，平均降温 0.07℃/h；通风量为 10m³/(h·t) 时，从通风 12h 后开始降温，到通风 24h 时达到稳定，从初始的 30℃ 降到 24.9℃，平均降温 0.21℃/h；通风量为 25m³/(h·t) 时，在通风 4h 后开始降温，到通风 10h 后达到稳定，从初始的 30℃ 降到 23.6℃，平均降温 0.64℃/h。

就各个工况的整个粮堆平均温度而言，通风量为 5m³/(h·t) 的工况到通风 42h 时，从温度 30℃ 降到 24.95℃，平均降温 0.12℃/h；通风量为 10m³/(h·t) 的工况到通风 24h 时，从温度 30℃ 降到 23.7℃，平均降温 0.26℃/h；通风量为 25m³/(h·t) 的工况到通风 14h 时，从温度 30℃ 降到 23.0℃，平均降温 0.5℃/h；由结果可以看出，通风量为 25m³/(h·t) 的工况降温速率最快。

图 8.29 给出了通风量为 25m³/(h·t) 时通风过程中不同时刻粮堆的温度场。初始粮温为 30℃，送风温度为 22℃，通风时间为 72h。图 8.29(a) 为通风 1h 后粮堆的温度分布情况。由图可知，通风 1h 后粮仓底层 0.5m 范围内，粮温快速下降到通风空气的温度。分析其原因，主要是由于这部分粮堆靠近通风口，粮堆与入口空气进行剧烈的热量交换。由图 8.29(b) 可以看出，通风 12h 后，冷空气基本穿透粮堆，整个粮堆得到充分的冷却且形成两大温度带，粮面上部的空气区域也受到通风的影响，温度降低到 19℃，下部粮堆温度下降 18℃。由图 8.29(c) 和图 8.29(d) 可以看出，通风 48h、72h 后，冷锋面已完全穿过整个粮堆，上部粮温也下降到 18℃，继续通风会使整个粮堆温度更加均匀。

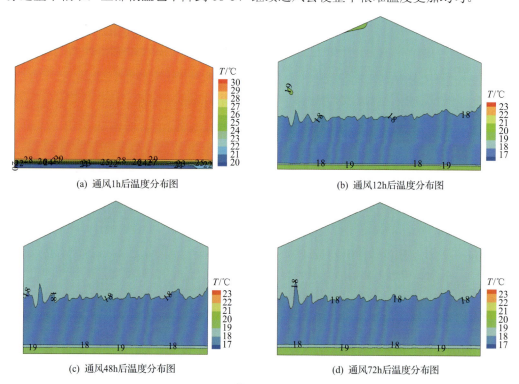

(a) 通风1h后温度分布图　　　　　　　　　　(b) 通风12h后温度分布图

(c) 通风48h后温度分布图　　　　　　　　　　(d) 通风72h后温度分布图

图 8.29　通风量为 25m³/(h·t) 时不同时刻粮堆的温度场

同时，由图 8.29 还可以看出，尽管送风温度为 20℃，但是，通风 72h 后粮堆温度下降到 18℃。这主要是因为进风相对湿度低于粮堆初始的平衡湿度，通风过程中，粮堆基本处于解吸湿状态，从而导致失水。而粮堆的解吸湿需要吸收粮堆的热量，从而使得粮堆温度进一步下降。所以，通风一定时间后，粮堆进风口的温度反而低于通风空气的温度。

### 2. 不同通风量下粮堆水分的变化

图 8.30 给出了三种通风量时各个粮层平均水分随时间的变化情况。由图 8.30（a）可以看出，由于靠近通风口，而且送风温度比初始粮温低 8℃，底层粮食开始进行解吸湿而失水，随着两者温差减小，达到局部热平衡后，在湿度差的作用下，又开始吸湿，使得该层粮堆水分升高，导致 0.3m 粮层的水分增加且超过粮堆初始水分。尤其以通风量为 $10m^3/(h \cdot t)$ 和通风量为 $25m^3/(h \cdot t)$ 的工况尤为显著，最终 0.3m 粮层的水分达到稳定状态。同时，可以发现，在开始通风的 72h 之内，即使在同样的送风条件下，通风量增大，意味着粮堆内部对流作用加强，因此通风量高时粮堆水分增加更加明显。由图 8.30（b）可知，三种通风量时，2.1m 粮层的平均水分都是逐步下降的，最终达到稳定状态，其中通风量

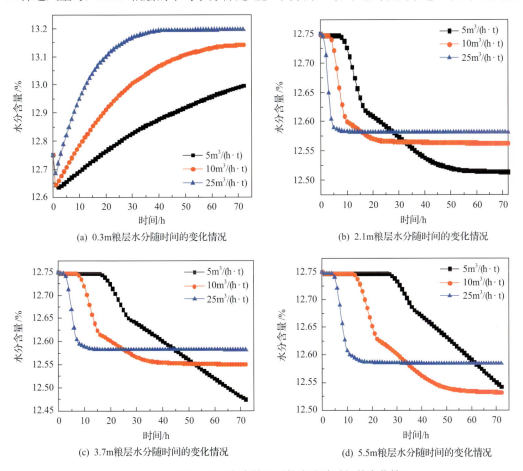

(a) 0.3m粮层水分随时间的变化情况　　　　(b) 2.1m粮层水分随时间的变化情况

(c) 3.7m粮层水分随时间的变化情况　　　　(d) 5.5m粮层水分随时间的变化情况

图 8.30　三种通风量时各个粮层平均水分随时间的变化情况

为 5m³/(h·t) 的工况降到 12.51% 左右，通风量为 10m³/(h·t) 的工况降到 12.56% 左右，通风量为 25m³/(h·t) 的工况降到 12.58% 左右。由图 8.30(c) 可知，3.7m 粮层的平均水分也是下降的，最终达到稳定状态，其中通风量为 5m³/(h·t) 的工况降到 12.47% 左右，通风量为 10m³/(h·t) 的工况降到 12.55% 左右，通风量为 25m³/(h·t) 的工况降到 12.58% 左右。由图 8.30(d) 可知，5.5m 粮层的平均水分也是下降的，最终达到稳定状态，其中通风量为 5m³/(h·t) 的工况降到 12.54% 左右，通风量为 10m³/(h·t) 的工况降到 12.53% 左右，通风量为 25m³/(h·t) 的工况降到 12.58% 左右。

在一定的通风量下，降温通风过程中粮堆水分变化不仅与通风量有关，还与进风空气的湿度有关。当通风空气的湿度大于粮堆平衡湿度时，通风量增大，水分反而会升高；当通风空气的湿度等于或小于粮堆平衡湿度时，通风量增大，粮堆水分减少，且通风量越大水分损失越大。

分析图 8.31(a)～图 8.31(c) 可知，随着通风时间的增加，各个粮层出现水分变化的时间有延迟效应，其中 0.3m 粮层水分最先开始变化，紧接着 2.1m 粮层开始变化，以此类推。综合图 8.31 可以看出，通风量为 25m³/(h·t) 的工况比其他工况出现水分变化的时

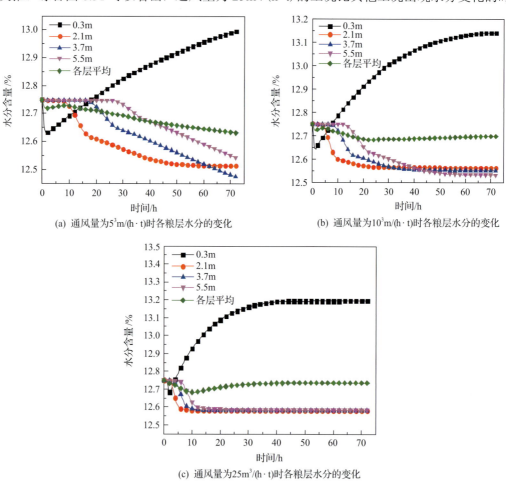

(a) 通风量为5³m/(h·t)时各粮层水分的变化　　　(b) 通风量为10³m/(h·t)时各粮层水分的变化

(c) 通风量为25m³/(h·t)时各粮层水分的变化

图 8.31　三种通风量时各个粮层平均水分随时间的变化规律

间早，而且水分变化幅度大，最终达到稳定状态的时间较早。通风量为 5m³/(h·t) 的工况水分略有降低，通风量为 10m³/(h·t) 和通风量为 25m³/(h·t) 的工况水分几乎保持不变。分析其原因在于，通风空气的湿度与粮堆初始平衡湿度基本接近，所以通风过程中粮堆水分下降不是很明显。不难看出，该通风模式下，通风过程中粮堆的水分损失较少。

图 8.32 为通风量为 25m³/(h·t) 时不同时刻粮堆水分场。由图 8.32(a) 可以看出，通风 12h 后，冷空气穿过整个粮堆，粮粒中的水分扩散到粮粒之间的空气中，粮食的水分下降约 0.2%，在靠近通风口处，水分发生剧烈变化，粮堆中间部分及顶部空间的水分几乎不变。由图 8.32(b) 可以看出，通风 24h 后，进口处水分开始降低，并在粮堆底部形成一个水分前沿，但整个粮堆的水分变化依然很小。图 8.32(c) 和图 8.32(d) 分别为通风 48h、72h 后粮堆水分的变化情况，通风 48h 后，入口 1m 左右的位置粮堆内部水分与空气有着剧烈的传质过程，形成多个水分带，通风 72h 后水分锋面逐渐推进，但是水分前沿移动速度较为缓慢，相对于温度前沿的传递来说移动速度较为缓慢，滞后明显。

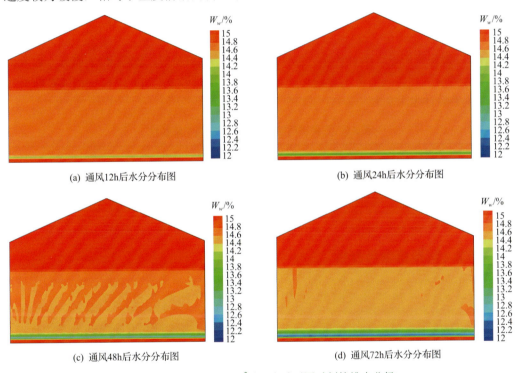

(a) 通风12h后水分分布图　　　　　　　　(b) 通风24h后水分分布图

(c) 通风48h后水分分布图　　　　　　　　(d) 通风72h后水分分布图

图 8.32　通风量为 25m³/(h·t) 时不同时刻粮堆水分场

### 8.4.3　研究结论

(1) 以通风量分别为 5m³/(h·t)、10m³/(h·t)、25m³/(h·t) 三种工况进行通风时，均能使粮温降低，通风量越大降温速率越快，其中以通风量为 25m³/(h·t) 的工况降温速率最快。通风 72h 后，冷锋面基本穿过粮堆，粮仓温度较为均匀。

(2) 就粮堆水分而言，三种工况均呈现 0.3m 粮层水分增加，2.1m、3.7m、5.5m 粮层水分降低的现象，其中通风量为 25m³/(h·t) 时水分下降最快。但综合三种工况的平均水分来讲，三种通风量时粮堆平均水分皆有下降，但降低幅度较小。

（3）相对于温度前沿的移动速度来说，水分前沿移动速度较为缓慢，滞后明显。

## 8.5　进风相对湿度对储粮通风效果影响的数值预测研究

本节采用数值模拟方法，预测分析房式仓垂直上行式通风时通风量为 $10m^3/(h·t)$ 时，粮食初始温度为 30℃，粮食初始水分（湿基）为 12.75%，通风温度为 22℃，进风相对湿度分别为 55%、60%、65%条件下，距离进风口 0.3m、2.1m、3.7m 和 5.5m 处的四个粮层的温度和水分含量随时间的变化情况，并探究进风相对湿度对粮堆各层温度和水分含量的影响[10]。

### 8.5.1　研究对象、边界条件及模拟工况

本节研究对象为房式仓的垂直上行式通风。粮仓跨度为 21m，长度为 50m，粮堆高度为 6m。为简化问题，本节选择二维模型开展数值模拟预测，如图 8.27 所示。粮堆内部流动及热湿耦合传递的控制方程见式(7.9)、式(7.11)和式(7.34)。模拟通风时间为 3 天，通风参数详见表 8.6。

表 8.6　三种进风相对湿度工况下的初始参数

| 工况类型 | 粮食初始温度/℃ | 粮食初始水分/% | 通风温度/℃ | 进风相对湿度/% | 吨粮通风量/(m³/(h·t)) |
|---|---|---|---|---|---|
| 工况一 | 30 | 12.75 | 22 | 55 | 10 |
| 工况二 | 30 | 12.75 | 22 | 60 | 10 |
| 工况三 | 30 | 12.75 | 22 | 65 | 10 |

### 8.5.2　模拟结果与分析

#### 1. 不同进风相对湿度时粮堆内各层温度随时间的变化规律

图 8.33 和图 8.34 分别为不同进风相对湿度时粮堆内各层温度随时间的变化情况。由图 8.33 可以看出，通风开始后，粮堆各层温度都会快速下降，进风口处的底层粮温下降最快，粮堆上部温度下降最慢。大约 25h 后各个粮层温度和粮堆平均温度不再变化。

由图 8.34 和表 8.7 可以看出，尽管通风量和通风空气温度相同，但是不同进风相对湿度时粮温变化情况也不尽相同。在进风相对湿度为 55%～65%时，进风相对湿度与温度的下降成反比，即进风相对湿度越高，通风结束后粮温越高，而且当进风相对湿度大于 60%时，通风结束后的平均粮温高于送风温度。当进风相对湿度为 55%时，通风结束后的平均粮温低于通风温度。其原因在于，进风相对湿度为 55%时，通风空气湿度小于粮堆初始平衡湿度，通风过程中粮堆处于解吸湿状态，粮堆蒸发失水，消耗粮堆的潜热，从而导致粮堆温度低于通风温度；而且初始水分越高，失水越多，消耗粮堆潜热越多，

如图 8.35 和图 8.36 所示。当进风相对湿度等于 60%时，通风空气湿度小于粮堆初始平衡湿度，粮堆基本处于解吸湿状态，也要消耗粮堆的潜热，但是，粮堆是不良导热体，粮堆中沿着通风方向各个粮层之间存在热阻，导致粮堆内部有一定的温度梯度，因此通风 72h 后粮堆平均粮温高于通风温度。当进风相对湿度大于 65%时，进口处的粮堆处于吸湿和解吸湿交替的状态，加之粮堆内部的温度梯度，通风结束后的平均粮温高于通风温度。

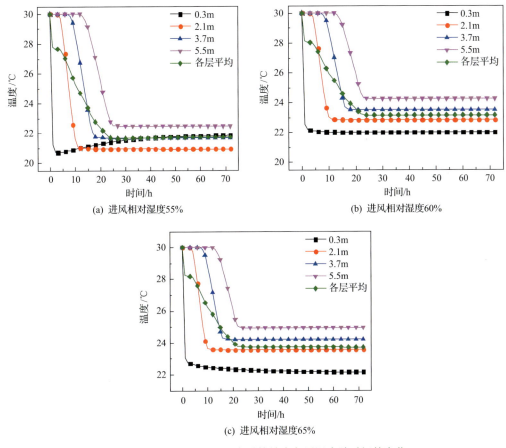

图 8.33　不同进风相对湿度时粮堆内各层温度随时间的变化

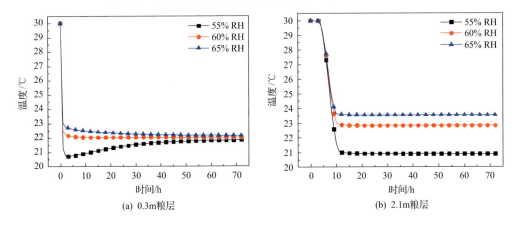

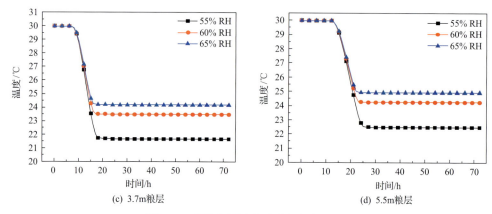

(c) 3.7m粮层　　　　　　　(d) 5.5m粮层

图 8.34　粮堆各层温度随时间变化对比图

**表 8.7　三种进风相对湿度通风 72h 后四个粮层的温度值**

| 进风相对湿度/% | 0.3m 粮层温度/℃ | 2.1m 粮层温度/℃ | 3.7m 粮层温度/℃ | 5.5m 粮层温度/℃ | 平均粮温/℃ |
|---|---|---|---|---|---|
| 55 | 21.8 | 20.9 | 21.7 | 22.5 | 21.7 |
| 60 | 22.0 | 22.8 | 23.5 | 24.2 | 23.1 |
| 65 | 22.1 | 23.5 | 24.2 | 24.9 | 23.7 |

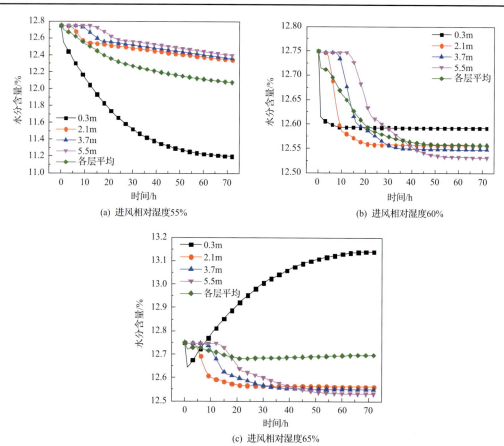

(a) 进风相对湿度55%　　　　　　　　(b) 进风相对湿度60%

(c) 进风相对湿度65%

图 8.35　不同进风相对湿度时粮堆内各层水分的时间变化规律

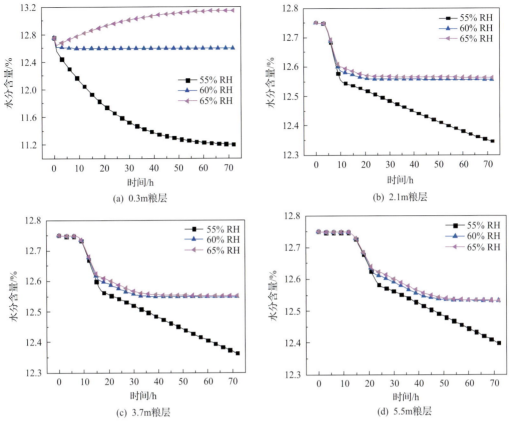

图 8.36　粮堆各层水分含量随时间变化对比图

由图 8.34 可以看出，在进风相对湿度不同时，达到稳定时的最终温度是有所不同的，进风相对湿度越低，达到稳定时的粮堆温度越低，进风相对湿度越高，达到稳定时粮堆的温度越高。在 0.3m 粮层，进风相对湿度为 65%时，比进风相对湿度为 55%时的温度高 0.3℃；在 5.5m 粮层，进风相对湿度为 65%时的稳定温度比进风相对湿度为 55%时的温度高 2.5℃。因此，可以看出，即使通风量和通风温度相同，进风相对湿度也会影响通风降温效果。

### 2. 不同进风相对湿度时粮堆内各层水分随时间的变化规律

图 8.35 为不同进风相对湿度时粮堆内各层水分的时间变化规律。由图可以看出，在每一种进风相对湿度条件下，沿着通风空气流动方向上，各个粮层的水分变化情况各异。进风口处的水分含量受进风相对湿度影响最大，该处水分变化较为显著；其他粮层的水分含量变化明显变缓，而且水分变化幅度较小。比较图 8.35 中曲线可以发现，进风相对湿度为 55%和 60%时，通风过程中粮堆的各个粮层都是失水的；其中，进风相对湿度为 55%时粮堆失水较多，进风相对湿度为 60%时粮堆失水相对减少；进风相对湿度为 65%时，进风口处粮层水分是增大的，其他粮层是失水的，而且，相对于进风相对湿度 55%和 60%工况来说，进风相对湿度为 65% 时，通风过程中的水分损失最少。

从表 8.8 可以看出，通风 72h 后进风相对湿度为 55%时，粮堆的水分含量下降最多，平均水分含量下降约 0.68%，其中，进风口处水分含量下降最快，下降约 1.5%。进风相对湿度为 65%时，粮堆平均水分含量下降 0.1%，由于吸湿作用，进风口处粮层水分增加了 0.35%，其他各粮层的水分由于解吸湿作用，水分降低了 0.3%，所以该工况的粮堆水分基本没有下降。

表 8.8　三种进风相对湿度通风 72h 后四个粮层的水分值

| 不同进风相对湿度/% | 0.3m 粮层水分/% | 2.1m 粮层水分/% | 3.7m 粮层水分/% | 5.5m 粮层水分/% | 平均水分/% |
|---|---|---|---|---|---|
| 55 | 11.2 | 12.3 | 12.4 | 12.4 | 12.1 |
| 60 | 12.6 | 12.6 | 12.5 | 12.5 | 12.6 |
| 65 | 13.1 | 12.6 | 12.6 | 12.5 | 12.7 |

图 8.36 为不同进风相对湿度下通风过程中各层水分含量对比图。从图中可以看出，在 0.3m 粮层处，进风相对湿度为 60%时，粮堆的水分含量保持不变；进风相对湿度为 55%时，粮堆水分含量下降较快，在 60h 后趋于稳定；而进风相对湿度为 65%时，粮堆水分含量有所上升，48h 以后粮堆的水分含量趋于稳定。2.1m 粮层处的水分在通风 5h 以后明显下降；进风相对湿度为 60%、65%时，通风至 20h 时，水分含量逐渐趋于稳定，且各层水分含量相差不是很大，但进风相对湿度为 55%时，由于湿度较低，粮堆的水分含量会一直下降；在 3.7m 和 5.5m 粮层处也出现类似的现象。不难看出，在相同的通风量和通风温度下，进风相对湿度对粮堆内部的水分改变有明显的影响，即空气的相对湿度是决定粮堆通风水分损失的关键因素。因此，要避免通风过程中的水分损耗，就必须选择合适的进风相对湿度。

### 8.5.3　研究结论

(1)在通风量和通风温度相同的条件下，不同的进风相对湿度对通风后粮堆的温度有一定的影响，在靠近送风口处的粮层，进风相对湿度越低，粮堆温度降低越多，进风相对湿度越高，粮堆温度降低相对较少。

(2)在通风量和通风温度相同的条件下，进风相对湿度对粮堆内部的水分会有明显的影响，进风相对湿度越低，粮堆的平均水分下降越多，在该研究情况中，当进风相对湿度大于 65%时，通风 72h 后粮堆的平均水分含量下降很少，基本呈不改变的趋势。

(3)在相同的通风量和通风温度下，进风相对湿度是决定通风后水分的关键因素。当通风空气的湿度低于粮堆初始平衡湿度时，通风结束后，粮堆水分会下降；反之，当通风空气的湿度高于粮堆初始平衡湿度时，通风结束后，粮堆水分会升高。因此，要避免通风过程中的水分损耗，就必须选择合适的进风相对湿度。

## 8.6　储粮横向分布式谷冷通风的数值模拟研究

就仓机械通风在粮食储藏中具有降温效果显著、费用较低等特点，在确保储粮安全方面，发挥着至关重要的作用[1]。目前国内常用的机械通风方式大多是地上笼竖向通风，但这种通风方式给粮食出入库带来极大的不便，不仅加大了粮食进出库的工作量，还增加了储粮成本。国家粮食和物资储备局科学研究院组织相关科研人员于河北清苑库开展横向分布式谷冷通风实验研究，即把两组通风笼垂直安装在粮仓宽度方向的两个内墙上，通过吸式或吹式的方式实现沿着粮仓宽度方向的横向通风。横向通风避免了地上通风笼所带来的粮食进出仓的不便，使粮食的装卸可以在粮仓内部完成，大大提高了粮食进出仓的效率。

本节基于 CFD 方法，对横向分布式谷冷通风时粮堆内部流动和热湿耦合传递过程进行数值模拟研究，探究横向通风时粮堆内部温度和水分的变化规律，分析评价横向通风时粮堆降温的均匀性和降温效果，并通过与实验结果的比较验证数学模型[11]。

### 8.6.1　控制方程、物理模型及初始条件和边界条件

假设粮堆是连续性的、均匀分布的多孔介质，粮堆内部满足局部热湿平衡原理[3-5]，考虑粮食颗粒的吸湿和解吸湿特性，由于通风时间相对较短，粮粒和虫霉呼吸作用所产生的热量和水分可以忽略不计。粮堆内部流动及热湿耦合传递的控制方程见式(7.9)、式(7.11)和式(7.34)。

数值模拟的粮仓为房式仓，粮仓长度为 60m，宽度为 21m，装粮高度为 5.8m，可储存 5700t 小麦。为了简化问题，本研究取出长度方向一半的中截面上的温度和水分变化进行分析与讨论，如图 8.37 所示。

粮堆(小麦)平均初始温度为 32.2℃(热力学温度为 305.2K)，平均湿基水分为 0.122(干基水分为 0.1398)。粮堆的容重 $\rho_b$ 为 805kg/m³，粮堆的比热容 $c_b$ 为 1790J/(kg·K)，粮堆的导热系数 $\lambda$ 为 0.159W/(m·K)，粮堆的孔隙率 $\varepsilon$ 取为 0.4[1,5]。

出口边界沿流线方向各流动参数的一阶导数取为零，在固体壁面和地面采用无滑移条件，并且为绝热边界，由于粮面覆膜，粮面假设不可渗透，但与上部空气有热量交换。由于采用的是横向分布式谷冷通风，即将谷冷机作为冷源放在粮仓的一侧，并通过粮仓另一侧的引风机将谷冷机产生的冷风引入粮仓内部。为了避免通风过程中粮堆水分损耗过大，一方面选取较小的通风量；另一方面调节谷冷机出口空气的湿度，谷冷机出风口的空气保持在较高湿度。因此，在实际操作中，粮仓进风口冷空气平均温度为 17.5℃，粮仓进风相对湿度为 85%，通风量为 4.9m³/(h·t)。

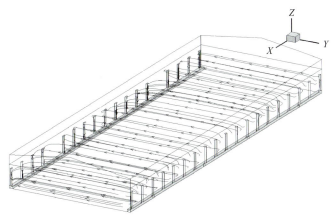

(a) 房式仓横向通风系统

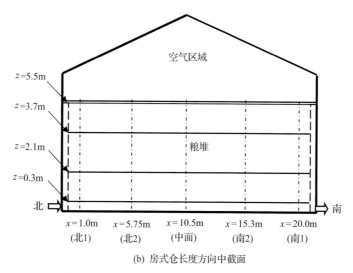

(b) 房式仓长度方向中截面

图 8.37　房式仓横向通风系统和中截面示意图

## 8.6.2　模拟结果与分析

图 8.38 和图 8.39 分别给出了粮堆内部温度和水分在通风 3 天(72h)时的变化规律。

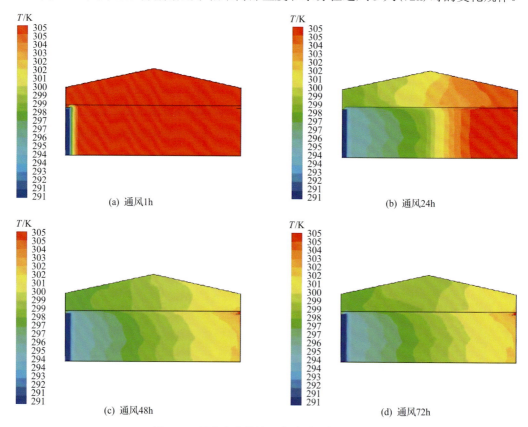

图 8.38　跨度方向粮堆温度随时间的变化规律

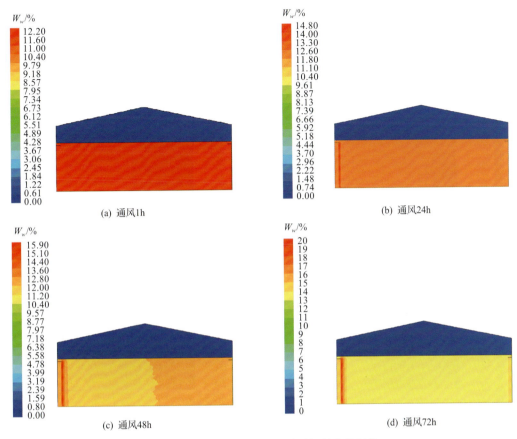

图 8.39　跨度方向粮堆水分随时间的变化规律

　　由图 8.38 和图 8.39 可以看出，由于通风时进入粮堆的空气温度低于粮堆的初始温度，随着冷风前沿的推进，粮粒与周围空气之间进行对流换热，粮粒与冷空气进行热量交换而降低温度。在粮粒与空气进行热量交换的同时，粮粒还与周围空气进行质量交换，从而导致粮堆水分发生迁移。

　　由图 8.38 还可以看出，粮堆内部温度前沿（冷锋面）是波浪式的，即粮堆内部存在多个温度不同的冷锋面，而不是只有一个冷锋。为了验证这个问题，又特别计算了不考虑水分变化，即只考虑通风时粮粒与空气之间的热量交换，不考虑粮粒与空气之间的水蒸气交换，即仅求解流动方程和传热方程，并且忽略粮粒的吸湿或解吸湿热，此时粮堆内部温度随着时间变化的规律如图 8.40(a) 和图 8.40(b) 所示，比较图 8.40 所示各云图可以发现，考虑吸湿/解吸湿作用和不考虑吸湿/解吸湿作用时，模拟得到的结果差别较大，后者降温较快且存在多个冷锋面，而前者的降温较慢且只有一个冷锋。主要原因是没有考虑粮食吸湿/解吸湿特征，忽略了粮粒的吸湿/解吸湿作用，此时粮堆类同于沙堆，其内部水分被认为是恒定不变的，这显然与事实不符。这是因为在粮堆水分因蒸发（解吸湿）而降低时，水分蒸发潜热没有被考虑，而实际的情况是水分的蒸发势必消耗能量，导致粮堆温度进一步下降。因此，在计算粮堆内部热湿传递过程时，必须要考虑粮堆内部质量交换，即粮粒与粮粒间空气的水蒸气交换，否则模拟计算的结果会产生较大的误差，甚至产生谬误。

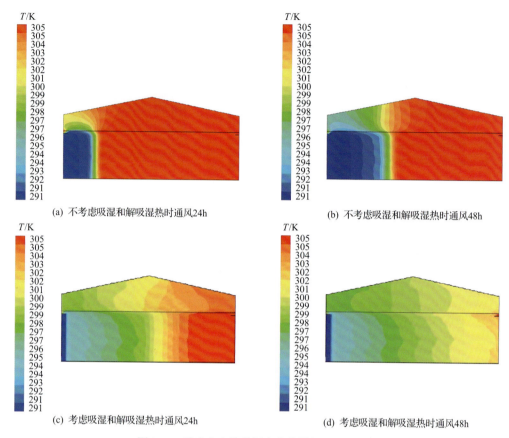

(a) 不考虑吸湿和解吸湿热时通风24h

(b) 不考虑吸湿和解吸湿热时通风48h

(c) 考虑吸湿和解吸湿热时通风24h

(d) 考虑吸湿和解吸湿热时通风48h

图 8.40　跨度方向粮堆温度变化模拟结果的比较

由图 8.39 还可以看出，在该横向通风过程中，粮堆内部的水分变化很小，而且水分锋面的迁移速度远小于温度锋面的移动速度。图 8.41 和图 8.42 分别给出了跨度方向各立面上和高度方向各水平面上(图 8.37)粮食温度随时间的变化图。由图 8.41 可以看出，在粮堆跨度方向上，冷风从进口粮堆的北 1 立面推进到冷风出口的南 1 立面，冷锋面逐步推进，粮温逐渐降低。在间距为 5m 的相邻两个立面之间的平均粮温相差不大于 2℃，北 1 立面和南 1 立面两个立面的温差为 4.6℃。平均每 3.6h 冷风向前推进 1m(以通风结束时刻南 1 立面上的平均温度为准)，冷锋面移动速度为 0.28m/h。由图 8.42 可以看出，在粮堆高度方向上，除了顶层，相邻的两层之间的粮堆温差不超过 0.2℃。顶层粮温也有明显降低，较空气区域平均温度低约 0.5℃，顶层与底层之间的温差为 0.4℃。由此可以看出，横向谷冷通风时粮堆高度方向温度梯度较小，没有出现地上笼竖向通风造成的沿着高度方向温度梯度过大的问题。

图 8.43 和图 8.44 分别为横向通风过程中粮堆平均温度和平均水分的时间变化图。由图 8.43 可以看出，通风约 72h，仓内粮堆温度从 32.2℃降低到 23.6℃，降温幅度为 8.6℃。同时，由图 8.43 还可以看出，温度的数值模拟结果与实验测定结果基本吻合，说明已建

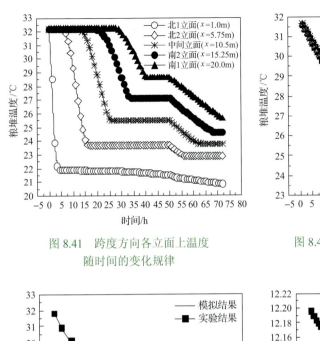

图 8.41　跨度方向各立面上温度
随时间的变化规律

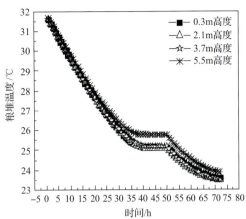

图 8.42　高度方向各水平面上温度
随时间的变化规律

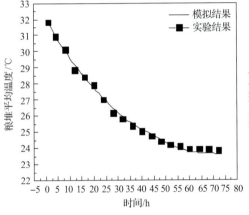

图 8.43　粮堆平均温度随时间的变化规律

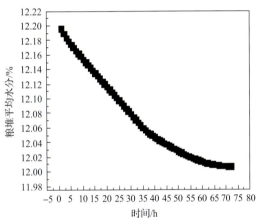

图 8.44　粮堆平均水分随时间的变化规律

立的数学模型可以用于储粮通风过程中粮堆内部热湿传递的模拟研究。由图 8.44 可以看出，通风过程中粮堆平均水分从 12.20%降到 12.00%，降水幅度为 0.20%，水分降低很小。清苑库实仓测试的平均水分，横向谷冷通风前为 12.2%，通风后为 12.3%，通风的过程水分基本保持不变。比较数值模拟与实测测试的水分结果，可以看出两者基本吻合。

### 8.6.3　研究结论

本节采用数值模拟和实仓测试相结合的方法，对横向谷冷通风时粮堆空气内部流动、热量传递和水分迁移过程进行了数值分析，并探讨了横向通风时粮堆内部降温效果和均匀性。因此，得出以下结论：

(1)横向谷冷通风时粮堆内部表观风速为 0.023m/s，冷锋前沿移动速度为 82.8m/h。横向通风约 72h，仓内粮堆一次降温从 32.2℃降低到 23.6℃，降温幅度为 8.6℃。水分从

12.20%降到 12.00%，降水幅度为 0.20%。横向通风时粮堆内部速度分布均匀，且具有降温速度快、冷却效率高的特点。

(2)横向通风时在粮堆宽度方向上，相邻间距为 5m 的相邻两个截面之间的平均粮温变化不大于 2℃；粮堆高度方向上，各层之间温差不超过 0.2℃。相对于地上笼竖向通风而言，横向谷冷通风时粮堆内部温度梯度较小。

## 8.7　房式仓横向降温保水通风的数值模拟研究

本节采用数值模拟方法，对不同进风相对湿度的横向通风工况进行数值模拟预测，并对比分析三种不同进风相对湿度工况下粮仓内温度和水分的变化规律，得到房式仓稻谷横向降温保水的最佳送风温湿度，研究结果对房式仓横向保水通风操作有现实指导意义[12,13]。

### 8.7.1　研究对象、边界条件及模拟工况

本节模拟的对象为房式仓，粮仓跨度为 27m，高度为 12.5m，装粮高度为 6m。通风方式为横向通风，通风量为 5m³/(h·t)，在压差作用下空气穿过粮堆，经由南侧通风道排出仓外。为简化问题，本节选择粮仓跨度方向的二维模型开展数值模拟预测，如图 8.45 所示。

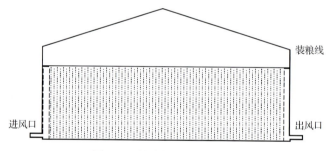

图 8.45　粮仓横向通风示意图

该研究的三种工况设置不同的进风相对湿度，分别为 71.5%、76.5% 和 81.5%，通风温差为 8℃，其他参数值相同，详细通风参数值见表 8.9。粮仓内储粮品种为稻谷，容重为 600kg/m³，初始湿基水分为 15%，粮食初始温度为 25℃，孔隙率为 0.6，导热系数为 0.11W/(m·K)。

表 8.9　三种进风相对湿度工况的初始参数

| 工况类型 | 粮食初始温度/℃ | 初始湿基水分/% | 通风温度/℃ | 进风相对湿度/% | 吨粮通风量/(m³/(h·t)) |
|---|---|---|---|---|---|
| 工况一 | 25 | 15 | 17 | 71.5 | 5 |
| 工况二 | 25 | 15 | 17 | 76.5 | 5 |
| 工况三 | 25 | 15 | 17 | 81.5 | 5 |

### 8.7.2　不同进风相对湿度下的模拟结果及分析

#### 1. 储粮横向通风的流场

图 8.46 给出了横向通风时粮堆内部的流场图。由图 8.46 可知，由于粮面有覆膜，冷空气由南侧进风口进入，沿水平方向穿过整个稻谷粮堆，在北侧出风口流出，粮堆区域的流线分布均匀。进口和出口处空气流速较大，为 0.09m/s，粮堆内部各点处的表观风速保持一致，为 0.03m/s。

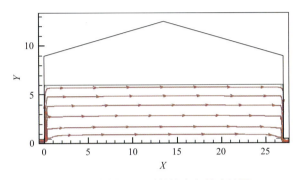

图 8.46　横向通风时粮堆内部的流场图

#### 2. 工况一的结果和分析

##### 1) 粮堆温度的变化规律

图 8.47 给出了进风相对湿度为 76.5%时粮堆温度随通风时间的变化图。由图 8.47 可知，对房式仓进行为期 336h 的横向通风模拟，稻谷粮堆由北(图中左侧)向南(图中右侧)沿跨度方向逐渐降温。稻谷粮堆的初始温度为 25℃，送风温差为 8℃，即送入粮堆的空气温度为 17℃，通风结束时粮堆的平均温度降至 18.4℃，降幅为 6.6℃。

图 8.47(a) 所示为通风 24h 的温度分布图，冷锋面前沿穿过粮堆中部，但没有移出粮堆，冷锋前沿的右侧仍为待冷却的高温区。图 8.47(b) 所示为通风 48h 的温度分布图，冷锋面前沿穿过整个粮堆，冷锋面平均每 1h 向前推进 1m，稻谷粮堆的平均温度降至 18.4℃。

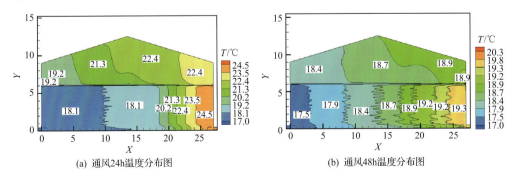

(a) 通风24h温度分布图　　　　　(b) 通风48h温度分布图

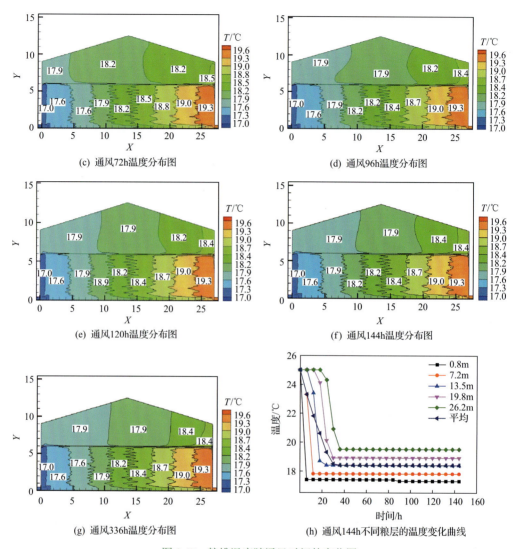

(c) 通风72h温度分布图　　　　　　　　　(d) 通风96h温度分布图

(e) 通风120h温度分布图　　　　　　　　　(f) 通风144h温度分布图

(g) 通风336h温度分布图　　　　　　　　(h) 通风144h不同粮层的温度变化曲线

图 8.47　粮堆温度随通风时间的变化图

图 8.47(c)所示为通风 72h 的温度分布图，粮堆各处温度均下降至 19.5℃以下，相较于通风 48h 的温度分布图，粮堆个别区域的温度小幅度下降，温度分布更加均匀。图 8.47(d)～图 8.47(g)所示为通风 96、120h、144h 和 336h 的温度分布图，从中可以看出温度的分布无明显变化。结合表 8.10 中数据，通风 48h 后粮堆的平均温度降为 18.4℃不再变化。图 8.47(h)所示为通风 144h 的不同粮层温度随时间的变化曲线，将距离进风口位置不同的五个竖直截面选取为不同粮层。靠近进风口 0.8m 的粮堆最先接触到进风空气，由于进风空气和粮粒之间存在温差，粮粒向周围空气放热，该粮层温度最先开始下降且降幅很大，为 7.6℃，通风 6h 后平均温度降为 17.4℃且趋于平稳。由图 8.47(h)还可以看出沿跨度方向，同一通风时间，距离进风口越远的粮层温度越高，这是因为进风空气不断从粮粒中吸热温度升高，与距离远的粮层之间传递的热量逐渐减少，从而在粮堆内部形成热阻。粮层距离进风口越远，降低到同一温度所需的通风时间越长。

表 8.10　工况一不同通风时间的温度和水分值

| 参数 | 通风 24h | 通风 48h | 通风 72h | 通风 96h | 通风 120h | 通风 144h | 通风 336h |
|---|---|---|---|---|---|---|---|
| 温度/℃ | 19.3 | 18.4 | 18.4 | 18.4 | 18.4 | 18.4 | 18.4 |
| 水分/% | 14.93 | 14.90 | 14.90 | 14.90 | 14.90 | 14.90 | 14.89 |

表 8.10 所示的是进风相对湿度为 76.5%时，不同通风时间的温度和水分变化值。由表 8.10 可知，通风 24h 的温度平均变化率最高，为 5.7℃/天，通风 48h 的温度平均变化率为 3.3℃/天，通风 72h 的温度平均变化率为 2.2℃/天，通风 336h 的温度平均变化率最低为 0.5℃/天。由此可见，随着通风天数的增加，平均温度变化率逐渐降低，这说明通风过程中，早期的通风降温效果明显，后期不明显，为无效通风。继续延长通风时间，只会增加能耗。

2）粮堆水分的变化规律

图 8.48 给出了进风相对湿度（即通风空气的相对湿度）为 76.5%时粮堆水分随通风时间的变化图。由图 8.48 可知，对房式仓进行为期 336h 的横向通风模拟，稻谷粮堆的水分沿跨度方向从北侧开始下降，整体水分值变化较小，图 8.48(a)～图 8.48(g)中水分为 0.0%的蓝色区域为空气区域。稻谷粮堆的初始水分为 15%，通风空气的相对湿度为 76.5%，进风相对湿度差为 0.0%，即粮堆初始平衡湿度与通风空气的湿度相同，通风结束时粮堆的平均水分降至 14.90%，降幅 0.1%。

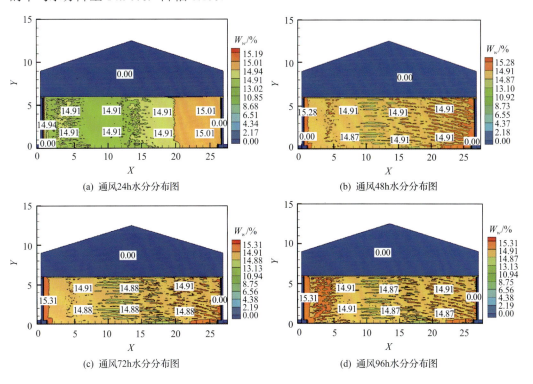

(a) 通风24h水分分布图　　　　　　(b) 通风48h水分分布图

(c) 通风72h水分分布图　　　　　　(d) 通风96h水分分布图

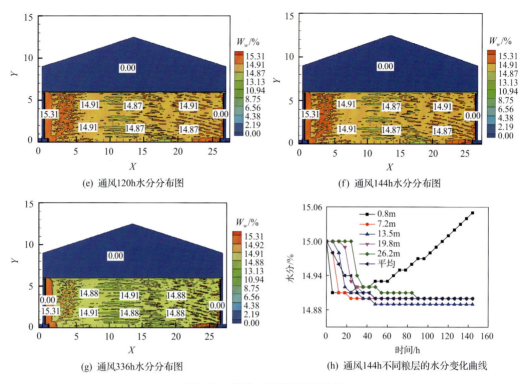

(e) 通风120h水分分布图  (f) 通风144h水分分布图

(g) 通风336h水分分布图  (h) 通风144h不同粮层的水分变化曲线

图 8.48　粮堆水分随时间变化图

图 8.48(a)所示为通风 24h 的水分分布图，水分锋面前沿穿过粮堆中部，水分锋面穿过的区域的水分高于水分锋面尚未到达的区域的水分，此时粮堆的平均水分降低至14.93%。图 8.48(b)所示为通风 48h 的水分分布图，水分锋面前沿穿过整个粮堆，水分锋面平均每 1h 向前推进 0.8m，粮堆内部水分分布较均匀，稻谷粮堆的平均水分降至 14.90%。在进风口附近的粮堆水分升高，原因是粮堆与周围空气达到局部热平衡后，由于粮粒温度的下降，粮粒表面蒸汽分压降低，而且粮粒周围空气蒸汽分压较高，粮粒开始从蒸汽分压高的周围空气中吸收水分。图 8.48(c)所示为通风 72h 的水分分布图，由于此时粮堆内部温度进一步降低，水分锋面所到之处，粮粒仍然处于解吸湿状态，而且粮堆内部的解吸湿过程滞后于吸湿过程，因此相较于通风 48h 的水分分布图，粮堆中部由于解吸湿过程的发生，丢失更多的水分。

图 8.48(d)～图 8.48(f)所示为通风 96h、120h 和 144h 的水分分布图，可以看出水分的分布无明显变化。图 8.48(g)所示为通风 336h 的水分分布图，可以看出粮堆的水分分布更加均匀。结合表 8.10 可知，平均水分有所下降，降低至 14.89%。图 8.48(h)所示为通风 144h 的不同粮层水分随时间的变化曲线，可以看出在通风初始阶段，进风口处的粮堆温度高于其他空气的温度，此时粮粒表面的蒸汽分压大于通风空气的蒸汽分压，水分由粮粒表面向进风空气传递，靠近进风口 0.8m 的粮粒先发生解吸湿过程，表现为 0.8m处的粮层水分先下降；其后粮粒与通风空气处于热平衡状态，通风空气的蒸汽分压逐渐增大，粮粒从通风空气中吸水，随之进入长期吸湿过程，通风 66h 后水分相比初始水分略有升高。由图 8.48(h)可知，由于水分锋面由北向南开始移动，沿空气流动方向水分依

次下降，通风结束时水分皆降为 14.90%左右，水分变化较小且接近于初始水分，原因是粮堆初始平衡相对湿度和通风空气的相对湿度相等，吸湿和解吸湿过程很快达到动态平衡。

### 3. 工况二的结果和分析

#### 1）粮堆温度的变化规律

图 8.49 为进风相对湿度为 71.5%时粮堆温度随通风时间的变化图。由图 8.49 可知，对房式仓进行为期 144h 的横向通风模拟，稻谷粮堆由北向南沿跨度方向逐渐降温。稻谷粮堆的初始温度为 25℃，送风温差为 8℃，即送入粮堆的空气温度为 17℃，通风结束时粮堆的平均温度降至 18.4℃，降幅为 6.6℃。

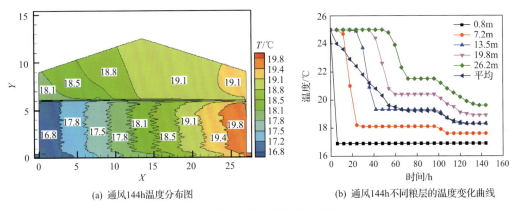

(a) 通风144h温度分布图　　　　　(b) 通风144h不同粮层的温度变化曲线

图 8.49　粮堆温度随通风时间的变化图

图 8.49(a) 所示为通风 144h 的温度分布图，冷锋面前沿已穿过整个粮堆，粮堆内部温度分布较均匀，粮堆各处温度均下降至 20℃以下，由于粮堆跨度较大，粮仓北侧和南侧温差为 3℃。图 8.49(b) 所示为通风 144h 的不同粮层温度随时间的变化曲线，靠近进风口 0.8m 的粮粒最先接触到通风空气，由于通风空气和粮粒之间存在较大温差，粮粒向周围空气释放热量，该粮层温度最先开始下降且降幅很大，为 8.1℃，通风 6h 后平均温度降为 16.9℃且趋于平稳。由图 8.49(b) 可以看出沿跨度方向，同一通风时间，距离进风口越远的粮层温度越高，这是因为冷空气温度虽始终低于粮粒表面温度，但送风空气流经距离近的粮层时吸热温度升高，下游通风空气与距离远的粮层之间传递的热量逐渐减少。将粮堆温度降低到 20℃，0.8m 粮层只需 3.5h，13.5m 粮层则需要 39h，而 26.2m 粮层需要 122.5h，原因是冷锋面是由北向南穿过整个粮仓需要时间，距离进风口越远所需通风降温时间越长。通风 132h 之后，各个粮层粮粒不再与周围空气发生热量传递，温度分别降为 16.9℃、17.6℃、18.3℃、18.9℃和 19.6℃，粮温保持不变。

表 8.11 为进风相对湿度为 71.5%时不同通风时间的温度和水分变化值。由表 8.11 可知，通风 24h 的温度平均变化率最高，为 2.6℃/天，通风 48h 的温度平均变化率为 2.4℃/天，通风 72h 的温度平均变化率为 1.9℃/天，通风 144h 的温度平均变化率最低，为 1.1℃/

天，由此可见，随着通风天数的增加，平均温度变化率逐渐降低。粮堆达到相对理想的温度时，可以适当减少通风天数以降低能耗。

**表8.11　工况二不同通风时间的温度和水分值**

| 参数 | 通风24h | 通风48h | 通风72h | 通风96h | 通风120h | 通风144h |
|------|---------|---------|---------|---------|----------|----------|
| 温度/℃ | 24.8 | 22.4 | 20.3 | 19.3 | 19.2 | 18.4 |
| 水分/% | 14.99 | 14.92 | 14.84 | 14.77 | 14.72 | 14.68 |

### 2) 粮堆水分的变化规律

图8.50为进风相对湿度为71.5%时粮堆水分随通风时间的变化图。由图8.50可知，对房式仓进行为期144h的横向通风模拟，稻谷粮堆的水分沿跨度方向从北侧开始下降，整体水分值也下降，图8.50(a)中水分为0.00%的蓝色区域为空气区域。稻谷粮堆的初始水分为15%，通风空气的相对湿度为76.5%，进风相对湿度差为-5.0%，即通风空气的湿度比粮堆初始平衡湿度低5.0%，通风结束时粮堆的平均水分降至14.68%，降幅为0.32%。

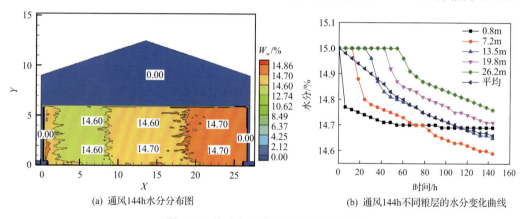

(a) 通风144h水分分布图　　　　　(b) 通风144h不同粮层的水分变化曲线

图8.50　粮堆水分随通风时间的变化图

图8.50(a)所示为通风144h的水分分布图，水分锋面前沿已穿过整个粮堆，粮堆内部水分分布较均匀，由于粮粒表面解吸湿过程的发生，粮堆各处有丢水现象，水分均不高于14.70%。图8.50(b)所示为通风144h的不同粮层水分随时间的变化曲线，通风开始后，由于通风空气相对湿度小于粮堆初始平衡相对湿度，粮粒表面的蒸汽分压大于通风空气的蒸汽分压，粮粒表面的水分传递到进风空气中，发生解吸湿过程，靠近进风口0.8m的粮粒最先接触到进风空气，表现为该处粮层水分先下降。由图8.50(b)可知，同一通风时间，距离进风口越远的粮层水分越高，这是由于水分锋面由北向南穿过整个粮堆时，通风空气与下游流动的温度差越来越小，但通风空气的蒸汽分压始终低于粮粒表面蒸汽分压，解吸湿过程会在粮堆各处不断发生，各个粮层的水分皆处于下降趋势，但是水分下降的幅度逐渐减小。结合表8.11可知，通风结束时粮仓内平均水分降为14.68%，进风相对湿度为71.5%时，该通风过程在粮堆降低温度的同时，粮堆持续丢失水分。

#### 4. 工况三的结果和分析

##### 1)粮堆温度的变化规律

图 8.51 为进风相对湿度为 81.5%时粮堆温度随通风时间的变化图。由图 8.51 可知，对房式仓进行为期 144h 的横向通风模拟，稻谷粮堆由北向南沿跨度方向逐渐降温。稻谷粮堆的初始温度为 25℃，送风温差为 8℃，即送入粮堆的空气温度为 17℃，通风结束时粮堆的平均温度降至 19.5℃，降幅为 5.5℃。

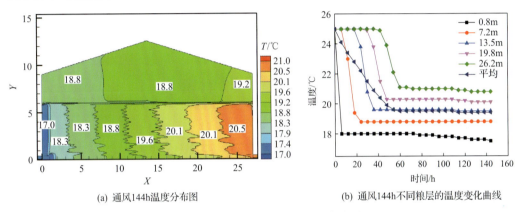

(a) 通风144h温度分布图　　　　　　　　(b) 通风144h不同粮层的温度变化曲线

图 8.51　粮堆温度随通风时间的变化图

图 8.51(a)所示为通风 144h 的温度分布图，冷锋面前沿已穿过整个粮堆，粮堆内部温度分布较均匀，粮堆各处温度均下降至 20.5℃以下，由于通风跨度大，粮仓北侧和南侧温差为 3.5℃。图 8.51(b)所示为通风 144h 的不同粮层温度随时间的变化曲线，靠近进风口 0.8m 的粮粒最先接触到进风空气，由于通风空气和粮粒之间存在温差，粮堆向周围空气放热，该粮层温度最先开始下降且降幅很大，通风 114h 后平均温度降为 17.6℃且趋于平稳。由图 8.51(b)还可以看出沿跨度方向，同一通风时间，距离进风口越远的粮层温度越高，这是因为冷空气温度虽始终低于粮粒表面温度，但其流经距离近的粮层时吸热温度升高，与距离远的粮层之间传递的热量逐渐减少。将粮堆温度降低到 20℃这一相同温度，0.8m 粮层只需 4.5h，13.5m 粮层需要 34h，而 19.8m 粮层需要 127h，其通风时间最长，原因是冷锋面由北向南穿过整个粮仓需要一定时间，距离进风口越远所需通风时间越长。通风 126h 之后，各个粮层粮粒不再与周围空气发生热量传递，温度分别降为17.6℃、18.8℃、19.5℃、20.1℃和20.8℃，粮温保持不变。

表 8.12　工况三不同通风时间的温度和水分值

| 参数 | 通风 24h | 通风 48h | 通风 72h | 通风 96h | 通风 120h | 通风 144h |
|---|---|---|---|---|---|---|
| 温度/℃ | 24.8 | 22.2 | 19.9 | 19.5 | 19.5 | 19.5 |
| 水分/% | 15.00 | 14.93 | 14.87 | 14.83 | 14.80 | 14.77 |

表 8.12 为进风相对湿度为 81.5%时不同通风时间的温度和水分变化值。通风 144h 后，

粮堆平均温度几乎不下降，但水分持续丢失。通风 24h 的温度平均变化率最高，为 2.8℃/天，通风 48h 的温度平均变化率为 2.6℃/天，通风 72h 的温度平均变化率为 1.8℃/天，通风 144h 的温度平均变化率最低，为 0.9℃/天，由此可见，随着通风天数的增加，平均温度变化率逐渐降低。早期的通风降温效果明显，后期不明显，为无效通风。继续延长通风时间，只会增加能耗。

2）粮堆水分的变化规律

图 8.52 给出了进风相对湿度为 81.5%时粮堆水分随通风时间的变化情况。由图 8.52 可知，对房式仓进行为期 144h 的横向通风模拟，稻谷粮堆的水分沿跨度方向从北侧开始下降，粮堆内部水分分布较均匀。图 8.52（a）中水分为 0.00%的蓝色区域为空气区域。稻谷粮堆的初始水分为 15%，通风空气的相对湿度为 81.5%，进风相对湿度差为 5.0%，通风结束时粮堆的平均水分降至 14.77%，降幅为 0.23%。

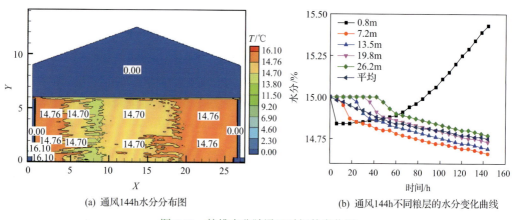

(a) 通风144h水分分布图　　　　　　　(b) 通风144h不同粮层的水分变化曲线

图 8.52　粮堆水分随通风时间的变化图

图 8.52（a）为通风 144h 的水分分布图，水分锋面前沿已穿过整个粮堆。在进风口附近的粮堆水分升高，原因是此处的进风相对湿度和蒸汽分压皆高于粮粒表面的平衡相对湿度和蒸汽分压，粮粒从周围空气中吸收水分。其他区域由于粮粒表面解吸湿过程的发生，粮堆仍有丢水现象。图 8.52（b）为通风 144h 的不同粮层水分随时间的变化曲线，靠近进风口 0.8m 的粮堆通风 6h 时先发生解吸湿过程，此时粮粒表面的蒸汽分压大于通风空气的蒸汽分压，粮粒丢水，随即进入长期吸湿过程，该粮层从进风相对湿度大的空气中吸收水分，通风 90h 后该粮层的水分值高于初始的水分值，通风结束时，0.8m 粮层的水分升高为 15.43%。尽管此时通风空气的湿度大于露点初始平衡湿度，但由于下游流动温度高于上游粮堆的温度，送风蒸汽分压始终低于粮粒表面蒸汽分压，所以在粮仓的中南区域发生解吸湿过程，通风结束时水分仍小幅度下降。由于粮仓跨度大，横向通风形式下空气流过的路径长，湿度高的进风空气只与进风口附近的粮粒有强烈的水分交换，对其他区域影响甚微。

### 8.7.3　研究结论

基于热湿耦合的数学模型，对房式仓内的稻谷粮堆进行横向通风的数值模拟，对比分析了三种不同进风相对湿度工况下粮仓内的温度和水分的变化规律，得出以下结论：

(1) 当进风相对湿度接近粮堆初始平衡相对湿度为 76.5% 时，进风空气与粮堆的湿差为 0.00%，粮堆内部吸湿和解吸湿过程很快达到动态平衡，保水效果最好，粮堆平均水分只丢失 0.1%，且降温效果好，粮食区域的平均粮温下降至 18.4℃。当进风相对湿度小于粮堆初始平衡相对湿度为 71.5% 时，由于进风相对湿度小，平均水分下降了 0.32%，平均粮温降至 18.4℃。当进风相对湿度大于粮堆初始平衡相对湿度为 81.5% 时，降温效果不佳，平均温度降为 19.5℃，平均水分下降 0.23%。由此选出最佳的进风相对湿度为76.5%，该送风条件下粮堆的降温保水效果最好。

(2) 通风时间越长，能耗越大，由模拟结果可知在通风 144h 之后粮仓内部的平均温度基本没有变化，因此横向通风时间不宜过长，通风 120~144h 即可，否则粮堆内部会丢失更多的水分。

(3) 横向降温保水通风条件的选取非常关键，在温差一定的情况下，应该选取与粮粒表面蒸汽分压相同的通风空气状态所对应的温湿度，这样才能保证降温的同时，粮堆水分不降低或降低很小。若湿度过大，则会导致进风口附近的粮粒吸湿而使水分过度升高，超过安全水分。而湿度过低，则会在通风过程中，导致粮堆水分的大幅降低，达不到保水通风的目的。

## 8.8　横向与竖向降温保水通风效果的对比研究

本节采用 CFD 方法，对房式仓的横向与竖向降温保水通风进行模拟预测，从粮堆的温度、水分、通风均匀性指数及能耗等方面，分析相同条件下横向与竖向通风方式下粮堆降温保水的通风效果[14]。本节着重研究两种不同通风方式对粮堆内部温度和水分分布规律的影响，设置三个不同的进风相对湿度对照组，每一个对照组中除通风方式外其他送风条件均相同，具体的通风参数值见表 8.13。

**表 8.13　三种送风湿度工况下的初始参数**

| | 工况类型 | 粮食初始温度/℃ | 粮食初始水分/% | 通风温度/℃ | 进风相对湿度/% | 进风相对湿度差/% | 吨粮通风量/(m³/(h·t)) | 通风方式 |
|---|---|---|---|---|---|---|---|---|
| 对照组一 | 工况 1 | 25 | 15 | 17 | 76.5 | 0 | 5 | 横向通风 |
| | 工况 2 | 25 | 15 | 17 | 76.5 | 0 | 5 | 竖向通风 |
| 对照组二 | 工况 3 | 25 | 15 | 17 | 71.5 | −5 | 5 | 横向通风 |
| | 工况 4 | 25 | 15 | 17 | 71.5 | −5 | 5 | 竖向通风 |
| 对照组三 | 工况 5 | 25 | 15 | 17 | 81.5 | +5 | 5 | 横向通风 |
| | 工况 6 | 25 | 15 | 17 | 81.5 | +5 | 5 | 竖向通风 |

### 8.8.1 研究对象、初始条件及边界条件

本节以房式仓为研究对象，该仓长度为 27m，高度为 12.5m，装粮高度为 6m。模拟采用横向通风和竖向通风两种通风方式，竖向通风采用上行压入式通风，横向通风采用左进右出的吸出式通风。为简化问题，本节选择粮仓跨度方向的二维模型开展数值模拟预测。图 8.53 为房式仓物理模型及其网格划分。本节采用 GAMBIT 软件对房式仓进行建模，数值模拟区域分为三部分：粮仓粮堆区域(黄色区域)、粮仓上部空气区域(红色区域)和风道空气区域(蓝色区域)。

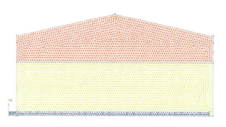

(a) 竖向通风物理模型及网格划分　　　　(b) 横向通风物理模型及网格划分

图 8.53　房式仓物理模型及其网格划分

数值模拟的储粮品种为稻谷，粮堆的初始温度为 25℃，湿基水分为 15%，粮堆初始平衡湿度为 76.5%。稻谷粮堆的容重为 600kg/m³，孔隙率取 0.6，比热容为 1600J/(kg·K)，导热系数为 0.11W/(m·K)。通风空气的温度为 17℃，通风空气的湿度分别为 76.5%、71.5% 和 81.5%。

### 8.8.2 不同通风模式下的模拟结果与分析

#### 1. 横向和竖向通风后对照组一的温度和水分变化

为了分析两种通风模式下通风效果的差异，主要对比研究横向通风和竖向通风 6 天后的温度和水分结果。通风结束时粮堆内部的温度分布如图 8.54 所示，沿通风方向粮堆温度出现分层现象，这是由于传热过程有衰减延迟现象。图 8.54(a) 所示的横向通风方式由于通风路径长，相较于图 8.54(b) 的竖向通风方式，温度梯度大，但粮堆内总温差在仓储允许范围内。

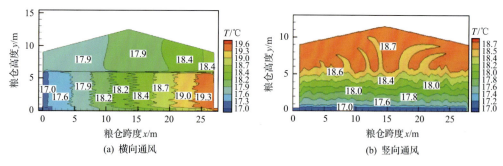

(a) 横向通风　　　　　　　　　　(b) 竖向通风

图 8.54　通风 6 天时送风湿度为 76.5% 工况的温度分布图

　　进风相对湿度为 76.5%时水分随通风时间的变化如图 8.55 所示。如图 8.55(a)所示，通风结束时进风口附近的粮层水分略高于初始水分值，这是因为通风过程中该粮层表面的蒸汽分压不断降低而小于通风空气的蒸汽分压，水分沿压差方向传递，表现为粮堆吸收水分。除了进风口处外，其他粮层均处于失水状态。如图 8.55(b)所示，竖向通风方式下，进风口附近粮层的水分变化幅度较小。

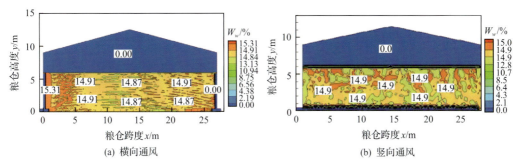

(a) 横向通风　　　　　　　　　　　　　(b) 竖向通风

图 8.55　通风 6 天时进风相对湿度为 76.5%工况的水分分布图

　　横竖通风方式下通风 0～144h 的数值模拟与通风实验实测的粮堆平均温度、平均水分值对比如图 8.56 所示。由图 8.56 可知，在横向和竖向通风时，无论是粮堆的温度还是水分值，模拟值与实验实测值都基本吻合，因此数值模拟值是可靠的。

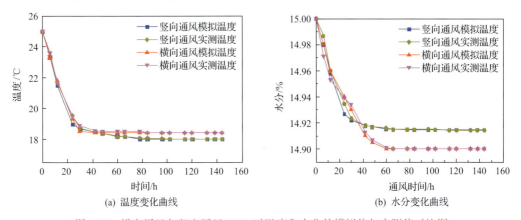

(a) 温度变化曲线　　　　　　　　　　　(b) 水分变化曲线

图 8.56　横向通风与竖向通风 144h 时温度和水分的模拟值与实测值对比图

### 2. 横向与竖向通风后对照组二的温度和水分变化

　　图 8.57 为进风相对湿度为 71.5%时粮堆内部的温度分布图。由于进风相对湿度低于粮堆初始平衡湿度，所以粮粒的解吸湿贯穿整个通风过程，稻谷粮堆放出热量，如图 8.57(a)所示，横向通风结束时，平均温度降幅较大，降为 18.3℃。如图 8.57(b)所示，因竖向通风的路径短，平均温度下降幅度更大，降为 17.4℃。

　　进风相对湿度为 71.5%时粮堆水分的分布图如图 8.58 所示。粮堆的初始相对湿度高于进风相对湿度，粮堆内部不断发生解吸湿过程，由图 8.58 可知通风结束时粮堆的水分丢失较多。但随着粮粒表面蒸汽分压的降低，空气中的水分向粮堆传递，最终吸湿过程和解吸湿过程达到平衡时，粮堆内部的平均水分基本不变。

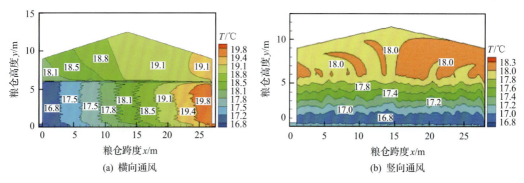

(a) 横向通风      (b) 竖向通风

图 8.57   通风 6 天时进风相对湿度为 71.5%工况的温度分布图

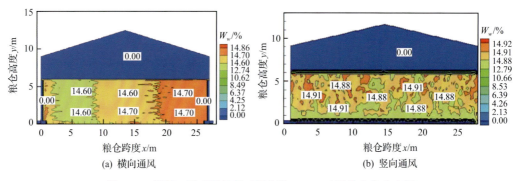

(a) 横向通风      (b) 竖向通风

图 8.58   通风 6 天时进风相对湿度为 71.5%工况的水分分布图

### 3. 横向与竖向通风后对照组三的温度和水分变化

进风相对湿度为 81.5%时的粮堆温度分布图如图 8.59 所示。由图 8.59 可以看出，由于进风相对湿度高于粮堆的相对湿度，通风过程中粮堆有吸湿再热现象。由图 8.59(a)和图 8.59(b)可以看出，横向通风与竖向通风方式下，平均温度分别为 19.4℃和 18.5℃，是粮堆平均温度最高的对照组。

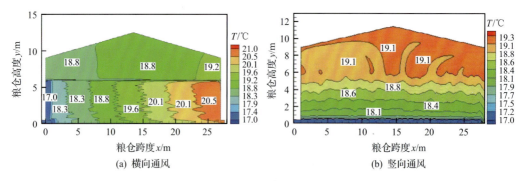

(a) 横向通风      (b) 竖向通风

图 8.59   通风 6 天时进风相对湿度为 81.5%工况的温度分布图

图 8.60 为进风相对湿度为 81.5%的水分分布图。由于通风初期，粮温高于通风空气的

温度，通风初始阶段进风空气的蒸汽分压低于粮粒的蒸汽分压，粮堆丢失较多水分。但由于进风相对湿度较大，粮堆很快进入长期吸湿过程。如图 8.60(a) 所示，横向通风时，粮堆各处丢失水分比较多；竖向通风方式下进风口水分的损失相对较少，如图 8.60(b) 所示。

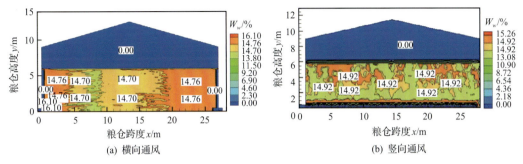

(a) 横向通风　　　　　　　　　　　(b) 竖向通风

图 8.60　通风 6 天时进风相对湿度为 81.5%工况的水分分布图

从表 8.14 可以看出，在相同的粮食初始温度和水分以及相同的通风条件下，竖向通风的降温效果优于横向通风；而且同样的通风空气湿度时，横向通风过程中水分损失相对高一些。

表 8.14　两种通风模式下通风 6 天后粮堆的平均温度

|  | 横向工况 1 | 横向工况 3 | 横向工况 5 | 竖向工况 2 | 竖向工况 4 | 竖向工况 6 |
|---|---|---|---|---|---|---|
| 平均温度/℃ | 18.4 | 18.3 | 19.4 | 18.0 | 17.4 | 18.5 |
| 平均水分/% | 14.90 | 14.66 | 14.75 | 14.89 | 14.88 | 14.94 |

### 4. 横向与竖向通风后粮堆的温度的均匀性评价

为表征通风结束后粮堆温度的分布特性，对不同通风方式的通风效果进行评价，本书采用 Weltens 等[15]提出的均匀性指数来表示粮堆内部的温度均匀性程度，即

$$\gamma = 1 - \frac{1}{2n} \sum_{i=1}^{n} \frac{\sqrt{(T_i - T_1)^2}}{T_1} \tag{8.3}$$

式中，$\gamma$ 为均匀性指数，一般在 0～1 取值，$\gamma$ 越大表示粮堆内部的温度分布越均匀；$T_i$ 为各个测点的温度；$T_1$ 为粮堆内部的平均温度；$n$ 为测点的数量。

根据式 (8.3) 计算两种通风方式下的温度均匀性指数，由表 8.15 可以看出横向和竖向通风后温度均匀性无明显差异，均匀性指数皆接近于 1.0，表明两种通风方式的降温均匀性都很好。

表 8.15　两种通风方式下的温度均匀性指数

|  | 通风工况 | | | | | |
|---|---|---|---|---|---|---|
|  | 横向工况 1 | 横向工况 3 | 横向工况 5 | 竖向工况 2 | 竖向工况 4 | 竖向工况 6 |
| 平均温度/℃ | 18.4 | 18.3 | 19.4 | 18.0 | 17.4 | 18.5 |
| 均匀性指数 | 0.99 | 0.99 | 0.98 | 0.99 | 0.99 | 0.99 |

### 5. 横向与竖向通风系统的通风能耗分析

$$W_s = \frac{Q' \times \Delta P}{\eta} \tag{8.4}$$

式中，$W_s$ 为通风系统的能耗(kW)；$Q'$ 为通风过程的通风量($m^3/h$)；$\Delta P$ 为出风口与进风口的压差(Pa)；$\eta$ 为风机效率，这里取 0.85。

根据式(8.4)计算可得横向与竖向通风方式下的通风能耗分别为 $4.6 \times 10^5\,kW$ 和 $1.3 \times 10^5\,kW$，横向通风方式由于通风路径长，通风的总阻力大，其能耗相对较大。

### 8.8.3　研究结论

基于多孔介质的热湿耦合传递规律，对房式仓横向与竖向通风方式下的多个工况进行数值模拟。从粮堆温度、水分分布及其均匀性指数和能耗等方面进行分析，结论如下：

(1)两种机械通风模式下，进风相对湿度会影响粮堆的水分分布。进风相对湿度小，粮堆内部一直处于解吸湿过程，通风结束时粮堆水分丢失较多；进风相对湿度大，通风结束时进风口附近粮层的水分高于初始水分。当粮温与通风空气温差为 8℃时，竖向通风的降温保水效果优于横向通风。

(2)竖向通风和横向通风时，温度场的均匀性都较好。

(3)由于通风路径长，通风总阻力大，横向通风总能耗高于竖向通风总能耗。

## 8.9　房式仓双侧吸出式斜流通风数值模拟和实验的比较研究

当入仓粮食的水分低于安全水分时，就仓机械通风的目的是降低粮堆温度的同时减少通风过程中储粮水分的丢失。对于竖向和横向降温保水通风工艺，国内已有较多研究。横向通风时，气流在粮堆内水平横向流动，粮堆单位面积通风量比竖向通风提高 3～5 倍，表观速度较大，热湿对流作用相对较强，粮温和水分变化相对较快。但是，横向通风相对于竖向通风，由于通风路径长，通风阻力大，而且横向降水通风时沿着粮仓跨度方向上粮堆温度和水分分层较为明显。

鉴于目前横向通风工艺存在的问题，国家粮食和物资储备局科学研究院提出了分段揭膜双侧吸出式的"斜向"快速降温通风工艺，如图 8.61 所示。其中，图 8.61(a)为中间揭膜两侧覆膜的通风方式，图 8.61(b)为中间覆膜两侧揭膜的通风方式。由于斜向通风属于一种新的通风工艺，所以有许多问题还有待于深入细致的研究。

本节基于数值模拟方法，以国家粮食和物资储备局科学研究院在青海互助土族自治县国家粮食储备库实验工况为研究对象，对双侧吸出式"斜向"快速降温通风工艺进

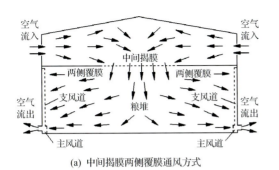
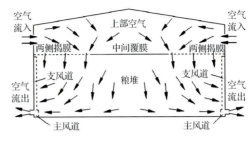

(a) 中间揭膜两侧覆膜通风方式　　　　　(b) 中间覆膜两侧揭膜通风方式

图 8.61　房式仓双侧吸出式斜流降温通风原理图

行数值模拟研究，分析在双侧吸出式斜流通风过程中粮堆温度和水分的变化规律，对实验数据与数值计算模拟结果进行对比分析。同时，探究斜流通风与横向通风相结合时的降温保水效果。研究发现，采用双侧吸出式揭膜斜流通风，在通风空气温度和湿度合适的情况下，可以实现高大平房粮堆上部的快速降温保水效果。在进行斜流通风后，再适当地进行一段时间的横向通风，就可以有效地降低粮堆底部的粮温，而且粮堆水分基本不变。因此，斜流与横向相结合的通风方式可以实现储粮快速降温保水效果[16]。

### 8.9.1　研究对象、边界条件及模拟工况

#### 1. 实验工况和数据分析

本次进行双侧吸出式斜流通风工艺实验的实验仓为青海互助土族自治县国家粮食储备库新库区 3 号房式仓，仓房内部长度为 48m，跨度为 23m，粮堆高度为 6.7m。实验粮种为山东小麦，容重为 786kg/m³，平均水分为 12.0%，质量为 6012.64t。实验时间为 11 月下旬，实验环境接近于秋冬季气候。

根据双侧吸出式斜流通风工艺的要求，确定在粮堆表面是否覆盖 PA/PE 薄膜以及覆膜区域的大小。由于粮堆的实际宽度为 23m，揭膜方式原则上可以取粮堆宽度的三分之一进行揭膜，同时，考虑到中间揭膜应适当增大一些，有利于提高降温速率，减小通风阻力，所以分别进行了中间揭膜 9m 两侧覆膜 7m、两侧揭膜 7m 中间覆膜 9m，以及中间揭膜 3m 两侧覆膜 10m 的实验。

本次实验主要采用局部揭膜吸出的通风方式，粮堆表面分别进行双侧覆膜或中间覆膜，具体通风过程如下：①11 月 25 日上午 10:00 至 11 月 27 日上午 7:30，进行双侧覆膜中间揭膜的斜向通风，共通风 46.5h，即在粮堆表面南北两侧沿着长度方向进行覆膜，覆膜宽度为 7m；沿粮仓长度方向，粮面中间进行揭膜，揭膜宽度为 9m，且两侧薄膜与墙壁不密封。然后打开仓上的通风窗，同时开启南北两侧的风机进行通风操作。②11 月 27 日上午 9:30 至 11 月 28 日上午 8:30，进行双侧揭膜中间覆膜的斜向通风，共通风 23h，即在粮堆表面南北两侧各 7m 的区域揭膜，粮面中间 9m 位置进行覆膜。然后打开仓上的通风窗，同时开启南北两侧的风机进行通风操作。实验过程中，分别测定 4 台风机的风

压和通风量，风机型号为 CFLH-11A，功率为 11kW。每 2h 测定一次粮温，水分的测定采用抽样方法进行化验检测。实验工况和测定数据分别如表 8.16、表 8.17 和图 8.62 所示，其中，图 8.62(a) 为中间揭膜通风，图 8.62(b) 为两侧揭膜通风。

**表 8.16　实验工况的各项参数**

| 序号 | 双侧斜流通风及覆膜揭膜状况 | 风机数量 | 系统总阻力/Pa | 单台风机通风/(J/(kg·K)) |
|---|---|---|---|---|
| 1 | 两侧各覆膜 7m，中间 9m 揭膜 | 4 | 424 | 6350 |
| 2 | 两侧各揭膜 7m，中间 9m 覆膜 | 4 | 321 | 6550 |

**表 8.17　通风过程中取样化验水分的变化**

| 检测次数 | 取样时间 | 各层粮食水分平均值/% | | | 粮堆平均水分/% |
|---|---|---|---|---|---|
| | | 上层 | 中层 | 下层 | |
| 1 | 2016/11/25 | 12.0 | 12.0 | 12.1 | 12.03 |
| 2 | 2016/11/27 | 12.5 | 12.2 | 12.2 | 12.3 |
| 3 | 2016/11/29 | 12.6 | 12.0 | 12.3 | 12.3 |

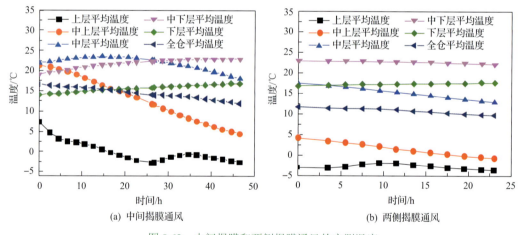

(a) 中间揭膜通风　　　　　　　　　　(b) 两侧揭膜通风

图 8.62　中间揭膜和两侧揭膜通风的实测温度

当采用中间揭膜两侧覆膜的斜向通风时，各层温度随时间的变化趋势如图 8.62(a) 所示，当采用两侧揭膜中间覆膜的斜向通风时，各层温度随时间的变化趋势如图 8.62(b) 所示。由图 8.62(a) 和图 8.62(b) 可知，由于采用的是双侧吸出式的通风方式，粮堆最上层的温度受气温影响较大，温度先升高后降低，中上层和中层的粮温的降低效果也较好，但中下层及最下层的降温效果较差，随着时间的推移甚至还有一定的上升趋势，但是粮堆整体的平均温度还是有所降低的。

通风开始至结束，对粮堆进行扦样，使用 105℃烘干法检测粮食水分。水分检测数据如表 8.17 所示。从表 8.17 中可以看出，通风过程中，粮食平均水分(湿基)在 12.0%～12.6%波动。由此可知，经过本次通风，粮食水分基本没有损失，达到了降温通风的目的，并取得了良好的保水效果。

### 2. 粮堆内部流动和热湿耦合传递过程的数学模型

假设粮堆是均匀分布的多孔介质，粮堆内部满足局部热平衡原理，考虑粮食颗粒的吸湿和解吸湿特性，忽略粮食的呼吸作用和虫霉生长产生的热量与水分。粮堆内部流动及热湿耦合传递的控制方程见式(7.9)、式(7.11)和式(7.34)。

### 3. 数值方法和初始及边界条件

对控制方程采用有限体积法进行离散，离散格式为二阶上风差分格式。为防止迭代过程的发散和数值不稳定，对动量方程、能量方程和标量输运方程采用欠松弛技术，压力与速度耦合采用 SIMPLE 算法。

初始条件：中间揭膜和两侧揭膜斜向通风数值模拟的各层小麦的初始温度和水分分别如表 8.18 和表 8.19 所示。入口条件：将入口设为流量进口条件，入口总风量为 25400m³/h。同时，以通风时进风口处的温湿度为数值模拟的温湿度条件，中间揭膜和两侧揭膜斜向通风的进口条件分别如图 8.63(a)和图 8.63(b)所示，其中，图 8.63(a)为中间揭膜 9m 通风空气的温湿度，图 8.63(b)为两侧揭膜 7m 通风空气的温湿度。出口条件：出风口设为压力出口条件。壁面边界条件：由于通风时间相对较短，所以将壁面条件设为绝热壁和不渗透条件。

**表 8.18　中间揭膜 9m 斜向通风的初始粮温和水分**

| 初始条件 | 上层 | 中上层 | 中层 | 中下层 | 下层 |
| --- | --- | --- | --- | --- | --- |
| 温度/℃ | 7.4 | 21.4 | 22 | 19.2 | 14.1 |
| 水分/% | 12.0 | — | 12.0 | — | 12.1 |

**表 8.19　两侧各揭膜 7m 斜向通风的初始粮温和水分**

| 初始条件 | 上层 | 中上层 | 中层 | 中下层 | 下层 |
| --- | --- | --- | --- | --- | --- |
| 温度/℃ | −3 | 4.2 | 17.6 | 23 | 17 |
| 水分/% | 12.5 | — | 12.2 | — | 12.2 |

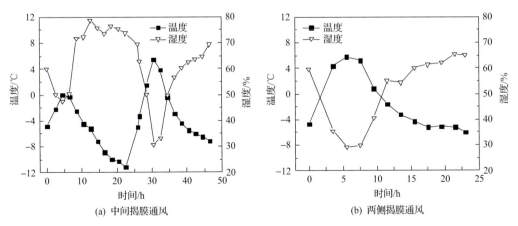

(a) 中间揭膜通风　　　　　　　(b) 两侧揭膜通风

图 8.63　中间揭膜和两侧揭膜斜向通风入口温度与湿度随时间变化图

粮堆物性参数设置：导热系数为 0.16W/(m·K)，孔隙率为 0.43，比热容为 1790J/(kg·K)。模拟通风时间：中间揭膜 9m 斜向通风时间共计 46.5h，两侧各揭膜 7m 斜向通风时间共计 23.0h。

### 8.9.2  模拟结果与分析

#### 1. 中间揭膜和两侧揭膜斜向通风时的流场

图 8.64 和图 8.65 分别为双侧吸出式中间揭膜 9m 和两侧揭膜 7m 通风的流场图。图 8.64 和图 8.65 中 Y 和 Z 分别为粮堆高度和跨度方向的尺寸。由图 8.64 和图 8.65 可以看出，吸出式中间揭膜通风时，气流从通风窗进入，经过中间揭膜粮面并流过粮堆，然后进入垂直支风道和底部的主风道流出粮仓。吸出式两侧揭膜通风时，气流从通风窗进入，经过两侧揭膜的粮面并流过粮堆，然后进入垂直支风道和底部的主风道流出粮仓。

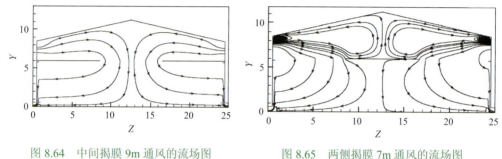

图 8.64  中间揭膜 9m 通风的流场图　　　　　图 8.65  两侧揭膜 7m 通风的流场图

#### 2. 中间揭膜斜向通风时温度和水分的数值模拟结果及分析

图 8.66 为中间揭膜 9m 吸出式斜流降温通风 46.5h 时粮仓长度一半位置的横截面上粮堆内部的温度场和水分场。由图 8.66(a) 可以看出，当采用中间揭膜 9m 吸出式斜流降温通风时，冷空气首先从粮堆中间进风，房式仓中上部的粮食温度降温最快，由于存在通风死角，粮堆南北两侧的中上部降温不明显；粮堆下部的粮温下降较慢，最底部 2m 处基本没有降温。由图 8.66(b) 可以看出，在该通风工艺下，由于从粮堆中间进风，且通

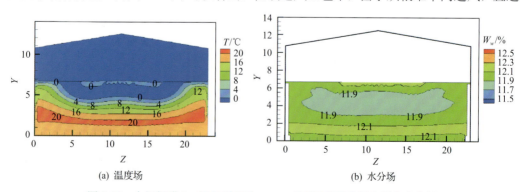

(a) 温度场　　　　　　　　　　　　(b) 水分场

图 8.66  中间揭膜 9m 通风时间为 46.5h 时不同截面的温度场和水分场

风时间较短，粮堆上部的水分含量受空气湿度变化的影响较小，水分由 12.1% 降到 11.9%，上层的水分含量略有降低。而粮堆中层的水分含量变化不是很明显，水分含量仍为 12% 左右，粮堆下层的水分含量没有变化。

图 8.67 为数值模拟结果与实仓测试温度数据的比较。由图 8.67 可知，由于从粮堆中间进风，上层与中上层的温度受环境温度影响较大，呈下降趋势；中层温度先升后降，且降温速率比较慢；而中下层和下层的温度呈现上升的趋势。由图 8.67 可以看出，数值模拟值与实验测试值基本相符，最大误差小于 1.5℃。

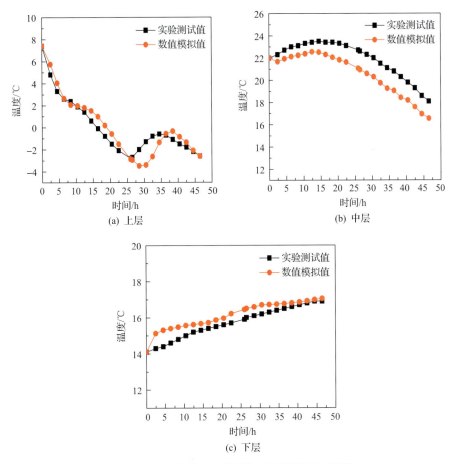

(a) 上层

(b) 中层

(c) 下层

图 8.67 中间揭膜 9m 斜向通风各层的温度对比图

表 8.20 为中间揭膜通风时初始水分和通风时间 46.5h 后粮堆平均水分的比较。从表 8.20 可以看出，当采用中间揭膜 9m 吸出式斜流降温通风时，粮堆各层水分略有上升，

表 8.20 初始水分和通风时间 46.5h 后粮堆平均水分的比较

| 水分 | 上层 | 中上层 | 中层 | 中下层 | 下层 | 平均值 |
|---|---|---|---|---|---|---|
| 初始水分/% | 12.0 | — | 12.0 | — | 12.1 | 12.03 |
| 实测水分/% | 12.5 | — | 12.2 | — | 12.2 | 12.30 |
| 模拟水分/% | 12.18 | 12.02 | 12.09 | 12.21 | 12.23 | 12.15 |

但变化不大；数值模拟得到的整个粮堆的平均水分由通风前的 12.03%增加到 12.15%，与实验测试值(12.3%)基本吻合。

### 3. 两侧揭膜斜向通风时温度和水分的数值模拟结果及分析

图 8.68 为两侧揭膜 7m 吸出式斜流通风 23h 后粮堆内部的温度场和水分场。由图 8.68(a)可以看出，当两侧各揭膜 7m 时，由于从粮堆两侧进风，房式仓内两侧(靠近南北墙的部分)的温度下降较快，中部由于存在一定的通风死角，其温度下降较慢。同时，由于两侧各揭膜 7m 斜流通风是在中部揭膜 9m 斜流通风之后进行的，在跨度方向上，同一高度的粮堆中心区域的温度要高于粮仓两侧的温度，这是因为前 46.5h 通风时间较短以及中间揭膜宽度设置不合理导致粮堆中部通风降温不充分。而且，两侧揭膜通风时间也较短，粮堆下部的粮温仍然下降很慢，尤其是最底部 2m 处，粮温变化不显著。

由图 8.68(b)可以看出，在该通风工艺下，从粮堆两侧进风，且通风时间较短，上层的水分含量略有降低，而粮堆中层两侧水分由 12.3%变到 12.1%；粮堆中层和下层的水分含量没有变化。

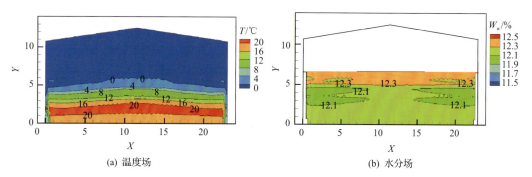

(a) 温度场　　　　　　　　　　　　　(b) 水分场

图 8.68　通风时间 23h 时不同截面的温度场和水分场

图 8.69 为两侧各揭膜 7m 吸出式斜流通风数值模拟与实仓测试温度结果的对比图。由图 8.69 可以看出，模拟值与实验测试值基本相符，最大误差小于 1.5℃。分析差生误差的原因，主要有两个方面：①数值模拟中的热物性参数的选取与实际情况有一些出入；②温度和水分的测量精度，都会导致实测温度和水分与数值模拟结果有一定的误差。

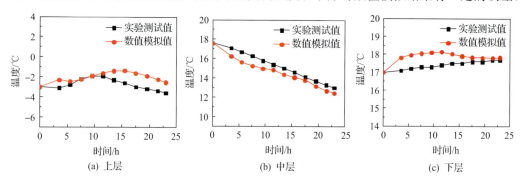

(a) 上层　　　　　　　　　　(b) 中层　　　　　　　　　　(c) 下层

图 8.69　两侧各揭膜 7m 斜流通风各层的温度对比图

表 8.21 为两侧各揭膜 7m 双侧吸出式斜流通风时间 23.0h 后平均水分的比较。由表 8.21 可以看出，当采用两侧各揭膜 7m 双侧吸出式斜流降温通风工艺进行降温时，粮堆各层水分变化不大，其原因在于通风时间较短，湿分传递较少。同时，从表 8.21 也可以看出，数值模拟值与实仓测试值基本吻合，说明所建立的数学模型具有较好的合理性。

**表 8.21　初始水分和通风时间 23.0h 后实测水分与模拟水分的比较**

| 水分 | 上层 | 中上层 | 中层 | 中下层 | 下层 | 平均值 |
| --- | --- | --- | --- | --- | --- | --- |
| 初始水分/% | 12.5 | — | 12.2 | — | 12.2 | 12.30 |
| 实测水分/% | 12.5 | — | 12.0 | — | 12.3 | 12.27 |
| 模拟水分/% | 12.42 | 12.24 | 12.10 | 12.18 | 12.28 | 12.24 |

### 4. 斜向通风后的横向通风数值模拟结果及分析

由前面分析可知，中间揭膜和两侧揭膜通风时间较短，而且存在通风短路的问题，从而导致粮堆下层降温较慢的问题，因此需要进一步采用横向通风才能降低粮堆底部的温度。图 8.70 和图 8.71 分别为不同通风温度时横向通风 24h 后粮堆内部的温度和水分模拟结果。从图 8.70 和图 8.71 可以看出，在采用中间揭膜和两侧揭膜通风后，再适当地进行一段时间的横向通风，就可以有效地降低粮堆底部的温度，而且横向降温通风过程中，粮堆水分基本不变。

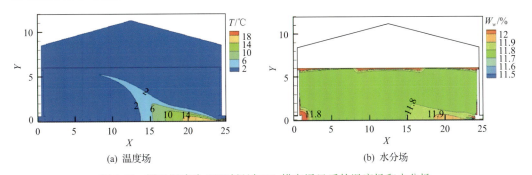

图 8.70　通风温度为 0℃时经过 24h 横向通风后的温度场和水分场

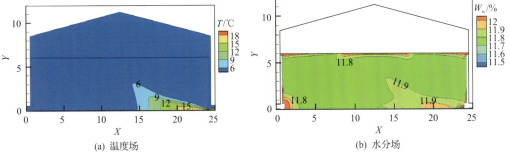

图 8.71　通风温度为 4℃时经过 24h 横向通风后的温度场和水分场

### 8.9.3　研究结论

本节以青海省互助土族自治县国家粮食储备库双侧吸出式斜流通风实验工况为研究对象，对吸出式"斜向"快速降温通风工艺进行了数值模拟研究，并比较分析了实验和数值模拟数据，得出了以下结论：

(1)采用吸出式揭膜斜流通风，可以实现秋冬季高大平房粮堆上部的快速降温，同时，在通风空气湿度合适的情况下，也可以达到保水效果。但是，由于斜流通风的气流短路问题，底部粮堆降温效果不明显，存在通风死角的问题。

(2)在进行中间揭膜或两侧揭膜的斜流通风后，再适当地进行一段时间的横向通风，就可以有效地降低粮堆底部的温度，而且横向降温通风过程中，粮堆水分基本不变。

(3)通过数值模拟方法，可以对双侧吸出式斜流通风的降温降水过程进行实验模拟，并且具有较好的可行性和准确性。而且，数值模拟技术可以更为直观地重现双侧吸出式斜流通风时粮堆内温度和水分的变化过程，这为储粮机械通风操作提供了参考。

## 参 考 文 献

[1] 王远成, 段海峰, 张来林. 就仓通风时粮堆内部热湿耦合传递过程的数值预测[J]. 河南工业大学学报, 2009, 30(6): 75-79.

[2] 王远成, 张忠杰, 吴子丹, 等. 计算流体力学技术在粮食储藏中的应用[J]. 中国粮油学报, 2012, 27(5): 86-91.

[3] Thorpe G R, Whitaker S. Local mass and thermal equilibria in ventilated grain bulks, Part I: The development of heat and mass conservation equations[J]. Journal of Stored Products Research, 1992, 28(1): 15-27.

[4] Thorpe G R, Whitaker S. Local mass and thermal equilibria in ventilated grain bulks, Part II: The development of constraints[J]. Journal of Stored Products Research, 1992, 28(1): 29-54.

[5] Wang Y C, Duan H F, Zhang H, et al. Modeling on heat and mass transfer in stored wheat during forced cooling ventilation[J]. Journal of Thermal Science, 2010, 19(2): 167-172.

[6] 丁德强. 太阳能-热泵联合干燥粮食系统及传热传质的研究[D]. 济南: 山东建筑大学, 2011.

[7] 王双凤. 太阳能联合热泵整仓粮食静态干燥实验研究[D]. 济南: 山东建筑大学, 2012.

[8] 王远成, 季振江, 王双林, 等. 不同通风方向对稻谷降水效果影响的数值模拟研究[J]. 中国粮油学报, 2018, 33(11): 72-78.

[9] 鲁子枫, 王远成, 曹阳, 等. 基于数值模拟技术的三种通风量下储粮机械通风效果的比较研究[J]. 粮食储藏, 2017, 46(4): 15-22.

[10] 曲安迪, 王远成, 魏雷, 等. 不同送风湿度下储粮机械通风效果的数值模拟研究[J]. 粮食储藏, 2017, 46(5): 5-10.

[11] 王远成, 高帅, 邱化禹, 等. 横向谷冷通风过程的数值模拟研究[J]. 中国粮油学报, 2016, 31(7): 103-106.

[12] 俞晓静, 王远成, 戚禹康, 等. 24米跨度高大平房仓横向保水降温通风模拟研究[J]. 粮油食品科技, 2019, 27(3): 46-51.

[13] 俞晓静, 王远成, 戚禹康. 储粮仓横向保水通风的数值模拟及对比研究[J]. 山东建筑大学学报, 2019, 34(2): 37-44, 51.

[14] 俞晓静, 王远成, 戚禹康. 高大平房仓横向与竖向通风的数值模拟及分析[J]. 山东建筑大学学报, 2020, 35(1): 64-70.

[15] Weltens H, Bressler H, Terres F. Optimization of catalytic onverter gas flow distribution by CFD prediction[R]. Detroit: Society of Automotive Engineers, 1993.

[16] 曲安迪. 高大平房仓双侧吸出式斜流通风工艺的实验与模拟研究[D]. 济南: 山东建筑大学, 2019.

# 第9章

# 浅圆仓径向与竖向通风过程中温度和水分的数值模拟研究

浅圆仓是国际上粮食仓储的主流仓型之一，相对于房式仓来说，浅圆仓具有占地面积小、仓容量大、粮食进出仓机械化水平高等优点；但传统的竖向地槽存在通风不均匀性差、粮温和水分分层明显、通风阻力大、通风能耗高等缺点。目前国内浅圆仓大部分采用在仓底安装通风槽道的竖向机械通风系统，但其在实际应用中仍有很多问题：①浅圆仓粮层深，储量大，空气流动距离长，通风时间长，容易出现上层粮温没有充分降低但底层粮食已经过度干燥的现象，同时粮面易结露，表层粮食陈化速度较快；②粮层高，通风阻力比较大，所以通风作业的能耗也比较大。

本章首先根据流体力学原理设计浅圆仓径向通风工艺系统，然后采用数值模拟方法，研究系统结构参数对浅圆仓径向通风效率和通风均匀性的影响关系。通过分析比较浅圆仓径向、竖向通风时粮堆内部的温度、水分变化规律及其特点，探究浅圆仓径向通风的可行性及合理性[1-3]。

## 9.1　浅圆仓径向通风系统及工作原理

### 9.1.1　浅圆仓径向通风系统

对于浅圆仓通风存在的问题，现有的通风方式并没有很好地解决。为此，在充分分析上述各种通风模式的基础上，依据流体力学原理，本节开发了一种新型浅圆仓径向通风工艺，如图 9.1 所示。浅圆仓径向通风模式为：在浅圆仓内壁设置一定数量的垂直支风道，同时在浅圆仓中心设置中心集风管。通风时，仓外的空气进入各个垂直支风道，一部分空气径向穿过粮堆，然后进入中心集风管，并由中心集风管排到仓外；另一部分空气竖向进入仓顶空间，并通过仓顶轴流风机排到仓外大气中，反之亦然。

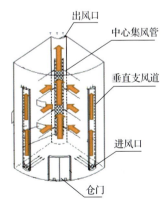

图 9.1　浅圆仓径向通风系统示意图

浅圆仓径向通风时，利用通风设备产生的压力，强制外界空气沿着垂直支风道进入粮堆。一部分空气沿着半径方向穿过粮堆进入中心集风管；另一部分空气向上穿过粮堆，并从粮面进入上部的空气区域。由于粮堆中心有中心集风管，中下部空气径向进入中心集风管的阻力较小，会优先进入中心集风管，实现对中下部粮堆的通风降温。垂直支风道顶部距离粮面较近，会出现空气短路现象，空气上升穿过粮面，实现对上部粮堆的通风降温。

### 9.1.2　浅圆仓径向通风工艺的特点

与传统的竖向通风方式相比，浅圆仓径向通风空气的路径变短，仅为半径长度，能有效减轻竖向通风过程中温度、水分分布不均的现象，同时通风阻力降低，通风能耗减少，管理维护成本降低。与早期的径向通风方式相比，新型浅圆仓径向通风方式的设备安装固定方便，不影响粮食进出仓，设备投入较少，改造及建造成本均较低。

## 9.2　浅圆仓径向通风工艺参数的数值模拟优化研究

前述已经提出了完善的浅圆仓通风理论及设计方案，但仍未明确在实际工程中可应用的具体系统结构及工艺参数。本节运用数值模拟方法，对浅圆仓径向通风工艺进行模拟分析，以确定最佳的浅圆仓径向通风系统结构及工艺参数[1]。

### 9.2.1　浅圆仓径向通风数学模型

假设粮堆是连续性的、均匀分布的多孔介质，粮堆内部满足局部热平衡原理，并考虑粮食颗粒的吸湿和解吸湿特性，忽略粮食的呼吸作用和虫霉生长产生的热量与水分。粮堆内部流动及热湿耦合传递的控制方程见式(7.9)、式(7.11)和式(7.34)，其坐标形式为柱坐标。

### 9.2.2　不同中心集风管形式的径向通风数值模拟分析

本节以直径为25m、檐高为26m、装粮面为26m的浅圆仓为研究对象建立物理模型。中心集风管直径为1m，底部距仓底为1m。针对不同形式的物理模型：形式一，中心集风管高出粮面部分及深入粮面下2m部分边界条件为壁面，空气无法通过，中心集风管其余部分包括底面为可通过面，空气可自由通过，垂直支风道高度为24m；形式二，中心集风管高于粮面部分边界条件为可通过面，垂直支风道高度为17m，其数值模拟的网格模型如图9.2所示。粮堆初始温度为25℃，通风空气温度为17℃，单位通风量为5.2m³/(h·t)。

图9.3为不同中心集风管形式浅圆仓径向通风粮堆流线图。由流线图可以看出，尽管中心集风管形式有变化，但粮堆内均不存在通风死角。使用中心集风管形式一时，粮堆中下部的空气均可水平进入中心集风管。但在粮堆上部，垂直支风道顶端离粮面较近，空气上升穿过粮层的阻力较小，空气竖向穿过仓顶空气区域的阻力也小于径向穿过粮堆的阻力，所以部分空气会先在壁面处向上穿过粮层进入仓顶空气区域，在靠近中心集风

(a) 中心集风管形式一浅圆仓网格　　　　　　　(b) 中心集风管形式二浅圆仓网格

图 9.2　不同中心集风管形式浅圆仓网格

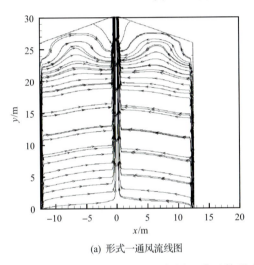
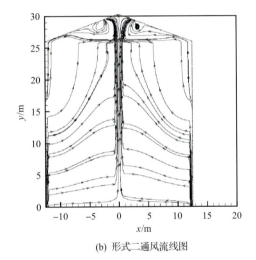

(a) 形式一通风流线图　　　　　　　　　　　(b) 形式二通风流线图

图 9.3　不同中心集风管形式浅圆仓径向通风粮堆流线图

管的位置再次进入粮堆经过中心集风管排至大气。使用中心集风管形式二时，粮仓下部的空气水平沿半径方向进入中心集风管，但随着高度上升，空气进入中心集风管的阻力增大，同时与粮面距离减小，空气通过粮面的阻力随之减小，故空气流动方向会向粮面倾斜，在垂直支风道顶部空气直接上升通过粮面，出现空气短路的情况。由于绝大部分空气从中心集风管处排至粮仓空气区域，轴流风机出口无法将空气及时排出，粮仓的空气区域会出现两个在壁面向下的涡流。

　　图 9.4 为不同中心集风管形式浅圆仓径向通风粮堆温度分布，图 9.5 为不同中心集风管形式浅圆仓径向通风粮堆平均温度、最高温度变化曲线图。由图 9.4 和图 9.5 可以看出，使用中心集风管形式一时，会在粮堆中上层中心集风管与壁面中间位置形成一小块环形高温区域，这是因为空气会在壁面处穿过粮面再从集风管处进入粮面，通过此处的空气较少，所以温度降低会有延迟。但由于空气短路现象明显，在后续的通风中粮堆内部无法有效持续降温，在通风结束时，中心部位的温度相对外侧反而较高。使用中心集风管

形式二时，在粮堆中上部紧贴中心集风管处会形成一小块环形高温区域，这是由于此处位于径向通风中空气最长流动路线的末端，同时该处阻力较大，风量也较小，所以温度降低会有延迟。由于两种形式均会有空气通过仓顶空气区域，所以空气区域的温度均能

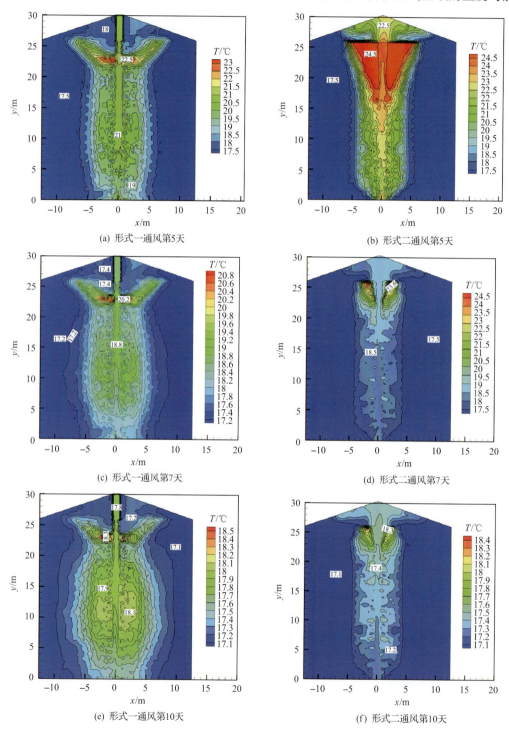

(a) 形式一通风第5天　　　　　　　　(b) 形式二通风第5天

(c) 形式一通风第7天　　　　　　　　(d) 形式二通风第7天

(e) 形式一通风第10天　　　　　　　　(f) 形式二通风第10天

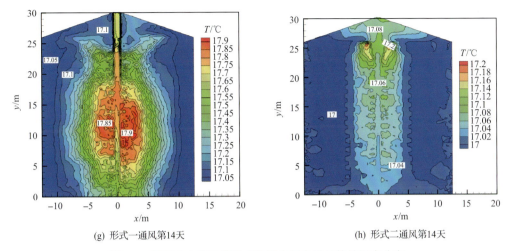

(g) 形式一通风第14天　　　　　　　　　(h) 形式二通风第14天

图 9.4　不同中心集风管形式浅圆仓径向通风粮堆温度分布

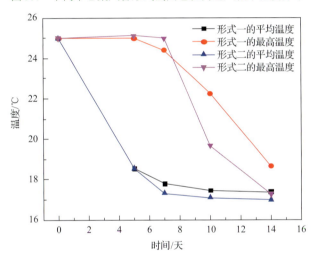

图 9.5　不同中心集风管形式浅圆仓径向通风粮堆平均温度、最高温度变化曲线

有效降低。不同中心集风管形式的平均温度变化规律基本相同，基本都在第 7 天达到最低温度并保持稳定，且最终温度相差较小。由于粮堆内高温区域的存在，其最高温度的降低都有延迟。中心集风管形式二在通风结束时其最高温度基本能达到平均温度，中心集风管形式一由于在通风末期内部无法持续有效降温，所以其最高温度降低速率较慢且通风结束时最高温度较高。

由于使用中心集风管形式一安装时需要在高空焊接，浅圆仓高度一般在 20～30m，不装粮时工人很难在高处作业，不方便安装。综合考虑降温效果和安装成本后，选择使用中心集风管形式二，即空气汇集进入中心集风管后直接排至仓顶空气区域。

### 9.2.3　不同垂直支风道数量的径向通风数值模拟分析

分析浅圆仓通风效果时，不仅要考虑通风降温速率，还需要考虑温度均匀性。当浅圆仓径向通风垂直支风道数量过少时，无法保证粮堆内的通风均匀性，当垂直支风道数量过多时，虽然能保证通风均匀性，但建造成本过高，故探究合适的垂直支风道数量是非常重要的。

图 9.6 为浅圆仓空气水平流动截面示意图。本书根据途径比计算出理论垂直支风道数量后再依据计算值进行模拟。空气途径比，即空气在粮堆中流动的最长途径与最短途径之比。机械通风储粮技术规范要求降温通风空气途径比宜小于 1.5。当垂直支风道数量为 $n$ 时，浅圆仓径向通风空气途径比计算公式为 $\dfrac{\pi}{n}+1$，经计算可得当垂直支风道数量为 7 时，空气途径比刚好小于 1.5。但由于 7 根垂直支风道不方便施工，所以选择垂直支风道理论计算数量为 8 根。根据此计算值，分别对垂直支风道数量为 4 根、8 根、16 根的浅圆仓进行通风降温模拟，探究最合适的垂直支风道数量。

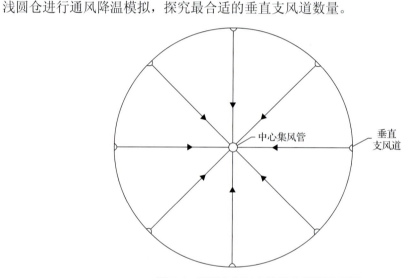

图 9.6　浅圆仓空气水平流动截面示意图

本节以直径为 30m、檐高为 30m、装粮高度为 20m、垂直支风道高度为 5m 的浅圆仓为研究对象建立物理模型。仓顶有四个轴流风机出口，倾斜角度为 19°。垂直支风道数量分别为 4 根、8 根、16 根，数值模拟的网格如图 9.7 所示。粮堆初始温度为 25℃，通风空气温度为 17℃，吨粮通风量为 5.2m³/(h·t)。

(a) 4风道径向通风网格　　　　(b) 8风道径向通风网格　　　　(c) 16风道径向通风网格

图 9.7　不同数量垂直支风道的径向通风网格

图 9.8 为不同垂直支风道数量时浅圆仓内部高度为 15m 处的流线图。通过速度分布图可以看出，每根垂直支风道附近的流线都会形成一个扇形区域，这是由于一部分空气从垂直支风道进入粮堆后沿半径方向直接进入中心集风管，另一部分则沿圆弧方向向两侧移动与另一根垂直支风道的空气在大约中点处汇合后再进入中心集风管，从而形成一个扇形区域。由于通过中点处的空气流动距离较长，所以通过此处的空气也较少。随着垂直支风道数量的增加，扇形区域数量也相应增加，空气流动均匀性也增加。

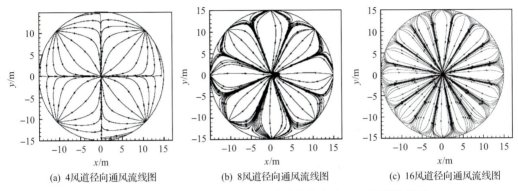

(a) 4 风道径向通风流线图　　(b) 8 风道径向通风流线图　　(c) 16 风道径向通风流线图

图 9.8　不同垂直支风道数量时浅圆仓内部高度为 15m 处的流线图

图 9.9 为不同数量的垂直支风道径向通风时粮堆的温度分布图，图 9.10 为不同数量的垂直支风道径向通风时粮堆的平均温度、最高温度变化曲线图。由图 9.9 和图 9.10 可以看出，当垂直支风道为 4 根时，通过两根垂直支风道中间区域的空气较少，温度降低很慢，形成一个"X"形的高温区域。当垂直支风道为 8 根及 16 根时，两根垂直支风道间温度仍然较高，但由于垂直支风道较多，高温区域的面积明显小于 4 风道时。从 9.2.2 节的结论可以看出，浅圆仓径向通风的高温区域在粮堆中上部。通风第 10 天时，8 风道、16 风道在 15m 处的温度已经不在变化，高温区域已经缩小至更上层的区域，而 4 风道通风 15m 处的温度在变化，说明其高温区域的通风降温速率也更慢。通过图 9.10 可以看出，不同垂直支风道径向通风的平均温度变化趋势基本一样，但 8 风道、16 风道径向通风在第 10 天时平均温度已达到最低不再变化，而 4 风道仍需持续通风降温。4 风道通风的最高温度降低最慢，且通风结束时的最高温度最高，比 8 风道、16 风道通风结束时的最高温度高 1℃ 左右。8 风道、16 风道通风结束时的最高温度基本一致，都接近平均温度，但 16 风道的温度降低速率稍慢，这是因为风道太多，每个风道的平均风量较小，所以最高温度降低反而较慢。

不难看出，垂直支风道为 4 根时径向通风的降温速率及温度均匀性较差，而垂直支风道为 8 根、16 根时径向通风的降温速率和温度均匀性比较接近。综合考虑降温效果和建造成本，选择 8 根垂直支风道的方案。

### 9.2.4　不同垂直支风道高度的径向通风数值模拟分析

通过前面对浅圆仓径向通风的降温模拟可以看出，浅圆仓内部会出现空气短路的现象，当垂直支风道高度过高时，空气短路的现象更加明显，导致经过粮堆的空气减少。所以，探究浅圆仓径向通风垂直支风道的合适高度是非常重要的。

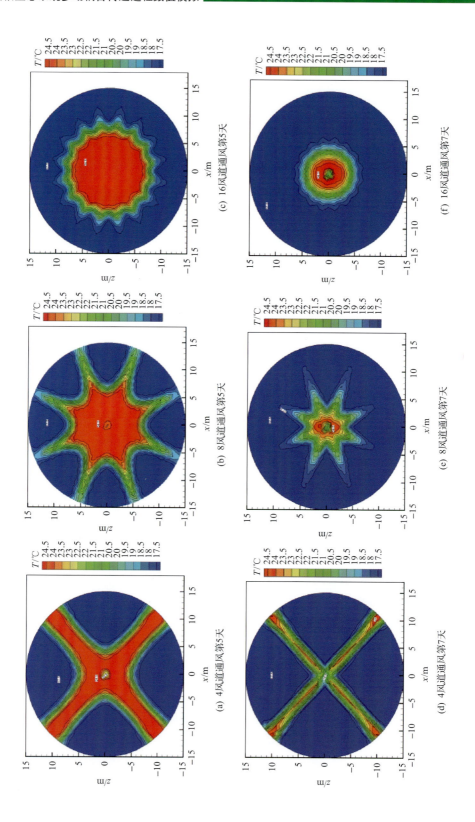

(a) 4风道通风第5天

(b) 8风道通风第5天

(c) 16风道通风第5天

(d) 4风道通风第7天

(e) 8风道通风第7天

(f) 16风道通风第7天

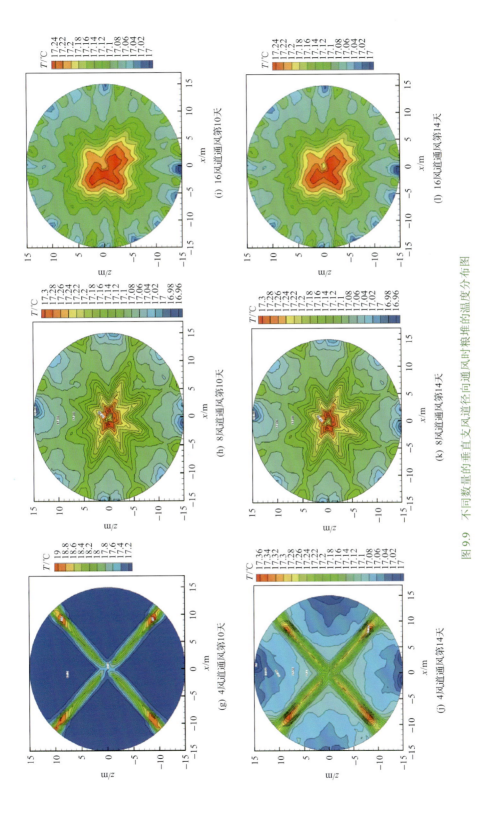

图9.9  不同数量的垂直支风道径向通风时粮堆的温度分布图

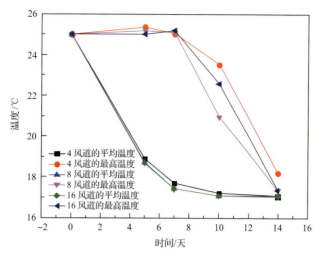

图 9.10　不同数量的垂直支风道径向通风时粮堆的平均温度、最高温度变化曲线图

本节以直径为 25m、檐高为 32m、装粮高度为 30m 的浅圆仓为研究对象建立物理模型。垂直支风道高度分别为 20.5m 和 17.5m，粮堆初始温度为 25℃，数值模拟的网格如图 9.11 所示。通风空气温度为 17℃，单位通风量为 5.2m³/(h·t)。

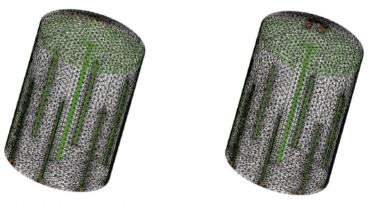

(a) 垂直支风道高度为20.5m时径向通风网格　　(b) 垂直支风道高度为17.5m时径向通风网格

图 9.11　不同高度的垂直支风道浅圆仓径向通风网格

图 9.12 为不同垂直支风道高度时浅圆仓粮堆的流线图。由图可以看出，垂直支风道高度对空气流动规律影响不大，粮仓下部的空气水平进入中心集风管，但随着高度的增加，空气流动方向逐渐向粮面倾斜，在垂直支风道顶部空气直接上升通过粮面，在垂直支风道顶部出现空气短路的情况，同时粮仓的空气区域出现两个在壁面向下的涡流。但是由于垂直支风道的高度不同，当垂直支风道高度较低时，空气短路现象没有垂直支风道高度较高时明显。

图 9.13 为不同垂直支风道高度时浅圆仓径向通风粮堆的温度分布图，图 9.14 为不同垂直支风道高度时径向通风粮堆的平均温度、最高温度变化曲线图。由图 9.13 和图 9.14 可以看出，在通风初期，低垂直支风道径向通风时粮堆中下部的温度降低较快，这是由于垂直支风道高度较低，径向穿过中下部粮堆的空气更多。高垂直支风道通风时，由于

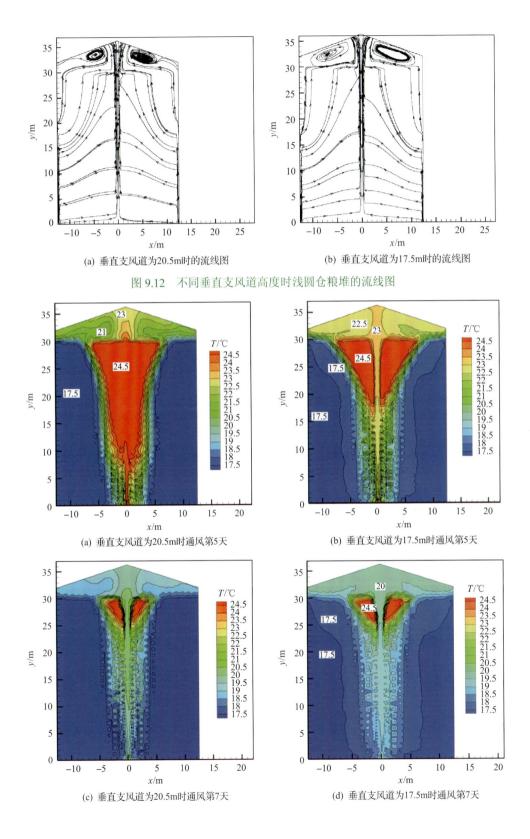

(a) 垂直支风道为20.5m时的流线图

(b) 垂直支风道为17.5m时的流线图

图9.12 不同垂直支风道高度时浅圆仓粮堆的流线图

(a) 垂直支风道为20.5m时通风第5天

(b) 垂直支风道为17.5m时通风第5天

(c) 垂直支风道为20.5m时通风第7天

(d) 垂直支风道为17.5m时通风第7天

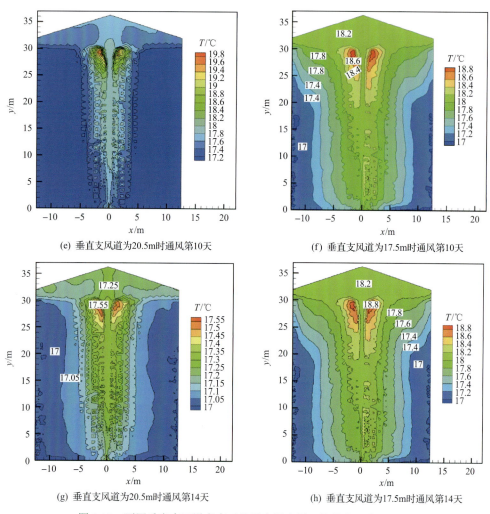

(e) 垂直支风道为20.5m时通风第10天　　　　(f) 垂直支风道为17.5m时通风第10天

(g) 垂直支风道为20.5m时通风第14天　　　　(h) 垂直支风道为17.5m时通风第14天

图 9.13　不同垂直支风道高度时浅圆仓径向通风粮堆的温度分布图

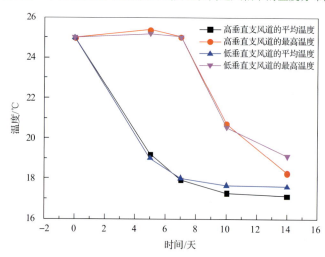

图 9.14　不同垂直支风道高度时径向通风粮堆的平均温度、最高温度变化曲线图

空气向上穿过粮面的阻力更小，空气短路的现象更明显，有更多的空气进入粮仓空气区域，故空气区域温度降低更快，但横向穿过中下部粮堆的空气更少，导致粮堆中下部的降温速率较小，粮堆中上部的高温区域体积明显更大。随着通风的进行，到第 7 天左右，高温区域面积基本一致，且平均粮温也基本一致。低垂直支风道径向通风在通风第 10 天时粮堆内温度已经基本稳定不再变化。而高垂直支风道径向通风后期仍需通风降温。在通风结束时，高垂直支风道径向通风粮堆内的平均温度、最高温度均略低于低垂直支风道通风的结果，但温差都在 1℃内，且都能符合粮食保存的要求。

在通风初期，使用高度较低的垂直支风道径向通风能快速降低粮堆温度；通风结束时，不同高度的垂直支风道径向通风的效果区别不大。综合考虑通风效果及建造成本，选择高度较低的垂直支风道。

### 9.2.5　研究结论

本书使用 FLUENT 软件进行模拟计算，分别对不同径向通风系统及参数进行 14 天的降温通风模拟实验，探究了径向通风的最佳工艺。通过分析得出以下结论：

(1)中心集风管形式会影响粮仓内尤其是粮堆中上部及空气区域的空气流动形式，从而影响粮堆内高温区域的位置。综合考虑通风降温效果及建设的可行性，选择空气汇集进入中心集风管后排至仓顶空气区域的方案。

(2)垂直支风道的数量会影响粮堆内部的空气流动形式、通风降温效果及温度均匀性。综合考虑通风降温效果及建造成本，选择 8 根垂直支风道的方案。

(3)垂直支风道的高度会影响粮堆各部分的空气流量。综合考虑通风降温效果和建造成本，选择高度较低的垂直支风道方案。

# 9.3　浅圆仓不同装粮高度时径向与全孔板竖向通风模拟对比研究

本节基于数值模拟方法，以小麦为研究对象，探究径向通风在不同装粮高度下，粮堆内温度、速度分布的变化规律，并与相同装粮高度下竖向通风的通风效果进行对比。通过对径向、竖向通风不同装粮高度下粮堆内部的温度、速度分布变化进行对比研究，分析装粮高度对两种通风方式的通风均匀性、降温速率及通风阻力的影响，得到的结果可以为浅圆仓通风方式的选择提供理论依据[2]。

### 9.3.1　数值模拟的物理模型

本节研究对象为直径为 25m、檐高为 32m、装粮高度分别为 15m、30m，以及仓顶倾斜角度为 19°的浅圆仓径向和竖向(全孔板)降温通风，仓顶有四个直径为 1m 的轴流风机出口。浅圆仓径向通风系统是由沿壁面上的 8 根垂直支风道和中心集风管组成的。通风时，空气由仓外的送风道进入垂直支风道，并沿着半径方向移动至粮仓的中心集风管，再排到粮仓上部的空气区域，然后通过仓顶的轴流风机口排入大气。

为比较浅圆仓径向与竖向降温通风的效果，建立了浅圆仓径向和竖向两种通风物理模型。其中，径向通风系统及工艺分为两种工况：一是粮仓直径为 25m，装粮高度为 30m，垂直支风道高度为 17.5m；二是粮仓直径为 25m，装粮高度为 15m，垂直支风道高度为 5.5m；竖向通风系统为全孔板，其仓型结构和尺寸以及装粮高度与径向通风时相同。径向通风和竖向通风一共四组工况，其计算网格系统如图 9.15 所示。同时，为了比较分析径向通风与竖向通风的效果，还建立了全孔板的竖向通风网格系统，如图 9.16 所示。

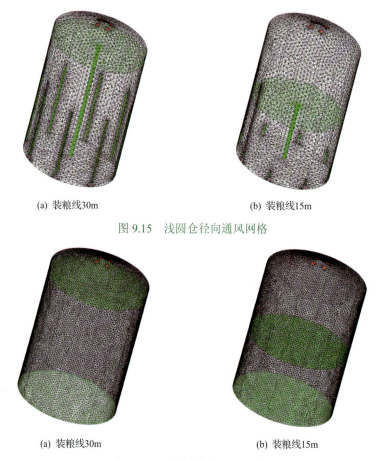

(a) 装粮线30m          (b) 装粮线15m

图 9.15   浅圆仓径向通风网格

(a) 装粮线30m          (b) 装粮线15m

图 9.16   浅圆仓竖向通风网格

### 9.3.2   通风过程数学模型及模拟条件

浅圆仓通风的数学模型见 9.2.1 节，储粮粮种为小麦，粮堆初始温度为 25℃，通风空气温度为 17℃，单位通风量为 5.2m³/(h·t)。

### 9.3.3   模拟结果与分析

图 9.17(a) 为装粮高度为 30m 时径向通风的速度分布。由图可以看出，径向通风时，粮仓下部的空气水平沿径向进入中心集风管，但随着高度上升，一部分气流进入中心集

风管，一部分气流垂直向上，直接穿过粮面，粮堆内不存在通风死角。竖向通风模拟使用的是全孔板的理想情况，从图 9.17(b)可以看出，通风较为均匀。

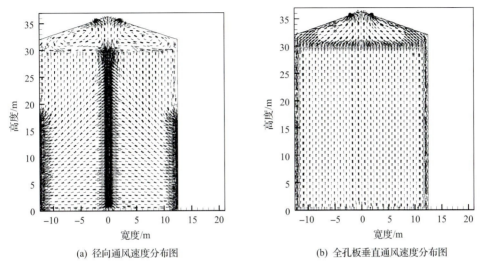

(a) 径向通风速度分布图　　　　　　　　　　(b) 全孔板垂直通风速度分布图

图 9.17　浅圆仓径向通风和竖向通风的速度分布

图 9.18 和图 9.19 为装粮高度为 30m 时径向通风和竖向通风第 7 天和第 14 天时粮堆的温度分布。由图可以看出，径向通风时，在中上部会形成一小块高温区域，这是由于此处位于径向通风中空气最长流动路线的末端，同时该处阻力较大，风量也较小，所以温度降低会有延迟。由于径向通风空气区域存在涡流，所以空气区域的温度也能均匀降低。从竖向通风的温度分布图可以看出，由于模拟的是全孔板通风的理想情况，所以竖向通风时粮堆温度均匀降低。

进一步分析可以发现，全孔板竖向通风的通风阻力为 3409.74Pa，而径向通风的通风阻力仅为 1614.96Pa，这是因为竖向通风的空气流动距离为粮堆高度，而径向通风的空气

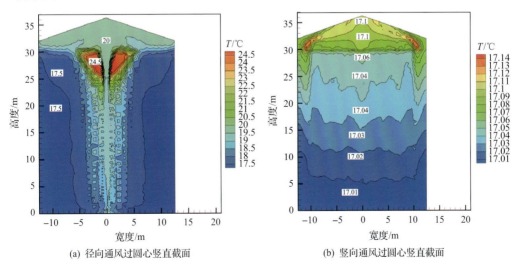

(a) 径向通风过圆心竖直截面　　　　　　　　(b) 竖向通风过圆心竖直截面

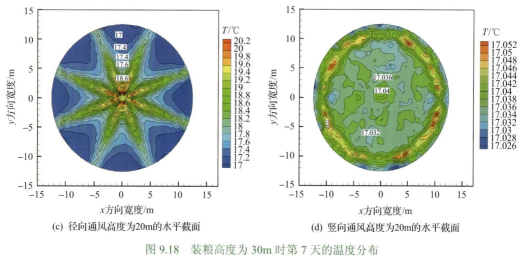

(c) 径向通风高度为20m的水平截面      (d) 竖向通风高度为20m的水平截面

图 9.18   装粮高度为 30m 时第 7 天的温度分布

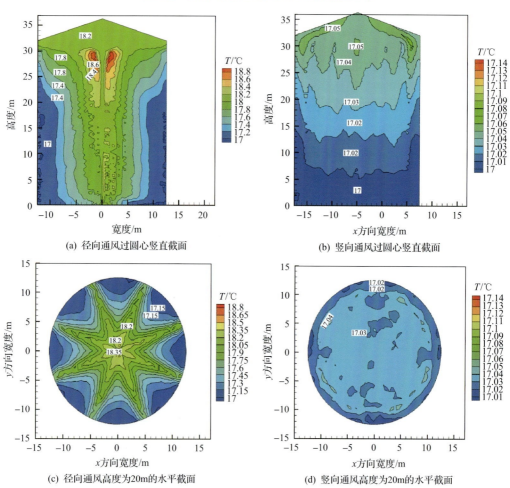

(a) 径向通风过圆心竖直截面      (b) 竖向通风过圆心竖直截面

(c) 径向通风高度为20m的水平截面      (d) 竖向通风高度为20m的水平截面

图 9.19   装粮高度为 30m 时第 14 天的温度分布

流动距离为粮仓半径，仅为粮堆高度的 1/2。因此，不能看出径向通风的能耗大大低于竖向通风。

图 9.20 为装粮高度为 15m 时径向通风和竖向通风第 10 天时的温度分布，其规律与装粮高度为 30m 时基本相同。由于装粮高度仅为 15m 时粮仓内空气区域更大，所以与装粮高度为 30m 时相比，竖向通风空气区域存在较大的温度梯度，而径向通风的空气区域温度仍比较均匀。竖向通风的通风阻力为 810.48Pa，径向通风的通风阻力为 1124.15Pa。这是因为装粮高度较低，两种通风方式的空气流动距离比较相近，所以通风阻力差别不大。由此可以看出，径向通风对于低粮堆高度的降温通风是不适合的。

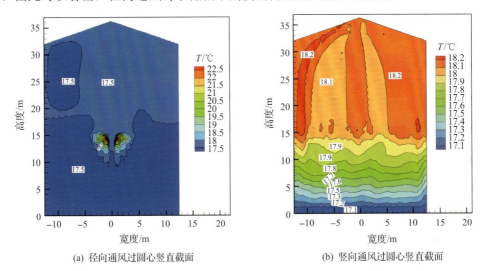

(a) 径向通风过圆心竖直截面　　　　　　　　(b) 竖向通风过圆心竖直截面

图 9.20　装粮高度为 15m 时径向通风和竖向通风的温度分布(第 10 天时)

图 9.21 为竖向通风、径向通风的最高温度、平均温度在不同装粮高度时的变化曲线。由图可以看出，装粮高度的变化对径向通风的降温效果是有影响的。使用不同的通风方式时，尽管通风 7 天后粮堆的平均温度降低到 18℃，但最高粮温却不尽相同，径向通风

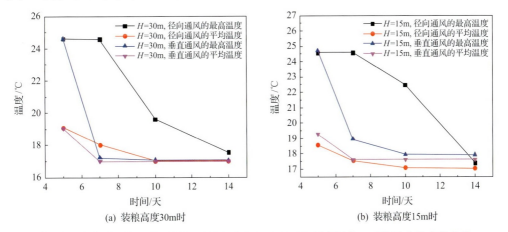

(a) 装粮高度30m时　　　　　　　　　　(b) 装粮高度15m时

图 9.21　不同装粮高度下竖向通风和径向通风 5～14 天最高温度、平均温度的变化曲线

的最高温度降低延迟较大，在第 7 天时开始降低，这主要是由于径向通风时，粮堆内存在一小部分高温区域，但该区域较小，无法对平均温度造成明显影响。

另外，装粮高度对竖向通风的通风阻力影响较大，空气流动距离随着装粮高度的增大而增加，所以装粮高度越高，空气流动阻力即通风阻力也会越大。但径向通风的空气流动距离为半径，受装粮高度影响较小，所以通风阻力变化不大。

### 9.3.4 研究结论

通过对浅圆仓径向通风与全孔板竖向通风降温效果进行对比分析，可以得出以下结论：

(1)装粮高度对径向通风、竖向通风的通风降温效果都是有影响的。由于空气流动方式的不同，径向通风的均匀性相对于全孔板竖向通风的均匀性要低一些，以至于粮堆中上部一小块区域温度有延迟降低的问题。

(2)随着装粮高度的升高，竖向通风的通风阻力逐渐升高，所以当装粮高度较高时，径向通风有明显优势。

## 9.4 浅圆仓径向和梳状地上笼竖向通风数值模拟对比研究

### 9.4.1 数值模拟对象

以中储粮油脂有限公司日照库浅圆仓为研究对象建立物理模型，浅圆仓直径为 30m，檐高为 30m，装粮高度为 20m，仓顶倾斜角度为 19°，仓顶有 4 个直径为 1m 的轴流风机出口。储粮粮种为进口大豆。

浅圆仓竖向通风系统的底部风道为梳状地上笼铺设，地上笼分为两部分，每部分各设置 1 个进口，风道宽度为 0.6m，高度为 0.5m，地上笼为梳子形状。浅圆仓梳状地上笼竖向通风物理模型及数值模拟网格示意图如图 9.22 所示。

浅圆仓径向通风时通过沿壁面垂直安装的 8 根垂直支风道和直径为 2m 的中心集风管，通风时通过压送的方式一方面使得空气沿着垂直支风道向上穿过粮面，另一方面使空气沿半径方向移动至粮仓的中心集风管。整个径向通风系统共设 2 台风机，通过底层 2 个环形主风道将空气分别均匀分配至 4 个垂直支风道。浅圆仓梳状地上笼径向通风物理模型及数值模拟网格示意图如图 9.23 所示[3]。

### 9.4.2 通风数学模型及数值模拟条件

浅圆仓通风的数学模型见 9.2.1 节，储粮粮种为进口大豆，粮堆初始温度为 25℃，通风空气温度为 17℃，单位通风量为 5.2m³/(h·t)。

数值模拟采用非稳态模型求解，共计算 14 天，时间步长为 10s。为了防止迭代过程不收敛或数值求解不稳定，采用欠松弛技术。

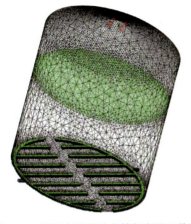

图 9.22　浅圆仓梳状地上笼竖向通风物理　　　　图 9.23　浅圆仓梳状地上笼径向通风物理
　　　　　模型及数值模拟网格示意图　　　　　　　　　　　模型及数值模拟网格示意图

### 9.4.3　模拟结果与分析

　　本节研究主要对比径向与梳状地上笼竖向通风 14 天后的结果。竖向通风底部梳状风道的速度分布图如图 9.24 所示。由图可知，通风入口处风速较大，到环形风道末端风速逐渐降低，各垂直支风道风速基本一致，通风均匀性较好。

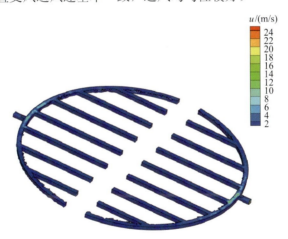

图 9.24　竖向通风底部梳状风道的速度分布图

　　竖向通风前 14 天的速度和温度分布图如图 9.25 所示。从图 9.25（a）可以看出，空气均垂直向上通过粮面，因为粮堆表观风速较为均匀，所以在粮堆的空气区域并没有产生涡流。从图 9.25（b）～图 9.25（d）可以看出，由于仓底梳状风道位置分布的关系，粮堆中部的区域温度降低的速率明显慢于两侧区域。梳状竖向通风阻力为 1643.7124Pa。

　　径向通风的底部环形主风道与垂直支风道的速度分布图如图 9.26 所示。径向通风入口处风速较大，到主风道末端风速逐渐降低。各垂直支风道风速基本一致，通风均匀性较好。而且，相对于梳状地上笼竖向通风来说，不会出现通风死角，通风降温的均匀性大大提高。

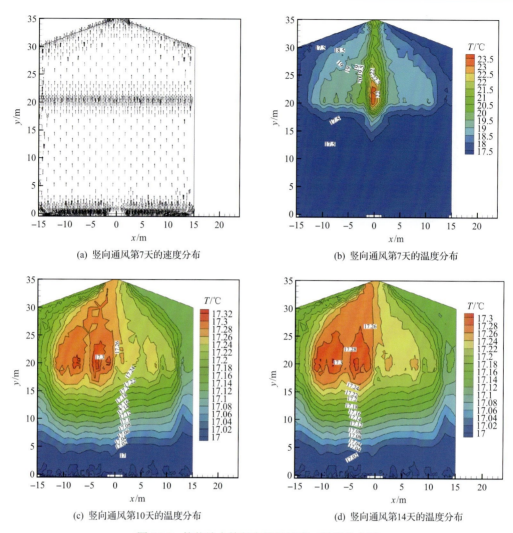

(a) 竖向通风第7天的速度分布

(b) 竖向通风第7天的温度分布

(c) 竖向通风第10天的温度分布

(d) 竖向通风第14天的温度分布

图 9.25　梳状地上笼竖向通风速度、温度分布图

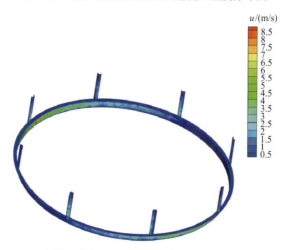

图 9.26　径向通风的底部环形主风道与垂直支风道的速度分布图

径向通风第 7 天的速度、温度分布图分别如图 9.27(a)和(b)所示。从图 9.27(a)可以看出，在粮堆底部，空气沿径向方向进入中心集风管，但随着高度上升，空气无法水平进入中心集风管，更倾向于斜向直接穿过粮面，而且垂直支风道顶部的空气直接垂直上升通过粮面。从图 9.27(b)～图 9.27(d)可以看出，粮堆中上部会形成一小块高温区域，这是由于空气都是斜向通过该区域，而且空气流经此路径的阻力最大，所以通过该路径的风量较小，降温效果较差。比较图 9.25 和图 9.27 可以发现，径向通风 14 天后，粮堆上部的高温区域明显小于垂直地槽通风，所以径向通风的降温效果优于梳状地上笼竖向通风。而且，由于粮堆空气区域存在涡流，所以空气区域的温度也能较为均匀地降低。同时，径向通风阻力为 1689.6016Pa，与竖向通风阻力相近。分析其原因在于，本书所模拟的装粮线高度较低，与半径长度接近，故与梳状地上笼竖向通风相比没有明显优势。后续又针对半径为 25m、檐高为 32m、装粮高度为 30m 的仓型进行了模拟，发现其径向通风阻力为 1614.96Pa，竖向通风阻力为 3409.74Pa。可以看出，当装粮高度较高时，径向通风阻力明显比梳状地上笼竖向通风阻力要小。

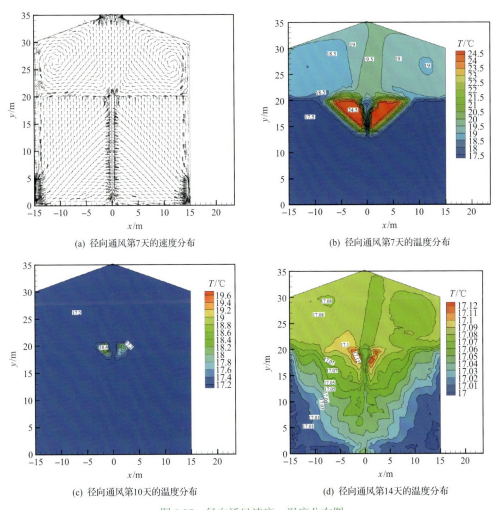

(a) 径向通风第7天的速度分布　　　　　　　(b) 径向通风第7天的温度分布

(c) 径向通风第10天的温度分布　　　　　　(d) 径向通风第14天的温度分布

图 9.27　径向通风速度、温度分布图

梳状地上笼竖向通风和径向通风 1～14 天的最高温度和平均温度的模拟值以及通风实验实测温度对比如图 9.28 所示。从图 9.28 可以看出，两种通风方式的粮堆平均温度变化基本一致，均在通风第 7 天时降低到 17℃，并保持稳定。最高温度在第 8 天之前维持初始温度基本不变，这主要是由于通风前 8 天时，粮堆内部的温度无法均匀降低，所以部分区域仍保持初始温度。在第 8 天之后梳状地上笼竖向通风平均温度的降低快于径向通风，梳状地上笼竖向通风第 10 天时，粮堆最高温度就已经接近粮堆平均温度，而径向通风第 14 天时粮堆最高温度才接近粮堆平均温度。这主要是由于径向通风时，粮堆中上部的一小块区域温度无法快速降低，但由于此区域体积很小，对整体的平均温度没有显著影响，且在第 10 天时最高温度已降低至 19℃，与平均温度温差仅为 2℃，在可接受范围内。通过模拟值与实测值的对比可以看出，模拟值与实测值较为接近，模拟结果是可靠的。

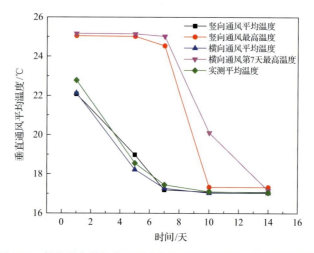

图 9.28　梳状地上笼竖向通风和径向通风最高温度和平均温度的
模拟值以及通风实验实测温度对比图

### 9.4.4　研究结论

本节以进口大豆为研究对象，采用 CFD 方法，研究在径向通风方式下，粮堆内速度和温度分布的变化规律，并与同样条件下梳状地上笼竖向通风进行了比较分析，主要得出以下结论：

(1)梳状地上笼竖向通风与径向通风的平均温度变化趋势基本一致，且均在第 7 天时降低到 17℃。径向通风时粮堆中上部存在一小块高温区域，但由于其体积很小，对平均温度基本没有影响，且该区域与粮堆平均温度的温差在允许的范围内。

(2)径向通风的空气区域存在涡流，所以温度降低较快且梯度较小，在通风第 7 天时空气区域温差为 1℃，梳状地上笼竖向通风的空气区域存在较大的温度梯度，在通风第 7 天时空气区域温差为 3.5℃，且粮仓内最高温度在空气区域中下部。

(3)当装粮高度为 20m 时，径向与梳状地上笼竖向通风的通风阻力都在 1600Pa 左右。当装粮高度为 30m 时，径向通风阻力为 1614.96Pa，竖向通风的通风阻力约为径向通风阻力的 2 倍，为 3409.74Pa。可以看出，径向通风的通风阻力受装粮高度影响较小，同时当装粮高度较高时，径向通风的通风阻力就会有明显优势。

## 参 考 文 献

[1] 戚禹康. 浅圆仓径向通风原理及数值预测研究[D]. 济南: 山东建筑大学, 2020.

[2] 戚禹康, 王远成, 俞晓静, 等. 浅圆仓不同装粮高度时径向与垂直通风模拟对比研究[J]. 河南工业大学学报(自然科学版), 2019, 40(4): 108-113.

[3] 戚禹康, 王远成, 俞晓静. 浅圆仓横向和垂直通风数值模拟对比研究[J]. 山东建筑大学学报, 2019, 34(3): 50-56.